禹宗杬【編著】

韓国の
経営と労働

日本経済評論社

目　次

序章　「韓国モデル」の模索……………………………禹　宗杬　1

　　1．金融危機と「適応」　1
　　2．「アメリカ化」の真実　2
　　3．「日本化」の限界　4
　　4．「韓国モデル」の模索　5
　　5．本書の課題と構成　7

第Ⅰ部　争　点

第1章　労使関係の自律的秩序形成
　　　　　―労働協約の変化を中心に―……………………金　晙　15

　　1．はじめに　15
　　2．資料および方法　20
　　3．労働協約の内容の推移　22
　　4．事例研究　36
　　5．むすびに　41
　〈補論〉1998年以後の団体交渉構造と労働協約の変化　48
　　1．問題提起　48
　　2．産業別団体交渉と労働協約の拡散　49
　　3．教員・公務員の団結権獲得と労働協約　54
　　4．全般的な労働協約内容の拡張・充実化の傾向　55
　　5．結論と展望――専従者賃金支給禁止と複数労組許容を中心に――　57

第2章　経済危機以降の人事労務管理の変容………… 金　東培　61

　1．序　　論　61
　2．資　　料　62
　3．経営環境，経営戦略と組織の変化　65
　4．人事労務管理の変化　72
　5．要約および結論　84

第3章　産別労組および産別交渉の実態と評価……… 趙　性載　89

　1．はじめに　89
　2．企業別組織の正体と産別組織化傾向　91
　3．金属，保健医療，金融部門の産別交渉の実態　98
　4．産別交渉の争点と評価　109
　5．おわりに　115

第4章　非正規労働の現状と課題………………………… 李　秉勳　119

　1．はじめに　119
　2．非正規職の推移と雇用関係　121
　3．正規職と非正規職との格差　126
　4．非正規職問題の背景・原因　128
　5．非正規職問題に対する労使政の対応　132
　6．おわりに：非正規職問題の今後の展望　136
　【補論】最近の動向についての追加的な論議　138

第Ⅱ部　事　例

第5章　K銀行の成果主義
　　　　──人事制度との拮抗を中心に──……………禹　宗杬　147

　1．はじめに　147
　2．成果管理の実態　150
　3．人事制度の現状　165
　4．おわりに　179

第6章　現代自動車の雇用管理・作業組織・組合行動
　　　　……………………………………………………周　武鉉　187

　1．問題提起　187
　2．内部労働市場と雇用関係　189
　3．雇用問題の現状と原因：雇用関係の外部化　193
　4．作業組織と雇用関係　202
　5．結　論　210

第7章　LG電子の経営理念と作業場革新
　　　　──家電工場を中心に──……………………裵　圭植　213

　1．問題提起　213
　2．韓国の電子産業とLG電子の概要　215
　3．作業場革新に関連する理論的論議　228
　4．LG電子における労使関係の転換と経営理念　230
　5．LG電子の作業場革新　246
　6．LG電子の作業場革新事例が与える示唆点　261

第8章　大宇造船海洋と韓進重工業の労使関係
　　　――造船産業の労働市場と構内下請労働者――
　　　…………………………………………………………申　源澈　273

　　1．はじめに　273
　　2．造船産業の労働市場と労働組合　275
　　3．事例企業の沿革と労使関係　277
　　4．賃金交渉の方式とその結果　285
　　5．結　　語　296

あとがき　　303

序章 「韓国モデル」の模索

禹 宗杬

1. 金融危機と「適応」

　再び金融危機が世界を襲い掛かっている。今度はアメリカがその震源地である。危機の規模も以前のアジア金融危機とは比べものにならない。この危機が世界的な範囲で不況を呼ぶであろうことは誰の目にも明確である。同時に，この危機が世界中で進行してきた「アメリカ化」に急制動をかけるであろうことも，また疑う余地がない。では，危機から抜け出す過程で世界はどの方向に向かうのであろうか。もはやアメリカモデルが世界を引き寄せることはないに違いないが，それを代替できるモデルが目にみえる形で存在しないことも事実である。まさに混沌と模索の時代が始まっているのである。

　1997年末，突然の金融危機が訪れたとき，韓国は開発途上国の優等生としてその存在感を満喫する最中であった。1960年代以降引き続いた経済成長に付け加え，80年代には最大の課題であった民主化も成し遂げ，90年代半ばには念願の先進国入り（OECD加盟）をついに達成したからである。しかし，直後の金融危機はこれらの輝かしい成果に疑問符を突きつける引き金となった。なかでも殊に強い批判の対象となったのが，「大きい政府」と「規制」であった。政府の役割を縮小し，規制を緩和して，市場の機能を前面に打ち出すべきであるという主張が力を得たのである。これは企業経営においては，株主の利益を第一として，労働法あるいは労働組合によって課せられた規制を切り落とし，

労働市場をより自由化すべきであるという流れにつながった。アメリカ化が本格化したのである。

アメリカ化は，IMFなど国際的な圧力によってもたらされたほか，従来とは異なる環境に対する韓国企業自らの適応として進められた側面をも有していた。この際，新たな環境とは，グローバリゼーションの進展，企業間競争の激化，従来の権力による資源独占の歪みの顕在化とそれを是正すべき政治の資源配分機能の低下，働く側に不利な方向への政治的社会的力学の変化などを指す。現に，このような変化は金融危機のだいぶ前から進んでいた。金融危機は，その変化を加速させる役割を担ったのである。従来，政府との密接な関係のもと，銀行からの借入に依拠して企業グループを築き上げてきたチェボル（財閥）は，一部がその姿を完全に消し，一部が再編を余儀なくされた。高度成長のなかでほぼ一貫してマーケットシェアを重視してきた韓国の経営は，不確実性の拡大に直面し，収益性重視へとその戦略を大きく転換した。借入の比重低下と収益性重視は，株主中心へのコーポレートガバナンスの再編をもたらした。このような変化に伴い，1987年の労働者大闘争以降，紆余曲折を経ながらも発言権を維持してきた韓国の労働は，その地位の深刻な低下を経験した。企業のなかでは整理解雇に直面する一方，社会のなかでは市場の柔軟性を阻害する勢力として批判されたのである。

2．「アメリカ化」の真実

しかし，アメリカ化は，韓国社会の先進化を導く新たなパラダイムとしては受け入れられなかった。もちろん，オピニオンリーダーのなかでアメリカモデルを信奉し，伝播した人が数多くいたのは事実である。ただし，これが企業のなかに根を下ろし，社会的な合意を得るまでにはいたらなかったのである。その理由としてはいくつかの点が考えられる。

一つは，「小さな政府」を先導すべき政策主体と，アメリカ化とのズレである。金融危機から抜け出し，アメリカンスタイルの新しい途を探る作業は，逆

説的にも「庶民政治」を標榜する金大中・盧武鉉両政権に託された。現に，一方ではIMFから課せられ，他方では世界的な流れから当然視された規制緩和と市場重視の方向性は，両政権の政策運用を強く規定した。その方向に沿って，金大中政権は整理解雇を容易にするなど労働市場を柔軟化するとともに，公共部門・金融部門の構造調整を実施した。なお，盧武鉉政権はアメリカとのFTA締結に踏み切った。一部より「新自由主義的」と批判される所以である。しかし，両政権は庶民を支持基盤としており，株主中心あるいは大企業本位の政策を展開するには限界があった。その意味では，アメリカモデルが力を増していたまさにその時期に，アメリカモデルとは距離のある大統領を選んだ韓国の一般国民が，アメリカ化を一定程度阻止する役割を果たしたといえる。

　もう一つは，アメリカ化と，それを企業現場で推し進めるべき経営主体との距離である。確かに，韓国の企業は大企業を中心としてアメリカモデルに大きく旋回した。短期的な業績が強調され，従業員も自分の企業がもはや「生涯にわたる職場」とは思えなくなった。しかし，韓国の企業がアメリカ化を徹底化するにはそもそも限界があった。株式の相互保有による企業グループの維持，オーナー一族によるチェボルの支配など，アメリカ化と必ずしも親和的でない要素を少なくなく有していたからである。よって，必要と思われる「適応」のレベルを超えて，アメリカモデルをパラダイムとして追求するには自ずと限度があったのである。

　しかし，完全なアメリカ化を押し止めた決定的な要因は，韓国社会の培ってきた慣行そのものである。1980年代後半の民主化と労働組合運動の活性化以降，韓国の経営と労働は，対立と緊張のなかにおいても，長期雇用と年功賃金の慣行を着実に作り上げてきた。そして，これをふまえ，以前の低賃金に依存した価格競争から，中位賃金水準に基づく付加価値生産へと戦略を転換した。一方で東南アジア諸国や中国などに追撃されながらも，他方でこれらの国々との間に，完成品生産に対する中間財供給という分業関係を結び，安定的な経済成長を続けられたのは，その転換に起因するところが大きい。よって，少なくともコア従業員に関する限り，労働者側は長期雇用と年功賃金を守ることに成功し，

経営もその慣行を捨てる気にはならなかったといえる。

3.「日本化」の限界

　IMFの救済を受けた金融危機から10年を経たいま，韓国の経営と労働は，むしろ日本に似てきたといったほうが正しいかもしれない。まず，企業の構造において従来のチェボルが非合理的な要素を相当程度改善した結果，日本の企業集団に近い形に再編された。垂直的な企業間関係においても一部のチェボルが分解し，中堅企業が成長したためもあって，以前のように大企業が一方的に支配するよりは，情報の共有に基づいて互いに協力する性格が強くなってきている。次に，労使関係をみると，雇用慣行において金融危機直後，整理解雇の嵐が一時吹いたものの，長期雇用にコミットする姿勢を労使が捨てた兆候はいまのところ見当たらない。年功賃金の場合は，金融危機以前，韓国大企業の典型的な賃金は査定なしの年功給であった。それがいま査定によって個人差の付けられる年功給に変わっており，より日本に近い形になったといえる。企業別組合の場合も，以前の対立的で戦闘的な性格はその影を薄め，すでに日本類似の協調的なものになってきているといえる。

　なお，金融危機以降，非正規労働者が急増していることも日本に類似している。日本と韓国は，労働市場の二重構造が顕著な点において共通している。コア従業員に対しては処遇と保障の程度が格段と高い反面，周辺労働者に対しては二次的な労働市場に追いやる傾向が強いのである。現に，両国の企業は殊に90年代後半以降リストラを進めるなかで，非正規の活用をテコとして人件費の削減と数量的弾力性の確保をはかってきた。これが正規労働者と非正規労働者間の格差を広げているのはいうまでもない。

　しかし，その一方で，日本モデルとの距離が確認できることも事実である。たとえば韓国の場合，企業の意思決定においてトップダウンに依存する程度は依然として大きい。経営思想において従業員を企業の重要なステークホルダーと考える傾向は相対的に弱い。組織内部においてはホワイトカラーとブルーカ

ラーの格差が日本に比べて大きい。企業内教育訓練に対する関心は労使ともに弱く，企業の立場からは中途採用を，労働者の立場からは転職を許容する程度が日本より大きい。企業規模間格差が日本より激しい。労働市場の二重構造が著しく，非正規の比重がより大きいことも日本とは違う点である。なお，これらの問題への対処として，産業別労使関係の構築が進められているのも相違点の一つである。

　この相違は基本的には，日本のような「ブルーカラーのホワイトカラー化」が韓国では進んでいないことに起因する。問題は，韓国のこの特徴が，1997年金融危機以降の雇用慣行の変化，あるいは1987年労働者大闘争以降の新たな雇用慣行の形成のような比較的近年の経験からもたらされたものではないということである。その深部には，植民地時代の負の遺産からくる過度な学歴重視，分断の現実からくる経営権イデオロギーへの過度な依存などが横たわっている。したがって，企業レベルでの日本型生産システムの移転などで簡単にその距離を縮められる問題ではないといえる。

4．「韓国モデル」の模索

　こうして，当たり前のことではあるが，実態として「韓国型」は現に存在することとなる。問題は，それが果たして韓国の経営と労働をアイデンティファイするものであり，より後発の途上国に対してある種のモデルとして働き得るかということである。韓国型がいくつかのメリットを有していることはすでに広く知られている。たとえば意思決定の速さがそれである。オーナー支配およびトップダウンという，ややもすればネガティブにとらえられる韓国企業文化のなかで，明るい側面を示すこの意思決定の速さは，日々不確実性が増す経済環境の変化に対して，迅速な対応を可能にする要素として高く評価される。

　人的資源の質の高さもメリットの一つとして数えられる。韓国の大学進学率はすでに日本を追い越している。この「教育熱」は，一方では伝統的な学歴重視あるいは大きい学歴間格差への裏返しとしてみることができる。せめて子供

にはその差別感を味合わせまいと，親世代が無理な教育費用を負担しているのである。しかし他方では，ほかの資源に恵まれないという条件のもとで，中長期的な経済発展をはかるために，ヒトに先行投資を行っているととらえることもできる。実際，韓国はこの教育投資による人材育成をテコとして，先進技術の導入とその応用およびイノベーションを実現してきた。

　生産方式としては「柔軟な自動化」が注目される。生産における自動化を積極的に追求するが，オーソドックスなフォードシステムのように硬直的なものではなく，経営環境の変化にしたがって生産量と生産方法を柔軟に調節できるのが，「柔軟な自動化」の特徴と指摘される。この際，IT技術の活用に基づき，生産の調整を，たとえば最終組立の現場だけでなく，サプライヤー各社を含めてシステム的に行うことが高く評価される。このシステム的調整を支えているのが，一つには，設計および工程編成におけるエンジニアの高度な能力であり，二つには，日本のような「改善」まではいたらないものの，現場で柔軟に適応できる生産労働者の多機能的な能力である。

　しかし，これらのメリットがいまの段階ではデメリットと抱き合わせのものであり，なおメリット同士で補完性を十分有していないことが，モデルとしてのアイデンティティを損なう。たとえば「柔軟な自動化」は，長時間労働の日常化と非正規雇用の増大という副作用を伴っている。需要変動への対応を，日本のような技能的弾力性ではなく，主に時間調整と非正規労働力の活用で行っているためである。これは企業規模の小さく，低賃金への依存度の高い労働市場の底辺で特に著しい。教育水準の向上も，若年失業の増大と対になって現れている。現在の企業システムが，教育水準に相応しい仕事を十分創出できていないからである。なお，意思決定の速さは，その裏側で企業構成員の中長期的なビジョンやコミットメントを弱めている可能性がある。意思決定プロセスが，オーナーのその都度の判断に依存する度合いが大きく，専門経営者／管理者のそれへの単なる追随を助長する傾向があり，かつ短期的な業績を相対的に重視するきらいがあるからである。

　メリット間の補完性が不十分なことも問題である。トップダウンで行われる

意思決定の迅速さは，人的資源の質の高さとうまくマッチしない。殊にミドルマネジメント以下の構成員は，自身の潜在的な力量に相応しい権限が与えられていないと考える可能性が高く，これは人材の有効活用と適切な動機付与を妨げかねない。人的資源の質の高さと「柔軟な自動化」とも相互補完性が高いとは必ずしもいえない。自動化のスピーディな進展は，仕事を知識集約的なものと労働集約的なものとに分解する傾向があり，後者の仕事に当てられた労働者は高い教育水準を活かすチャンスを初めから奪われるからである。

　このような現実は，韓国モデルの追求が決して容易でないことを雄弁に語る。確かに，韓国の経営と労働，さらに韓国社会は経済成長と政治発展をともに成し遂げ，自らの慣行をある程度形成するに成功した。けれど，いまだ後発途上国が手本とすべき進歩性と完結性を併せ持つまでにはいたっていないのである。韓国モデルはほかにも問題を抱える。それは，他者に学習の素材を提供する前に，自身の経験を一般化することがどこまでできているかということである。韓国の経営と労働を正しくアイデンティファイするのは，次のような理由により容易ではない。第一に，企業規模間格差が大きく，よく引き合いに出される大手企業のケースをもって全体を代表させるにはリスクが伴う。第二に，大手企業の場合もオーナーの影響力が強く，それが企業ごとの体質や文化を異にしている可能性が大きい。たとえば，現代グループはオーナーのリーダーシップに依存する傾向が強い反面，LGグループは相対的に「和」を重視するといわれる。第三に，労働市場の二重構造が著しく，大手企業においても正規労働者に代表される「内部者」と各種の非正規労働者で構成される「外部者」との間に利害対立が激しいゆえ，内部者中心に立てられたモデルのカバーできる範囲が狭い。よって，韓国モデルの内実を確かめることが何よりの急務といえよう。

5．本書の課題と構成

　以上をふまえ，本書は，金融危機以降韓国の経営と労働がたどってきた途とその現状を，可能な限り正しくアイデンティファイすることを試みる。行間で

今後のための方向性を提示し，あるいは政策的な提言を行うところもあるが，基本的には現状の分析を課題とする。このために第Ⅰ部では，通常個別的な事例分析からはもれ落ちやすい対象をも含め，マクロ的な視点から経営と労働の輪郭を明確にする。そして第Ⅱ部では，慣行の形成を主導してきたいくつかの企業を丹念に分析し，そこからみえてくる経営と労働の特質をとらえる。こうして，俯瞰図と詳細図を照らし合わせ，全体像を描くことが，本書の目論みである。

　第Ⅰ部「争点」は四つの章で構成される。第1章では，1987年の労働者大闘争を契機として労使関係の制度化が進んだ韓国の現状とその特質を，労働協約を中心に分析する。労働協約は，経営と労働の実態に関して数多くの情報を提供する。経営は何を重視し，労働は何を求め，両者が双方の要求をどのように交換し，現在どの地点で妥協が成立しているかを語ってくれるのである。労働協約は，ほかにも政治的な力学に関してたくさんのことを示唆してくれる。殊に韓国は政治的な変動が激しく，それが労使の自律的な取り組みを大きく制約してきた経験を有する。協約の分析を通してわれわれは，その政治的社会的変化のなかで，韓国の経営と労働がどのような秩序を築き上げてきたかを観察することができよう。

　第2章では，金融危機以降韓国企業の人事労務管理の変化を，事業所に対する実態調査資料に基づいて分析する。人事労務管理の時系列的な変化を，おそらくもっとも体系的に跡付けているこの章の問題関心は，果たして韓国の人事労務管理が金融危機を契機としてどこまで変わったかである。経営環境の変化→経営戦略・組織の変化→人事労務管理の変化，という脈絡でその内実を探っている本章は，「長期雇用は維持するが個人成果主義を強化する」のが，その変化のコアであることを明らかにする。単にアメリカ化が進んだわけではないというのである。ただし，サーベイ資料に基づく故，その理由についてまでは分析できず，その作業は事例分析に委ねられる。

　第3章では，金融危機に対する労働側のもっとも注目すべき対応，すなわち産業別労働組合の組織化について分析を行う。韓国の労使関係は日本と類似し

ていて，企業別を軸に展開されてきた。殊に1987年の労働者大闘争は，大企業の重工業職場を中心に企業別組合が叢生するきっかけとなり，以後内部労働市場の発達と企業ごとの労働条件決定を促進した。それが金融危機による整理解雇や非正規雇用の拡大で大きく変わった。労働側は団結の範囲を拡大するとともに，その政策的な力量と発言権を広げるため，産別への転換を決議したのである。本章は，統計によって韓国労働組合の基本的な特徴をとらえたうえで，産別組織化がもっとも進んでいる金属・保健医療・金融産業を対象として，その内実と産別交渉の実態を分析する。なお，産別交渉の争点を整理し，産別化に対する現時点での評価を試みる。本章を通じてわれわれは，転換期に入った韓国労働運動のエネルギーとその弱点を観察し，かつ今後を展望するための立脚点を得ることができる。

第4章では，いま韓国社会で最大の争点となっている非正規雇用を分析する。非正規雇用は，1980年代後半以降大企業本工労働者を中心として一次労働市場（primary labor market）が成立することと裏腹に，低賃金と雇用の断絶を特徴とする二次労働市場（secondary labor market）が形成されるプロセスを通じて，拡大した。そして，金融危機を契機として両者間の格差が激しくなり，ついに早急な解決を迫られる社会問題となったのである。現に，非正規から正規へ転換できる途は狭いことが明らかにされており，非正規が貧困の罠に陥る危険性が高いことも報告されている。本章は，非正規雇用の規模を時系列的に追跡し，その内実を入念に分析する。それから，正規と非正規間の格差を詳しく検討し，非正規雇用が増大した原因を探る。これらをふまえ，非正規問題に対する政労使の対応を考察し，今後を展望する。

第Ⅱ部「事例」は，個別企業の事例を扱う四つの章で構成される。第5章では，韓国の代表的な都市銀行のK銀行を素材として，最近における成果主義管理の実態を分析し，その特質を析出する。金融危機以降，韓国では成果主義管理が急ピッチで進められた。収益性重視への経営戦略の変化に伴い，個々人の賃金を成果に連動することによって，報酬の年功的硬直性を和らげ，働く側のインセンティブと職場内の競争を促進する，というのがその論理である。しか

し，成果主義管理が現にどのような回路を通じて個人間の競争を刺激するかは，ブラックボックスのなかに封印されたままであった。本章は，K銀行の成果主義管理と評価および給与制度の内実に迫ることによって，建前の論理とは異なり，成果主義管理が実際には個人レベルまでは浸透していない事実を発見する。そして，その理由を，制度の有するモメンタムに求める。すなわち，経営戦略・組織→人事労務管理というベクトルとは違って，人事制度→経営戦略・組織というベクトルの規定力が働いているというのである。

　第6章では，現代自動車の事例を分析する。現代自動車は，韓国の「戦闘的」労働運動と対立的労使関係を表す典型的な例としてよく知られる。しかし，本章は，金融危機を転機としてその性格が変わったと主張する。強引に行われた整理解雇は労使間の不信をもたらしたうえ，労働側の雇用に対する不安感を強めた。金融危機から抜け出すなかでより強固なものになった，海外生産によるグローバル展開も，国内での仕事の減少に対する労働側の不安感をあおった。この不安感を解消するために労使は一応「完全雇用」に合意する。しかし，本章によると，これこそ労使関係の性格が転換したことを象徴的に示すものである。なぜなら，完全雇用は非正規労働者のコンスタントな活用と抱き合わせになっているからである。よって，現代自動車の労働側は以前の連帯性重視の立場を捨て，短期的な実利主義に転換したことになる。本章は，このような視点に立って，職場のなかでの具体的な調査に基づき，正規と非正規との熟練の異同と労働条件の格差，自動化と熟練との関係などに関してきわめて興味深い考察を行う。

　第7章では，韓国の代表的な労使協調の事例としてLG電子を検討する。LG電子は，日本的生産システムから学び，「職場の革新」を主導する企業として有名である。本章は，家電製品を生産する昌原工場の調査に基づき，労働者大闘争に際して長期のストを経験した同社が，どのようなプロセスを経て労使間に協力体制を築き上げ，現在どのように職場革新を進めているかを，丹念に分析する。労使協調を可能にした要因として経営の理念を重視し，なおこれをLGグループ（チェボル）の分権的な意思決定構造と結び付けているところ

に，本章の特徴の一つがある。本章のもう一つの特徴は，海外事例からの模倣と学習の段階を経て内発的な再創造の段階に到達しているものとして職場革新の実態を把握し，その前提をなす条件としてブルーカラーとホワイトカラーとの差別縮小を取り上げるなど，職場革新の動態的な構造を浮き彫りにしていることである。

　第8章では，大宇造船と韓進重工業を例に取り上げる。両社とも韓国の代表的な造船会社である。分析の焦点は産業別労働組合への転換と非正規雇用との関連性に合わせられる。通常，産業別労働組合は企業というボーダーラインから比較的に自由になりうるゆえ，非正規雇用問題の解決に有利に働くと主張される。現に産別転換を推進する側は，その大きな名分を非正規雇用の問題解決に求めてきた。本章は，まさにこのことを相対化する。その作業は二つの方向で行われる。一つは，賃金をめぐる交渉プロセスで非正規労働者の利害関係がどのように反映されているかである。もう一つは，日常的な労使協議の場において非正規労働者の関心事がどのように取り扱われているかである。作業から得られる暫定的な結論は，産別への転換如何にかかわらず，現在の交渉構造のなかでは非正規の利害関係は反映されにくいということである。よって，企業別交渉に非正規労働者を参加させるための新しい枠組みの構築が，代案として提起される。

　本書の構成はおおむね以上のようなものであるが，事実の把握とその解釈においては，可能な限り最新の情報に基づき，細心の注意を払ったつもりである。しかし，執筆者の考え方が完全に一致するものではないため，章の間に必ずしも論理が整合するわけではなく，叙述の統一性も十分とられているとはいいがたい。これに関しては，読者諸賢の寛恕を請う次第である。ただし，ポジティブにとらえれば，各章の論理の違いは，互いの交流と議論を進めた後においてもなお残る，専門家のなかでの視点や見解の違いを示してくれるものとして楽しむことができよう。なお，各章は一応順序づけられているが，それにしたがう必要はなく，各自の関心に沿って自由に章を選ばれることをお薦めする。

参考文献

Blair, Margaret and Mark Roe (eds.) [1999]: *Employees and Corporate Governance*, Washington D.C.: Brookings Institution Press.

崔ジャンジップ編 [2005]:『危機に瀕した労働——韓国民主主義の脆弱な社会経済的基盤——』(韓国語) ソウル:フマニタス。

崔榮起・李ジャンウォン [2008]:『'87年以降20年間の労働体制の評価および未来構想』(韓国語) ソウル:韓国労働研究院。

Dore, Ronald [2000]: *Stock Market Capitalism, Welfare Capitalism: Japan and Germany Versus the Anglo-Saxons*, Oxford: Oxford University Press.

姜萬吉ほか [2004]:『韓国労働運動史1〜6』(韓国語) ソウル:高麗大労働問題研究所。

Hall, Peter A. and David Soskice (eds.) [2001]: *Varieties of Capitalism: The Institutional Foundations of Comparative Advantage*, Oxford: Oxford University Press.

兵藤釗 [1997]:『労働の戦後史 上・下』東京:東京大学出版会。

稲上毅・連合総合生活開発研究所編 [2000]:『現代日本のコーポレート・ガバナンス』東京:東洋経済新報社。

Jacoby, Sanford M. [2005a]: "Business and Society in Japan and the United States" *British Journal of Industrial Relations* 43: 4.

Jacoby, Sanford M. [2005b]: *The Embedded Corporation: Corporate Governance and Employment Relations in Japan and the United States*, Princeton: Princeton University Press.

趙ヒョンジェ [2005]:『韓国的生産方式は可能か?』(韓国語) ソウル:ハンウルアカデミー。

丁イファンほか [2003]:『労働市場の柔軟化と労働福祉』(韓国語) ソウル:人間と福祉。

日本労働政策研究・研修機構 [2007]:『(プロジェクト研究シリーズNo.5) 日本の企業と雇用——長期雇用と成果主義のゆくえ』東京:日本労働政策研究・研修機構。

Kaufman, Bruce, Richard Beaumont and Roy Helfgott (eds.) [2003]: *Industrial Relations to Human Resources and Beyond: The Evolving Process of Employee Relations Management*, New York: M. E. Sharpe.

禹宗杬 [2009]:「日本の労働者にとっての会社——『身分』と『保障』を中心に——」『歴史と経済』第203号。

禹宗杬 [2007]:「労使関係の日韓比較——トヨタ自動車と現代自動車を素材として——」『社会政策学会誌』第18号。

第Ⅰ部 争　　点

第1章　労使関係の自律的秩序形成
——労働協約の変化を中心に——

金　　晙

1．はじめに

(1) 労使関係の史的背景

　1987年7月から9月にかけて展開されたいわゆる「労働者大闘争」は，韓国の労使関係の分水嶺であった。1987年6月，全斗煥独裁政権に対する国民的抗争の結果として開かれた政治的自由の空間を利用して，数十年間抑圧されてきた労働者の怒りと要求は，さながら火山のように爆発し，噴出した。7～9月の3ヵ月間だけで，3,235件のストライキが発生し，1,225,830名がストに参加した。この期間に起きた4,170件の争議のうち，2,498件は労組のある事業場で発生し，1,672件は労組のない事業場で発生した（労働部［1988］）。未組織の事業場での争議は大部分労組の結成につながり，7～10月の4ヵ月間だけで，既存の単位労組数の約44％にあたる1,162組合が新しく設立された。また，組合のある事業場で発生した争議の多くは，既存の組合執行部の退陣を要求する組織紛糾へと進んだ[1]。

　この闘争での労働者の要求項目数は多かったが，結局は「人間らしい待遇」「賃上げ」「作業場の民主化」「労働組合活動の保障」に要約することができる。闘争の過程で大幅な賃金引上げがなされ[2]，労働者の攻撃の的となった「非人間的な待遇」や露骨な差別的慣行が多く改善されたが[3]，それらが制度化され

表1-1 単位労組と組合員数の推移（1986～97年）

(単位：個，人，％)

年度	単位労組数 (増減率)	組合員数 (増減率)	組織率
1986	2,658(4.9)	1,035,890(3.1)	16.8
1987	4,086(53.7)	1,267,457(22.4)	18.5
1988	5,598(37.0)	1,707,456(34.7)	19.5
1989	7,861(40.4)	1,932,415(13.2)	19.8
1990	7,698(-2.1)	1,886,884(-2.4)	18.4
1991	7,656(-0.5)	1,803,408(-4.4)	17.2
1992	7,531(-1.6)	1,734,598(-3.8)	16.4
1993	7,147(-5.1)	1,667,373(-3.9)	15.6
1994	7,025(-1.7)	1,659,011(-0.5)	14.5
1995	6,606(-6.0)	1,614,800(-2.7)	13.8
1996	6,424(-2.8)	1,598,558(-1.0)	13.3
1997	5733(-10.8)	1,484,194(-7.2)	12.2

出典：労働部。

表1-2 原因別にみる労使紛糾の推移（1987～97年）

(単位：件，％，千日)

年度	81～86	87	88	89	90	91	92	93	94	95	96	97
合計	1,026	3,749	1,873	1,616	322	234	235	144	121	88	85	78
遅払い賃金	27.1	1.2	3.2	3.7	3.1	2.1	11.9	7.6	5.0	―	1.2	3.9
賃金引上	18.9	70.1	50.5	45.9	51.9	56.4	57.0	45.8	42.1	37.5	22.4	23.1
労働協約	0	4.5	17.5	26.4	26.4	23.9	20.9	36.1	34.7	55.7	72.9	65.3
解雇	7.6	1.4	5.9	5.0	5.0	3.0	1.7	0.7	2.5	1.1	―	―
その他*	46.4	22.8	22.9	19.0	19.0	14.5	8.9	9.7	15.7	5.7	3.5	7.7
損失日数	416	6,947	5,401	6,351	4,487	3,271	1,528	1,308	1,484	393	893	445

注：＊1981～86年は，労働条件改善181件，その他207件。
出典：韓国労働研究院『KLI労働統計』各年度。

るためにはより多くの時間と闘いが必要であった。

　労働者大闘争の熱気が収まったあと，次に労働者の関心が向かったのは，一次的には自分たちの利益を代弁してくれる自主的で民主的な労働組合を確保することであり，二次的には――それはほとんど同時的なものであったが――賃上げを通しての生活水準の改善であった。労働組合結成の疾風怒濤のような勢いは，労働者大闘争以後も1989年末まで続いたが，1988年末には単位労組数が1987年の労働者大闘争の時期の2倍を越え，1989年末には3倍に達した（表1

−1参照)。と同時に多くの既存労組の執行部が「御用」の指弾を受けて交替したという点まで考慮すれば，この時期韓国の労働組合運動指導部の交替の様相は実に大変なものであったと言わざるを得ない。

表1−2は3つの事実を示している。第一に，労働者が抑圧と屈従の時代を経て自らの状況を変えるための梃子，すなわち労働運動の自由を手にするや，主な関心を労働者の経済発展への貢献度に相応する「正当な分配」を取り戻すというところに向けたということである。第二に，新規労組の場合，新しい労働協約を締結すること，既存労組の場合，変化した力関係および労使関係の形勢に相応すべく既存の労働協約を変更することが，賃金問題とともに二大課題の一つとなったということである。第三に，90年代中盤からは労働協約をめぐる労使の葛藤が他の原因を圧倒するにいたったという点である。

特に注目されるのは，労使関係において労働協約の占める比重の増加が労働争議の退潮とともに進んだという点である。早くは1990年から現れ始め，1993年頃に完全に可視化した労働運動の全般的な退潮は，いくつかの現象が重なって現れたものであった。それは，第一に，1987〜89年に，労働運動の疾風怒濤の時期に労働者が多くのものを獲得した結果，労使関係が相対的に安定化，制度化の段階に入ったことである。第二に，1988年下半期から本格化した国家と資本の反撃の効果でもあった。そして第三に，所謂「三低好況」が終わりを告げ，国内経済の構造調整が始まったことの結果でもあった[4]。

そのうちもっとも重要な要因は国家と資本の反撃であった。労働組合の過度の賃金要求が韓国経済の国際競争力を弱化させると考えた盧泰愚，金泳三政権は，1989〜95年の時期に各種の賃金ガイドライン政策を通して賃金抑制に総力を傾けた。資本も賃金抑制が死活的関心事であったが，また一方では，1987〜89年の間に労働の総攻勢の中で失った作業場に対する統制力を回復すること，また，1990年代に入って労働側が提起した新しいイシュー——すなわち会社の人事・経営権に対する労働組合の挑戦（または参加要求）——に対し防御することも，賃金抑制に劣らぬ重要な課題となっていた。ある程度制度的に安定し賃金も充分とは言えないまでもかなり上昇して一定の限界に突き当たっ

た労働組合側も，1990年代に入ってからは団体交渉と労働協約に対してより深い関心を注ぎ始めた[5]。こうした要因により，1990年代中盤になると労働協約がもっとも重要な労使関係のイシューとして浮かび上がってくるようになる。

(2) 労働協約と自律的労使関係の秩序：可能性と限界

　労働協約は，事業所（作業場）内における労使の個別的・集団的な権利・義務の交換関係を規定する自律的契約であり規範である。それは，労使間の交渉と力の対決により決定される協定であるという点で契約的な成立方式をとるが，一方では一旦成立すれば労使双方を拘束する規範として作動し，組合員全体に対して——場合によっては非組合員までも——差別なく適用され，彼らの個別的労働契約が当該労働協約の内容に拘束されるという点で，規範的機能を有する[6]。こうした意味で労働協約は，協約有効期間の間，労働者の安定的な労働条件を維持し労使関係の平和と企業経営の安定を可能にする事業場内の自律的秩序形成の仕組みであると言える。

　もちろん，ここで言う「自律的」という言葉はあくまでも相対的な意味である。なぜなら，労働協約は国家の憲法的秩序と労働諸法の制約を受けるからである。労働諸法は労使関係の自律的秩序という観点から見るとき，抑圧，制限，自由化，保障，助長といった多様なレベルの外部的影響力を持つ。

　歴史を振り返ってみると，韓国の労働協約とその協約により成文化された事業所内の秩序自体，韓国の波乱万丈であった憲政史と労働諸法の改正の歴史に大きく影響を受けてきた。韓国では団体交渉と労働協約の歴史は1953年の労働諸法の制定直後にまで遡らねばならないが，1987年の民主化以前までは，労働協約は作業場内の秩序形成において非常に制限的な役割しか果たしてこなかった。形成期である1950年代と60年代を経て1970年代にいたると，労組のある大部分の事業所に労働協約が存在するようにはなったが，歴代独裁政権の権威主義的統治と抑圧的労働政策のもとで無力化・御用化した労働組合は，実質的な団体交渉を進める力を持つことができなかったし，事業所内の労使間の力関係は極端に使用者優位の一方的関係に傾いていた。したがってこの時期の労働協

約は形式的な枠はほぼ取り揃えていたが，就業規則と労働諸法の条項を写し取ったものでしかないような内容であったし，それさえも実行力を確保できない場合が大部分であった[7]。

　労働者大闘争の直後の1987年11月に改正された労働諸法は——以後われわれが確認するところであるが——労働運動を全般的に自由化する内容ではあったが，独裁時代に作られた所謂「毒素条項」も相当数含んでいたのであり[8]，したがって労使が事業所内で自律的に秩序を形成する可能性を保障すると同時にそれを一定の限界内に制約し，むしろ労使間の葛藤を助長して安定した秩序形成を妨害した側面もあった。その結果，労働諸法は労使双方から不満を買い，87年の改正直後から絶えず改正要求の対象となった。結局，1996～98年にかけて，乱暴な言い方をすれば，労使双方の要求が交換される形で改正された。

(3) 本章の対象と範囲

　本章は，このような歴史的背景および労働協約の意義と限界に留意しつつ，以下のような点を考察しようとするものである。

　第一に，本章は，1987年の民主化により，労働運動・労使関係の自由化が労働協約にいかなる変化をもたらしたかを考察する。そのために1987年以前の労働協約と1987～89年の間に締結された労働協約の比較を試みる。そしてそれを通して，韓国の労使関係の分水嶺と言われる労働者大闘争以前と以後の労使関係の秩序に，いかなる連続性と断絶性が存在するかを考察する。

　第二に，1987～89年に締結された労働協約の内容を通して，1987年の労働者大闘争と労働法改正という二つの大きな出来事により事業所内でどのような種類の新しい労使関係の秩序が形成され始めたかを見る。

　第三に，1995～96年に締結された労働協約の内容を1987～89年のそれと比較することにより，国家と資本の反撃が始まったあと，事業所を舞台とした資本－労働の熾烈な力の対決が，事業所内の秩序と関連しては主にどのようなイシューを中心にどのように展開されたかを見る[9]。

　第四に，以上の考察を通じて，民主化以後約10年間にわたって形成された事

業所内の自律的秩序の内容が何であり，主要当事者の意図と戦略および労働法が，そうした新しい秩序の形成にどのような影響を及ぼしたかを考察する。

ところで，本章の対象とする時期は1987年から1996年までに限定したが，その理由は言うまでもなく，この小さい一篇の論文で扱うにはこの期間さえも決して短いものではないからである。韓国で事業所内の自律的秩序形成を論ずる際，その出発点が1987年でなければならない理由は，上述した通り，明白であるが，何ゆえ1996年までなのかについては若干の説明が必要である。その理由は，1997年の上半期までが所謂「87年体制」と呼ばれる労働体制（labor regime）の維持された時期であり[10]，それ以後は1997年春の労働法改正，1997年の秋の終わりに韓国を襲った経済危機，その余波として1998年から大量失業が発生し労働市場が急激に柔軟化したことなどを契機に，韓国の労働体制が以前とは非常に異なった方向に急変し始めたためである。

2．資料および方法

(1) 主な資料

本章の主な資料は，韓国労総が発刊した労働協約分析の資料と1990年代に韓国労働研究院が発刊した労働協約分析報告書などである。韓国労総は1977年に労働協約の調査を初めて実施して以来，1979，1983，1987，1989，1995年などにそれぞれ調査を実施し，これを『団体協約分析集』という報告書として発刊してきた。本章で1987年以前の労働協約の実態を示す資料として引用したのは，1977年，1983年の調査資料である。

韓国労総の1989年の調査は韓国労働研究院との協力のもとに進められたものであり，同研究院はこの資料を基に1990年に『団体協約分析』という報告書（尹性天ほか［1990］）を発刊した。韓国労総の『団体協約分析集』（1991）が事例と模範協約案中心の叙述をしているため，本章では韓国労働研究院の報告書を引用する。韓国労働研究院は1996年にも労働協約を収集・分析したが，そ

表1-3　引用された労働協約調査資料の概要

	韓国労総（1977）	韓国労総（1983）	労働研究院（1989）	労働研究院（1996）
標本協約数	170（全体の13％）	228（全体の13.8％）	834（全体の13.9％）	849（全体の12.9％）
基準時点	1977.8.1	1983.9.1	1990.4.	
産業別構成	製造業　　　　103 鉱業　　　　　　5 運輸・Service　62	製造業　　　　119 鉱業　　　　　　11 運輸・Service　98	製造業　　71.3％ 鉱業　　　　5.0％ 電気・ガス・水道 　　　　　　0.1％ Service　　9.5％ 金融　　　　1.4％ 運輸　　　　9.7％	製造業　　50.8％ 運輸倉庫業　13.5％ 金融保険業　6.8％ 不動産・事業サービス業 　　　　　　5.4％ 保健社会福祉事業 　　　　　　3.8％
規模別構成	500人未満　　38.2％ 500～999人　18.8％ 1000～1999人　18.3％ 2000人以上　24.7％	500人未満　　47.8％ 500～999人　18.4％ 1000～1999人　16.3％ 2000人以上　17.5％	500人未満　　71.9％ 500～999人　10.7％ 1000～2999人　9.1％ 3000人以上　　8.3％	500人未満　　75.8％ 500～999人　11.2％ 1000人以上　12.0％

の結果は『団体協約分析（Ⅱ）』（尹性天・金廷翰［1998］）という報告書として発刊された。

　本章では韓国労働研究院の1989年，1996年の調査結果を民主化以後の労働協約の変化を示す資料として引用し分析する。表1-3は，調査資料の概略的特徴を示している。

　それぞれの資料は各時期の労働協約において重視されていた標準的な条項を大部分含んでいるが，約20年という時間の中で労使関係そのものも変わったし主要なイシューも変わったため，協約条文を類型化しコーディングする方式に違いが存在する。したがってこれらの資料を厳密な意味で時系列的に比較することはできないが，変化の基本的な方向と程度を読み取り解釈するには無理がないと思われる。

(2)　補助資料の活用

　本章は，まず第3節で，4つの時期の労働協約を分析した資料を基に，労働協約の主要な章と条項別に約20年間，どのような変化があったのか，特に1987年以後どのような変化があったのかを分析する。定量的な分析が持っている問

題点と限界を克服・補完するために，本章は第4節でいくつかの労働協約を中心に，個別企業の労使関係の変化がそれぞれの労働協約にどのような形で反映されているかを考察する。こうした目的から本章では，公共部門と民間部門，製造業とサービス業，金融産業，自主的・戦闘的な労組が存在した事業所と穏健・実利志向的または甚だしくは「御用」として指弾の対象になっていた労組のあった事業所等の類型を反映する事業所の労働協約をいくつか考察する。

3. 労働協約の内容の推移

(1) 総　　則

　総則部分で主要争点となる事項は，唯一交渉窓口の認定，協約の優先的効力認定，労働条件等の低下禁止，ショップ制度，組合員の範囲などである。

　「唯一交渉窓口」条項は，複数労組が法で禁止され既存の組合の排他的交渉権が認められている韓国では，事実上争点となる理由のない条項であり，また「協約の優先的効力」も，労働組合法第36条の規定により就業規則と個別労働契約に優先する効力が認められているだけでなく，労働基準法上の規定との関係においても労働協約で規定された基準が労働基準法の基準を下回ることのない限りその優先性が法律により保障されているため，争点となる理由のない条項であった。表1－4のとおり，唯一交渉窓口を認める条項のある協約が1987年以前にもすでに90％をはるかに超えており，協約の優先的効力を認める条項のある協約が1987年以後80～90％に達しているのも，このような理由があったためである。

　にもかかわらず，民主化直後にはこれらの条項も争点になったが，その理由は，使用者側が労働組合でない各種の社員団体を作ってその団体を事実上の交渉相手と認定することにより，組合を無力化しようとする試みがあったこと[11]，また協約の効力に関しても，使用者側が労働基準法より優先する効力を持つという条文を問題にしたためである（経済団体協議会［1991d］）。

表1-4　労働協約の中の総則条項の推移（1977～96年）

	韓国労総（1977）	韓国労総(1983)	労働研究院(1989)	労働研究院（1996）
唯一交渉窓口	98.2%	94.3%	97.9%	97.3%
協約の優先的効力	67.1%	46.5%	81.9%	87.8%
労働條件等の低下禁止			64.3%	71.7%
閲覧便宜および資料提供		18%	49.7%	76.4%
Shop制度	Union：68.5% Open：18.8% Closed・その他：13%	−	87.2% Union：38.2% Open：61.2% Closed：0.6%	81.3% Union：33.9% Open：60.7% Closed：1.5% U&O混合：3.3%＊
Union Shop脱退者				8.9% 解雇：64.5% 自由：19.7% その他：15.8%
Union Shop 加入拒否者				4.4% 解雇：63.9% 協議決定：30.6% その他：5.5%
非組合員の範囲				82.9%

注：＊生産職＝Union Shop，事務職＝Open Shop。

　労働条件低下禁止の条項は，本来，協約に明示されていないということなどを理由に使用者側が慣行的に認めていた既存の労働条件を低下させることはできないという内容が一般的であり，したがってこれもやはり特別に争点となる理由のない条項であったが，87年直後の労働の総攻勢の雰囲気の中で，多数の組合が優越した交渉力と使用者側の相対的無知を利用して「更新締結時に既存の協約基準を低下させることはできない」（▲▲実業）とか，「組合が既に確保したか，あるいは慣行として実施してきた組合活動の権利及び既存労働条件を低下させることはできない」（A建設，B建設）などの条項を挿入したケースがあり，こうした部分が以後の争点となることがよくあった（石塔労働研究院［1989］）。

　総則条項でもっとも争点になる部分はやはりショップ制度であった。歴史的に見れば，産業別単一労組の組織体制が事実上法的に強制されていた1961～80

年までの時期にはユニオンショップ制度が大勢を占めていたのであり，組合脱退者だけでなく除名者に対しても会社が解雇せねばならないという規定を有する労働協約が多く，御用労組が民主的な反対派を弾圧する手段として悪用することもあった。しかし1980年の改正労組法が産別体制を企業別に強制的に転換させ，ユニオンショップを禁止することによって，1981～87年の時期には事実上この条項は存在しなかった。1987年末に改正された労組法は，事実上企業別組合体制を強制する条項は維持していたが，ユニオンショップは許容しており，その代わり組合が除名した者を会社が解雇することはできないように規定した（労組法第39条3号の但書き）。したがって1987年の労働法改正以後には，ユニオンショップ採択の可否と，ユニオンショップが採択された場合，組合脱退者または加入拒否者に対して会社が解雇することができるかどうかが，主な争点となった。言うまでもなく労組はユニオンショップのほうを好み，資本の側はオープンショップの方を好むか，または，「不完全なユニオンショップ」を次善の策と考えた[12]。表1-4は，ショップ制度に関しては1987年以後資本と労働が微妙な均衡をなしたが，資本が効果的に防御してユニオンショップ制度の拡散を抑え，ユニオンショップ制を許容した場合でも脱退・加入拒否の際に解雇しなくてもいい不完全ユニオンショップ制度へと誘導するのに成功したことを示している。

　1987年以後の労働協約のもう一つの特徴は，組合加入の対象でない従業員の範囲が非常に広範囲に定められたという点である。ホワイトカラー労組の場合，課長クラス以上は大部分加入対象から除外され，代理クラス以上が除外される場合も少なくなかった。警備，運転，秘書，総務，経理，人事部署の在職者，機密の取扱者等は勿論のこと，「その他使用者の利益を代表する者」という名の下，非常に広範囲な事務・管理職労働者が加入対象から排除された。これは使用者側が積極的に加入対象を縮小しようと努力したためでもあったが[13]，生産職・事務職が混合状態の事業所の場合，事務職の生産職に対する優越感と生産職の事務職に対する不信も大きく作用した。その結果，このような事業所では大部分の組合が生産職だけの組織となり，一部の事業所では生産職と事務職

の組合が並立されることもあった。

(2) 組合活動

会社から賃金を受け取る専従幹部制度，組合費一括控除（Check-off）制度，会社が組合に対して事務室など各種の施設の便宜を提供することなどは，労働組合の単位組織が企業別に組織されている韓国では長い間慣行として行われてきたものである。そのために，労働協約上では1987年以後も大きな変化のない連続性を見せている。しかしこれらの事項も，内容的には87年以降かなりの変化があった。

交渉力の強い大企業の所謂「強性労組（戦闘的組合）」では多すぎるほどの多数の専従者を確保している場合が多く，さらには専従幹部が上部団体に派遣される場合は会社から追加の専従者を認めてもらうと規定した協約もあった[14]。その反面，87年に雨後の筍のように次々誕生した中小企業の労組では，組合専従幹部を確保できず組合活動が弱化する現象が早くも90年代の初めから発生していた。企業別労組体制という限界から発生するこのような現象は，労働者の交渉力の両極化をもたらした。

組合活動関連の条項でもっとも争点となった事項は，非専従の組合幹部または平の組合員の勤務時間中の組合活動と社内広報活動であった。組合総会，代議員大会，団体交渉，労使協議会，上部団体主催の各種の活動への参加等を勤務とみなす点では韓国労総と経総（日本の旧日経連に当たる——訳者）の間に異見はなかったが，組合はこれらの活動に関して事前通報程度で勤務時間を自由に使用することを希望した反面，使用者側は事前通報のうえで会社の承認を受けなければならないとした。80年代末には組合が勤務時間を事実上自由に使用するケースの方が，会社の承認を受けねばならないケースより圧倒的に多かったが，90年代中盤にいたり「自由使用＋事前通報」は急減した一方，「承認」の比重は維持され，「協議」の比重が増加する方向に変わった（表1-5参照）。一方，社内広報活動部分は「自由＋通報」の比重が圧倒的なものと変わっていった。

表1-5　労働協約の中の組合活動条項の推移　(1977〜96年)

	韓国労総(1977)	韓国労総(1983)	労働研究院 (1989)	労働研究院 (1996)
組合専従者	83.5%	60.5%	90.3%	87%
専従幹部の待遇			82.0% 会社が支給：96% 労組が支給：0.6%	77.9% 会社が支給：94.7% 労組が支給：0.4%
勤務時間中の組合活動	84.7%	93.9% 通報：19.6% 承認：61.7% 協議：15.9% 自由：2.8%	95.4%* 通報：29.7% 承認：37.8% 協議：23.4% 自由：24.1%	86.9%* 通報：18.2% 承認：24.5% 協議：34.0% 自由：9.5% 通報＋承認：10.0%
勤務時間中の組合活動に対する賃金支給			総会，代議員大会：70.6% 上部団体の活動：67.6% 官主催の会議・教育：50.8% 団体交渉，労使協議：63.3%	
組合活動での出張費				11.9% 会社が支給：64.4% 労組が支給：9.9%
専従後の現職復職の保障	83.5%	68%		
上部団体の専従就任の是認			51.9%	57.6%
上部団体専従者の賃金			25.0% 会社が支給：93.5%	31.9% 会社が支給：81.2%
上部団体専従就任時の追加専従				18.5% 是認：91.1%
Check-off	90%	88.6%	92.5%	94.1%
施設便宜提供	87.1%	85.1%	96.1%	94.4%
社内広報活動（新聞・ビラ）		61.0%（87年） 自由：75.3% 通報：15.4% 承認：9.3%	79.4% 自由：42.6% 通報：23.7% 承認：15.5% 協議：18.0%	81.5% 自由：63.6% 通報：13.8% 承認：6.9% 協議：11.6%
社内広報活動（掲示板利用）		59.9%（87年） 自由：76.1% 通報：13.0% 承認：6.7% 不認定：4.3%	85.4% 自由：47.3% 通報：19.5% 承認：17.7% 協議：15.5%	87.3% 自由：60.5% 通報：15.9% 承認：9.3% 協議：12.5%
組合員教育時間				既存組合員：20.7% 新規組合員：25.8%

注：*は平の組合員に対してのもの。

表1-6 労働協約の中の賃金条項の推移（1977～96年）

	韓国労総（1977）	韓国労総（1983）	労働研究院（1989）	労働研究院（1996）
賃金の定義			賃金構成：44.3%	賃金構成：40.2%
賃金引上決定原則	賃金条項 有：32.4% 別途の協定・就業規則：42.4% 基準外賃金明示：53.5% 賃金 slide 制：14.7%	賃金条項 有：11.8% 別途の賃金協定：58.4% 就業規則・会社規定：21.9% 基準外賃金明示：3.1%	賃金引上決定原則：38.5% 賃金決定方法：80.2% 団体交渉：79.7% 労使協議：7.2% 別途協定：10.5% 会社規定：3%	賃金決定方法：76.7% 団体交渉：89.7% 労使協議：6.5% 会社規定：7%
賞与金	規定：78.2% 400%以上：16.5% 100～300%：83.5%	規定：43.4% 300%以上：21.1% 200%以上：18.4% 100%以上：3.9% 就業規則・経営実績：43%	規定：80.2% (cf. 87年＝94.1%) 一定率：66.1% 経営実績：20.4% 協約：4.5% 支給率：68.2%	規定：74.4% 一定率：33.7% 経営実績：14.2% 協約：44.9% 支給率：75.2%
賃金支給日	75.3%	69.7%	85.5%	74%
賃金体系変更時労組参加				37.5%
休業支払	41.2%	48.7%	66.2%	
休職中の賃金	43.5%	25.8%		
昇給			定期昇給(号俸) 46.9%	定期昇給(号俸) 47.2%
退職金	93.5% 累進制：43.5%	96% 累進制：44.3%	84.8% 累進制：29.4% 積立運営方法：4.3%	85.8% 累進制：40.2% 積立運営方法：8.5%

(3) 賃　　金

　表1-6を見れば，1987年以前にも協約に賃金決定方式が明示されているケースもあったが，少数の所謂「民主労組」を除けば，賃金について労使間意見の不一致がある場合争議も辞さずという意志がなかったため，大部分の会社が一方的に賃金を決定していた。労働者たちの自嘲の混じった言葉のように「働けといわれるだけ働いて，くれるだけ受け取る」というのが一般的であった。

しかし1987年直後には,「御用的」と指弾される組合でさえも賃金交渉に積極的にならざるを得ない状況が作り出された。多くの場合,賃金は団体交渉とは別途の賃金交渉を通して決定されたが,表1-6で見られるように,大部分の労働協約に賃金決定の方法が明示された。

　労働者たちは,労働運動が自由化されるやいなや20～30％に達する高率の賃上げを要求したばかりでなく,学歴や職種による賃金格差の縮小を強く要求した。当時,広まっていた急進的思想も,労働者の平等主義的意識の鼓吹に一役買った15)。そして平等主義的意識の中で,賃金引上げの「下に厚く上に薄く」(下厚上博)」の効果を狙った定額賃金引上げや,職種や学歴や性別による賃金差別を解消する号俸調整ないしは単一号俸制を要求した。生産職中心に組織された製造業の労組は,定額賃金引上げをより好む反面,事務・専門職の労働者は単一号俸制をより好んだ。単一号俸制は大学の教職員労組,マスコミの労組,大学病院労組などで特に顕著に現れた（石塔労働研究院［1989］91～93頁）。

　労働者たちの強い平等主義的要求は,定期昇給制度（号俸制）に対する要求と定率賞与金制度に対する要求としても表出した。労働者側は「その職場でどれほど汗を流したか,つまり勤続年数と経歴」が昇給および昇進においてもっとも重要な考慮要素にならねばならないとして,ボーナスも個人別勤務成績に対する評価やその年の経営成果によるのではなく,一定の比率で固定化されなければ,労働者内部の分裂を防ぐことができないと考えた。経営者側は昇給やボーナスは個人別の勤務成績により差が付けられるべきであり,特にボーナスは毎年の経営実績と連動させねばならないと主張したが,すでに1987年以前から公企業と民間大企業等では号俸制と定率賞与金制が一般化していたため,その拡散を抑えるには力不足であった（表1-6参照）。

　もう一つ大きな争点となったのが,退職金累進制であった。1961年の労働基準法改正以降,退職金は一種の法定賃金となってきたが,一部の公企業と民間大企業を中心に1960～70年代に勤続年数による累進制が拡散した。ところが,1981年からこの制度が会社の財政を過度に圧迫すると判断した政府の後押しで,多くの企業が累進制を廃止するか累進率を下向調整するようになった。1987年

以後これらの企業では退職金累進制還元闘争が展開され，退職金累進制のなかった企業でも大部分の労組がこの制度の導入を主要な要求として掲げた。表1-6を見れば，累進制の導入された協約が1989年は約30％，1996年は約40％となっており，1987年以前の水準を下回ってはいるものの，労働協約の数が1987年以前に比べて約3倍に増加した事実を考慮すれば，この制度が相当拡散したと評価できよう[16]。

(4) 労働時間

労働時間は大部分労働基準法により規定された内容を労働協約で再確認する場合が多く，争点がそれほど多くはなかった[17]。ただ労働協約でこれを重ねて規定するのは法解釈上の違いにより葛藤が生じるのを防ごうという次元であって，これは労使双方の共通した認識であった。表1-7をみると，ほとんどの条項で1987年以前と以後の連続性が見出される。ただ1987年以後は，労働協約に明示される比率が高まり，より細かい部分まで規定される傾向があったことを確認することができる。特記すべきことは，特別慶弔手当であるが，87年以後労働組合の交渉力向上を基盤に慶弔手当の種類が大幅に増え[18]，また支給される比率も増加したことが確認できる。

一方，この表には現れていないが，1987年直後，交渉力の強い一部の組合が休日労働・延長労働・深夜労働に関し，法定加算率より20〜50％高い加算賃金条項を獲得した事例が少なからずあった（石塔労働研究院［1989］103頁）。また1990年代中盤には，製造業分野の大企業を中心に，16時間労働以上の労働者または徹夜特勤者等に対する翌日1日有給休暇などの条項を獲得した事例が多い（全国労働組合協議会調査統計局［1994］）。

(5) 人　　事

人事条項は1987年以後，労使がもっとも熾烈な接戦を繰り広げた部分である。相対的に穏健な韓国労総か戦闘的な全労協（民主労総の前身─訳者）かに関係なく，労働組合は使用者の所謂「人事・経営に対する全権」を否認し，労働組

表1-7 労働協約の中の労働時間条項の推移 (1977～96年)

	韓国労総 (1977)	韓国労総 (1983)	労働研究院 (1989)	労働研究院 (1996)
労働時間	88.2%	100%	基準労働時間：93.1% 概念・範囲：17.9%	週当り労働時間： 89.3% 月当り労働時間： 5.9%
休憩時間	47.6%	32%	34.3%	19.6%
交代制			27.2%	23.0%
超過・休日 労働実施の 手続き	労使合意： 65.2%(1979年)	労使合意：51.8%	80.3% 労使合意：43% 労使協議：28.7%	72.1%* 労使合意：33.7% 労使協議：16.2% 当事者同意：17.6%
有給休日	92.4%	93.9%	97.1%	97.1%
月次休暇	84.1%	83.3%	週休日：87.1%	週休日：85.5%
年次休暇			88.2% 8日以上：約95%	
生理休暇	70%	71.1%	80.9%	78.1%
産前産後・ 流産休暇	60.6%	48.7%	53.8%	59.1%
流産・死産 特別休暇				17.9%
特別慶弔 休暇	91.8% 8種以上：41%	57.5% 9種以上：50.4%	約10種以上：70～90%	約13種以上： 80%以上

注：*は超過労働実施の手続きに限る。

合が経営陣と対等な権限を持って人事・経営問題に参加できなければならないと主張し，昇給・昇進・表彰・人員整理等においては先任権が厳格に適用されねばならないと主張した。より具体的には労使同数で構成される人事委員会・懲戒委員会が構成されねばならず，従業員の新規採用，懲戒，解雇，人員整理，下請および業務委託転換，会社の分割・合併・譲渡・整理・解散・移転・業種転換等は必ず組合との事前協議を経なければならないと主張した。全労協はさらに進んで，組長・班長など下位監督労働者を組員・班員の直接選挙で選出することも主張した。組合のこのような主張は無理な側面がなくはなかったが，民主化以前は公共部門・民間部門を問わず，採用，昇給・昇進，人事考課，懲

戒などにおいて使用者や中間管理者の恣意的独断がひどく，不満が積もりに積もっていたという状況を反映するものであり，同時に「会社によく思われよう」という競争を制限することで労働者内部の分裂を抑制し，団結を強化しようとする意図が込められたものであった。

　使用者側は人事・経営問題は使用者の「専権的」事項であって団体交渉の対象にはなり得ず，たとえ労働組合の参加を許すとしてもそれは労使協議会等を通しての「協議」程度の参加に限られるものであって，採用・懲戒・解雇等に関しても，労組の意見を聴取する程度以上の参加は許容できないという立場を堅持した（経済団体協議会［1991d］）。

　したがって1990年頃から労使は事業所の内外で「人事・経営権」をめぐり熾烈な論争と力の対決を展開した。労組は攻勢的慣性を活かして資本の抵抗を突破しようとしたが，資本は政府の強力な後押しを受けて強力に対抗した[19]。その結果，1990年以前に締結された協約の中には当時の労働攻勢と使用者側の準備不足のため非常に高い水準の参加権を確保したものが少なくなかったが[20]，使用者側が戦列を整えてからはそのような成果を収めることはむずかしくなり，むしろ後退を強いられることもあった。労組をさらに圧迫したのは，1992年を前後して顕在化し始めた雇用不安であった。数年間高率の賃金引上げが続き，なおウォン貨の価値が上昇したうえ，後発新興工業国が浮上し，韓国経済の限界的部門がまずその影響を受け始めた。輸出自由地域に進出していた外国資本が撤収し，休・閉業する中小企業が続出した。大企業も新規採用を極度に抑えながら自動化・省力化に力を注いだ。このような状況は労働組合を守勢に立たせた。中小企業部門では自ら進んで解散する労組が続出し，大企業部門でも雇用不安の黒雲が垂れ込めるやいなや，労組は既存の組合員の雇用保障と引き換えに非正規職・構内下請等の使用を容認し，人事経営権に対する攻勢をゆるめた[21]。こうした変化は，1987年から拡大一途にあった大企業／中小企業間の格差をさらに拡大させ，会社の経営状態が良好でかつ強い労組の保護を受けられる部門の労働者を徐々に差別化された労働市場内の特権的集団としていく一方，中小企業の労働者や下請労働者・非正規職の労働者からは，彼らが1987年以後

表1-8(1) 労働協約の中の人事条項の推移Ⅰ (1977〜96年)

	韓国労総(1977)	韓国労総(1983)	労働研究院(1989)	労働研究院(1996)
試用期間	32.4%	35.5%	48.9%	48.5%
昇進・昇級期間	17.2%	21.9%		
先任権保障	7.6%	11.8%	28.3% 昇進・昇級：85% 解雇：42% Layoff：31%	20.1% 昇進・昇級：77.2% 解雇：26.9% Layoff：18.1%
休職期間有無	60.6% 大部分 1〜3カ月	58.8% 大部分 3〜6カ月		
休職要件			90.1%	85.3%
休職中の処遇			兵役関係：28.4% 業務上疾病：29.2% 一身上事由：42.7% 刑事起訴：36.5%	兵役関係：46.8% 業務上疾病：24.3% 一身上事由：38.5%
解雇時の労使協議	47.1%	38.2%		
解雇および退職の事由			81.2%	解雇事由：71.9% 退職事由：25.3%
人員整理			49.1%	55.5%
人員整理時の労組参加			24.4% 協議：53.8% 合意：31.1% 通報：14.8%	53.4% 協議：54.1% 合意：30.3% 同意：11.9%
定年	73.5% 男子：95.2% 女子：25.6%	81.1%	男子：88.2% 女子：84.6% (cf. 87年は女子：29.7%)	86.1% 男子：86.5% 女子：86.5%
就業規則作成時の労組参加	協議：45.3%	協議：49.6%	51.7% 協議：72.9% 同意：19.0% 通報：3.7%	60.3% 協議：68.7% 同意：24.8% 通報：6.5%

獲得した成果を一つずつ奪い始めた。

　表1-8(1)と表1-8(2)はこのような変化を比較的よく示している。1989年時点の協約は1983年時点の協約に比べ，ほとんどすべての指標において労働組

表1-8(2) 労働協約の中の人事条項の推移Ⅱ（1977〜96年）

	韓国労総(1977)	韓国労総(1983)	労働研究院（1989）	労働研究院（1996）
人事原則 （組合員）		cf. 87年＝ 69.9%	84.1% 協議：19.6% 合意：9.8% 通報：20.8%	
人事原則 （組合幹部）		cf. 87年＝ 67.5%	81.9% 協議：34.7% 合意：39.5% 通報：9.3%	
人事・ 懲戒委員会			60.8% 人事委：4.9% 懲戒委：83.2% 両者とも：11.9%	77.3% 人事委：25.3% 懲戒委：57.0% 両者とも：17.7%
人事・懲戒委へ の労組参加			11.4% 同数参加：8.8% 代表参加：14.3% 協議：16.5% 意見提示：6.6% 会社一方決定：53.8%	10.9% 同数参加：22.6% 代表参加：41.9% 協議：10.8% 意見提示：18.3% 会社一方決定：6.4%
懲戒事由			75.6%	61.8%
懲戒種類				68.3%
懲戒委員会への 労組参加	懲戒の手続き 32.4%	懲戒の手続き 34.2%	45.2% 同数参加：32.4% 代表参加：26.0% 協議：6.4% 合意：3.6% 通報：31.9%	63.5% 同数参加：23.7% 代表参加：29.5% 協議：3.3% 合意：2.0% 意見参酌：19.3% 通報：43.6%
名誉退職				8.5% 基準協議・規模合意：45.8% 基準合意：16.7% 協議：20.8% 抽象的表現：12.5%
優先採用				32.9% 災害退職者の子女：65.9% 定年退職者の子女：54.1% 人員整理された者：27.6%
非正規採用時 の労組参加				2.9%
下請転換時の労 組参加				14.3%
休・閉業時の労 組参加				16.6%
合併・譲渡時の 雇用承継義務				18.7%
適正人員維持保障				5.1%
男女雇用平等				12.2%

合の参加と発言権を拡大する方向に変化している。1996年の協約も1989年の協約に比べて労組に有利な方向に変化したものが少なくないが，細かく見れば変化がほとんどないか一部後退した条項がみられる。特に1996年時点の協約には，雇用に対する不安を反映した条項が多く追加されているのが目に付く（表1－8(2)参照）。

(6)　安全保健・福利厚生

　安全保健の場合，大部分の条項が産業安全保健法や労災保険法によりカバー可能な内容であるため，労使間の特別な争点はなかった。産業安全保健問題に関する一種の労使協議機構である産業安全保健委員会も，産業安全保健法で設置を義務づけた事項であった。ただ，労働側は産業安全保健委員会を通して労組の安全保健問題に対する発言権を高めようとし，使用者側はその点を警戒しながらできるだけ使用者が主導する機構として維持することを望んだ。しかし法律上規定された産業安全保健委員会の位相は労使協議会と類似しており，その決定事項は労使協議会での労使合意に準ずるというのが一般的な法解釈であって，協約での規定も大体そのような方向で進んできた。一方，1990年代に入って労働組合が有害・危険要素の発見時の労働者の作業中止権認定要求など産業安全に関連した要求を提起し，これらが相当大きな争点として浮き彫りにされるようになったが，1996年の調査によれば作業中止権に関して規定している協約は2.8％に過ぎなかった。

　福利厚生条項は時期による変化が比較的多かった。特徴的なのは，時代の変化による労働者のニーズの変化が反映されたという点である。過去，重要な福利厚生であった昼食，作業服，通勤バス等が，90年代に入ってからは会社が提供する基本的な福祉サービスではあるがそれほど重要でないものに変わった反面，90年代に顕著になった住宅価格と教育費の高騰を背景に，住宅資金貸出や子女の学資金支給等が重要な福祉サービスとして登場した。

(7) 団体交渉と労働争議

団体交渉条項の中で特に争点となったのは,団体交渉事項に人事・経営問題が含まれるか否かの問題と,協約の成立手続きに関連した問題であった。使用者側が人事経営問題は交渉の対象になり得ないという立場を頑強に堅持したという点はすでに言及したところであるが,1989年の調査と1996年の調査では,該当条項を規定している協約の中で人事経営問題を協議ではなく団体交渉の対象として明記している協約の比重は比較的低い(1989年:工場の買収合併18.5%,経営管理1.6%,人事0.2%,1996年:工場の買収合併8.7%,人事16.1%)。協約成立の手続きに関連しては,1990年代の初めまで賃金交渉や団体交渉の末,労組内部の意見の違いを縮められないまま労組委員長が職権で調印したケースが数件発生しており,これが労働運動内部で大きな波紋を起こしたことがあったため,全労協や外部の労働団体は交渉委員全員の署名捺印や組合員による交渉妥結案に対する認准投票を労働協約の成立条件として入れようと試みた。これは使用者側の頑強な抵抗にあったが,相当数の協約に交渉委員全員の署名捺印が成立条件として挿入された[22]。また,このような条文の存在の有無と関係なく,相当数の組合が現在までも慣行として最終的に妥結した協約案を組合員の認准投票に回付している。

労働争議に関連しては,争議時の賃金支給が最大の争点となった。1990年代の初めまでは,争議によって損失した賃金の全部または一部を使用者が多様な名目で補填するのが慣例化されていた。このような慣例は争議中発生した感情的対立を解消し協力的雰囲気の中で操業を再開するための方便であったが,これが労働者の「道徳的弛緩(moral hazard)」を招き紛糾を却って助長するとの判断により,政府と経営界は1990年代の初めから,無労働・無賃金(No Work No Pay)の原則を貫徹するよう個別の使用者に求めるようになった。この争点は産業現場を越えて社会的論争の対象となったが,労働運動が過度に「利己的」であるという社会的批判の拡散等と結びついて,使用者に有利な形勢となった。この条項の明文化はきわめて稀であったが,明文化された場合で

も1989年と1996年を比較してみればスト期間中の賃金に対する「一部補填」が急減し，反対に無労働・無賃金の原則が明文化されたケースが急増したことがわかる[23]。

4．事例研究

(1) 鉄道労組

鉄道労組は韓国で歴史がもっとも古い労働組合であるが，1945年の解放後，左翼系の労組である全国労働組合評議会を破壊するために右翼が組織した労働組織に根をおいており，それ以後も長い間国家の労働統制に黙って従ってきた歴史を持っている。鉄道労組は1987年の労働者大闘争当時も社会的な影響をほとんど受けず，内部的な動揺もなかったが，それは，鉄道労組が当時公務員労働組合であって組合員自体が消極的であったということが重要な理由として作用した。

鉄道労組は，1955年，韓国でおそらく初めて労働協約を締結した労組であった。この協約は48条からなる簡単な文書であったが，当時の労働法と就業規則の諸規定をそのまま写し取った程度のものであった。この協約は，それ以後，労働関係法の変化と政治の変動により何回か重要な変化を経るが，若干の修正を重ねつつ1987年にいたる。1987年直前の協約は62条から成っていた（全国鉄道労働組合 [1997] 395頁）。1988年5月，民主化以後の最初の協約改正がなされたが，このときも1987年11月の労働法改正の内容を反映させる程度の変化（ユニオンショップの導入，協約有効期間の短縮）だけであり，条項の追加もなかった。1990年には先任権や資料提供等の内容が追加されて全66か条の協約として更新締結され，1992年の更新締結時には安全・保健に関するいくつかの条項が追加され，さらに鉄道民営化の論議が始まったのを背景に身分保障や人員削減時の合意等の条項が追加されて73か条になった。1995年に更新締結された協約は全文78条から成っているが，その内容は極めて簡単で，大部分の条項

において使用者の権限を認める中で労組は事前通報・協議権だけを確保している。

要するに鉄道労組の労働協約には民主化以後も最小限の変化しか見られないが，これは団体行動権を制約されている公務員労組としての特性および保守的で現実安住的な組合執行部の性格等の影響が大きいと言える。しかし同時に，組合員の賃金や諸手当，労働条件等に関しては，鉄道労組が年に１〜２度ずつ使用者である鉄道庁との間で結んだ「団体交渉協定」を通して随時懸案を解決してきたという点を看過することはできない。

(2) ソウル地下鉄労組

1987年の民主化直後に発足したソウル地下鉄労組は，1987年から1996年の間に公式的なものだけでも４回のストライキを決行し，そのたび，公権力と正面から対決した歴史を持つ。そしてそのことにより，1990年代後半まで公共部門だけでなく全産業でもっとも戦闘的かつ自主的な労組の一つに数えられてきた。

労組は発足直後の1987年11月，会社と最初の労働協約を締結した[24]。その労働協約は57か条で構成された比較的簡単なもので，内容的に1987年以前の平均的な労働協約と類似している。しかし，この協約の締結のための交渉過程で労組は，定年延長，勤務形態の改善，民主的職場秩序などの要求とともに，特に職制改正を強く要求した。合意にいたることができなかった労使双方は，職制改正問題を外部機関に委託して検討した結果を受けて，大部分の事項を1988年上半期までに施行することにするという「了解覚書」を締結した。この了解覚書には職名変更，職級・職位・職群の調整，身分および評価制度，人事制度，報酬管理制度のほかに，職種二元化，報酬体系単一化，職級間の賃金格差縮小と号俸間の賃金格差拡大，長期勤続者の自動昇進制等，労組の要求事項が相当含まれていた（ソウル地下鉄公社労働組合［2001］）。

この了解覚書は，以後，二つの追加合意書締結とその履行を要求するスト，中央労働委員会の仲裁裁定，そしてソウル市長の履行命令等，紆余曲折を経た末に，一部の事項は遡及施行されたが，そのほかの大部分は1989年９月から施

行されるはこびとなった。その結果，地下鉄公社の人事制度に非常に大きな変化がもたらされたが，職群・職種・学歴による差別がほとんどなくなり，勤続経歴による昇進・昇給制が大幅に強化された。

　1991年，締結された労働協約は，本文70条で，人事・懲戒，組合活動等と関連して労組の発言権に多少の向上があったが，何よりも定年を58歳から61歳に延長させたことと，母性保護が一つの独立した章になったという点に特徴があった。1993年，労組はなんと141条にのぼる労働協約案を準備して交渉に臨んだ。特に人事，会社の運営制度，地下鉄の安全運行および環境問題等において多くの条文新設を主張したが，結局は本文98か条の協約を締結することで終結した（ソウル地下鉄公社労働組合［1994］）。組合の立場から見ると，改善された事項は，人事・懲戒と関連した若干の手続き規定の詳細化を除けば，大部分は安全・保健関連の条項および福祉部分であった。1995年に改正された労働協約は102か条で構成されているが，懲戒手続きと関連したいくつかの条項が新設された。

(3) 朝興銀行労組

　韓国でもっとも古い歴史を持つ都市銀行の一つである朝興銀行の労組は1960年に設立され，最初の労働協約も同年締結された。当時の労働協約は全文37条で構成された非常に簡単な内容のものであり，人事問題に関しては「銀行が決定するものとする」として全権を認めていて，法律と就業規則が保障する程度の労働条件を羅列した水準であった。協約は1960年代～70年代にかけて，それなりに持続的に内容が豊富になっていった。1981年に締結され，その骨組みが労働者大闘争以前まで続いた協約は，総86条の本文と6条の附則，19条の報酬に関する別途の規程と11の別表から成っていた。

　1987年以前の金融産業労組は一般的に現実安住的な労組であったが，朝興銀行労組も例外ではなかった。しかし民主化以後，朝興銀行労組をはじめとする金融産業労組は，歴史の古い労組の中では相対的に早い時期に活性化された。それは，民主化闘争の過程でホワイトカラーたちが政治的に活性化され積極的

に参加したということと無関係ではない。しかし朝興銀行労組は民主化直後には労働協約よりは賃上げの方に積極的であった。1988年の更新を前に労組が提起した要求内容は，ユニオンショップ，災害補償にＢ型肝炎の追加，昼食費引き上げ，災害扶助金，慶弔費引き上げなどの6項目に過ぎなかった（『朝興労報』1987.12.31）。団体交渉は賃金闘争に押されて，1988年10月末になってようやく妥結したが，ユニオンショップ以外は労組の要求がすべて受け入れられた。労組の労働協約に対する態度は，1990年の協約更新を前に大きく変貌した。労組は25個の条項を追加した全文110条から成る協約案を会社側に提示したが，団体交渉関連7項目，組合活動保障関連2項目，人事関連15項目等をはじめ，ほとんど協約内容全体を書き直す改正案を提出した（『朝興労報』1989.12.14）。特に注目されるのは，人事に関連して組合の発言権を劇的に高める要求を提起したという点である。1年後の90年の末に妥結した協約では30余の条項が改正あるいは新設されたが（全体で約90個の条項），人事経営関連の要求はほとんど受け入れられず，「人事制度研究委員会」を新設するという線で弥縫された（『朝興労報』1991.1.17）。1991年9月に労組が提示した労働協約改正案は，休暇や安全保健，福祉に焦点を合わせた10項目から成る簡単な内容であった。その年の末に妥結した協約は，労組の要求のうち6項目を会社が受け入れる線で更新された。労組は，再び93年6月に団体交渉関連6か条，民主的職場発展関連9か条（銀行発展委員会関連3か条，公正人事委員会関連6か条），人事関連3か条，休職および解雇関連2か条，福利厚生関連2か条等を含め，既存の89か条を116か条に増やす内容の要求案を提示したが，その内容を見れば，韓国労総と全労協の模範協約案を多分に参照した痕跡がはっきりわかる。しかしその年の10月に妥結した内容を見ると，諸手当，慶弔金，休暇，福祉関連部分で多少組合の要求が貫徹しただけで，要求案の核心であった民主的職場発展関連の9か条と人事関連の3か条のうち，組合員に対する懲戒時の組合の弁明権一つだけを確保する線で終わってしまった（『朝興労報』1993.10.28）。比較的簡単に終わった1994年の労働協約更新のための団体交渉でも労組は，諸手当，慶弔金，産前産後の休暇，医療費補助等で若干の改善を獲得したのみであった。

95年の団体交渉でもこのようなパターンが繰り返された（『朝興労報』1995.10.14）。

要するに，朝興銀行労組は鉄道労組とは異なり労働協約改善のためにそれなりの努力はしたが，現実的な交渉力の限界を自認し，毎回名分（人事・経営への参加）を放棄する代わりに実利（賃金・手当・福祉）を取るパターンを反復していたのである。

(4) 現代自動車労組

現代自動車は周知のとおり韓国を代表する自動車メーカーであり，現代自動車労組は1987年の労働者大闘争以後出現した戦闘的労働組合を代表する労働組合である。現代自動車労組は1987年7月末に結成され，組合内部の強硬・穏健両派間の対立を経た末に，同年9月に正式に第一期執行部が発足した。現代自動車労組の初代執行部は相対的に穏健な執行部であったが，発足直後，あっさり賃金交渉を済ませ，労働協約締結のための団体交渉に入った。最初の労働協約は1988年2月に調印されたもので，総93か条（推定）で構成されており，製造業の大企業の平均に近似した協約であった（現代自動車労働組合[1990]）。労組は，1988年6月，賃金交渉とゼネストが続く最中，委員長が賃金協定に職権調印したことから内部紛争に陥り，長期にわたる陣痛の末，1989年に第2代委員長が選出された。第2代委員長は初代委員長に比べ強硬派に分類されていたが，委員長当選後は実利主義的で穏健な路線をとり続け，組合内部の強硬派から弾劾されて不信任の危機に追い込まれたこともあった。彼の主導のもと，1990年に改正された労働協約は全文108条から成っていたが，人事問題に対する労組の発言権が強化されるなど，全領域にわたり労組に非常に有利な方向で改正された（現代自動車労働組合[1990]）。

1992年11月に開始された団体交渉で，労組は実に147か条にのぼる協約案を提示し会社側と逐条審議を始めたが，1993年3月末に第27次交渉まで行い初めて第1次審議を完了したほどに熾烈な攻防戦が続いた。結局，この団体交渉は，1993年の夏に賃金闘争と噛み合わさり，特に現代グループ労働組合総連合（現

総連)単位の共同闘争の一環として展開されて会社を圧迫した。6月末に第43次交渉で第2次逐条審議が終了し,第53次交渉の末,7月末にようやく協約に調印することができた(全文110条と推定)。しかし妥結内容を労組の立場から見ると,各種の福利厚生面では相当な改善を見たが,人事・経営問題に関連した事項では,下請・業務委託転換時の協議権,配置転換時の先任権,懲戒手続きの合理化等のほかには,特別に獲得できたものはなかった(現代自動車労働組合 [1993])。

現代自動車の事例は,労組が強力な交渉力を持っていたにもかかわらず,使用者側もそれに劣らぬ粘り強さで人事・経営権等の事項を防御したケースで,結局,労働組合が賃金,諸手当,福祉等で実利を追求する方向に妥協せざるを得なかった当時の状況をよく示している。

5. むすびに

ここまで考察してきた労働協約の推移の特徴を要約すれば,次のとおりである。

まず,1987年以後,労働協約の構造と構成の変化が目に付く。第一の特徴は,労働協約の条文の数が大幅に増加したという点である。96年以前の調査では平均条項数を計算していないため,全体的な比較は難しいが[25],上記の4つの事例だけ見てもこの点は明らかである。過去には労働法の条文や就業規則をそのまま写し取る程度であった労働協約が,1987年以後,組合員の要求を盛り込んでいく中で章・節が細分化され,章・節の中でもさらに条文の細分化が行われ,自然に条文数が増加する現象が現れたのである[26]。

第二に,1987年以前には産業や業種に関係なく労働協約の内容はどれも同じような傾向にあったが,87年以後は産業と業種によりその特徴が浮き彫りにされるようになってきた。たとえばマスコミ関係の労組では公正報道(放送)や編集権の独立等に関する章が,また一部の事務職では職場の発展に関する章が新設されもした。このように別途の章・節が新設される場合でなくても,労働

時間,賃金,安全保健,福利厚生等を具体化する過程で,労働協約はもはや形式的な文書ではなく労使間の権利と義務を明確にする文書となり,当然の結果として,各条文にその職場の特徴がより具体的に反映されるようになっていったのである。

　第三に,章,節の意味と比重が変化する傾向を見せている。1987年以前の協約ではどの章も似たような比重を持っていたが,1987年以後は,労働組合活動の自律性に関する章や,人事の公正性に関する章(事務職・公共部門の場合),労働安全保健に関する章(生産職の場合)の比重が高まるなど,職場の特徴により重視される章の比重が高められる反面,過去に労働法を写し取ったように形式的であった章は,その比重が縮小される傾向が見られた。代表的なものが労働争議に関する章と労使協議会に関する章であった[27]。

　第四に,労働組合の交渉力により,協約の内容が惰性的・画一的な内容から脱して多様な特徴を見せ,内容上の偏差が大きくなる様相が現れている。

　次に,時期別の違いを見るならば,1987～89年の間の変化が非常に大きかった反面,1989～96年の間の変化は相対的に緩慢であったことがわかる。これは,前者が労働の攻勢期であった反面,後者は労働の攻勢が鈍化し,資本の反撃が開始された時期であるという点と関連があろう。しかし表1-4～表1-9を通してみるとき,資本の反撃は労働の攻勢を鈍化させるのに終わっただけで,87年以来の民主化と労組の発言権拡大の傾向自体を逆転させることはできなかったものと見られる。第4節の事例を通してみるとき,この時期,労組は人事・経営問題への参加のために積極的に努力したが,それを貫徹させることはできなかった。その代わり,労組は,各種の福祉サービスの拡充を獲得した。結局,この時期は労使が対置線を挟んで一種の膠着状態に入った時期と見ることができ,また一方では,87年以後に形成された自律的な労使関係の秩序が徐々に制度化・安定化の段階に入ったものと見ることもできる。

　労働協約を通して形成された作業場内の秩序は,一言で言えば年功的・終身雇用的労使関係であった。1987年以前の作業場内で資本と管理者の恣意的あるいは市場メカニズムに依拠した統制が支配的であったとすれば,1987年以後,

労働が資本に対し要求し強制し確立させてきたものは，資本と管理者の主観的・恣意的判断を排除し，勤続期間＝年功に基づいた，予測可能で平等な保障と昇進の体系であった（朴濬植［2001］）。

もちろんこれはすべての部門で同じように貫徹されたのではなかった。中小企業や非成長産業部門の労組は，90年代に入り景気が停滞し労働の攻勢期が過ぎてしまうやいなや，すぐ萎縮し始めた。したがって年功モデルに基づく高い報償と安定した雇用が保障され得たのは，民間大企業と公共部門だけであった。これらの企業に組織された労働者たちのより高い賃金，より安定した雇用，より多くの企業福祉に対する要求を，資本は仕方なく受け入れ，その負担を中小企業と下請企業に転嫁するか，正規職の新規採用は最大限抑制しながら非正規職の雇用や構内下請を増やしていく方式で対応した（数量的柔軟性の増大）。そういう意味で，それは不安定な妥協であり，1997年末に予告なしに韓国を襲った経済危機の中で，根本的に動揺せざるを得なかった。

注
1) 当時争議の約70％において御用組合の幹部の退陣と組合民主化の要求が提起されたという（劉氾相［2001］）。
2) 1987年下半期の賃金引上げ率は17％で，上半期の7％を大きく上回るものであった（劉氾相［2001］）。
3) 1987年以前の韓国の作業場では，管理者の抑圧的・暴力的労働統制と人格的冒瀆や蔑視，職種（生産職／事務職）および学歴による差別が極めてひどく「兵営的労働統制」という言葉がふさわしく感じられる程であった（Koo［2001］）。
4) 国際的な低い石油価格，低金利，ドル下落のおかげで，韓国経済はこの時期に史上最大の好況を謳歌した。韓国経済は1990年から国際的要因と国内的要因が複合的に作用して景気後退の局面を迎える（金晙［2001］）。
5) 韓国労総と傘下の産別連盟は1987年以前から指針書や模範協約案等を発行してきており，1988年からこうした活動を強化したが，組合が労働協約に対しより関心を持つようになったのは1990年以降と言える。1992年頃を前後して，労働協約を条項別に詳しく比較した参考資料が労組により発刊され始めたのがその証拠である。特に1994年頃になると，産業別・業種別・企業グループ別に類似の条件を持つ組合の労働協約を比較した資料が多数発刊される。

6) 韓国の労働組合法（以下，労組法と呼ぶ）第37条は，その職場に常時使用される同種の労働者の過半数以上がその労働協約の適用を受ける場合，他の労働者も同じ労働協約の適用を受けると規定している（「労働協約の一般的拘束力」）。
7) 甚だしくは1987年以前には労働諸法上の労働保護的条項も，使用者の故意で守られないだけでなく，国家もこれを事実上傍観した。
8) 代表的な毒素条項としては複数労組の禁止，公務員・教員の団結権否認，（労働争議に対する）第三者介入禁止，公共部門の労働運動および所謂「公益事業」部門の労働運動に対する過度の制約等が挙げられる。
9) 先にも述べた通り，1990～96年における労使政の間の葛藤と角逐は，賃金抑制政策や労働法改正のイシューをめぐっても熾烈に展開された。
10) 1995年末に全国民主労働組合総連盟（以下「民主労総」という）が発足し，翌年には，政府が提案し労・使・公益代表が集まって労働法改正論議をする三者協議機構の労使関係改革委員会にも参加したということも意味深い。
11) ○○グループの「社員協議会」，▲▲日報の「福祉協議会」などがその例である。
12) たとえば韓国経営者総協会（[1988b] 20頁）は次のように書いている。「ユニオンショップ条項は…使用者側としては少しも利点のない条項であるから安易にこれを締結してはならない。（中略）たとえユニオンショップ条項を締結するしかない場合であっても，組合から脱退したからといって即刻解雇されることはないように，所謂不完全ユニオンショップ協定を活用する必要がある」。
13) 87年直後，労働運動支援団体や上部労組は，加入対象の問題は労組法に抵触しない限り組合の規約で決定する事項であって労働協約の対象ではないという立場を堅持した。そしてこれは労働部の当時までの有権解釈とも一致するものだった（石塔労働研究院［1989］）。したがって96年の調査でこの条項を規定する協約が80%を超えたということは，内容は別にして，使用者側の勝利と見ることができる。
14) 個別企業単位ではこの問題を解決する道がないとわかって，専従幹部の賃金を支給できないよう強制する条項を労組法に入れようとする試みが90年代の初めからなされてきた。こうした試みは政府の呼応を得たが，労組の死活をかけた反対にあって，現在までまだ懸案として残っている。
15) 1980年代の初めから多くの学生運動家出身の急進的活動家が労働現場に入り込んでいった。彼らの中で現場にうまく定着した人は少なかったが，1987年以後にも多くの学生出身の労働運動家たちが労働運動の周辺で組織や団体を作り，労働運動を支援した。彼らが労働現場に持って入った社会主義的急進主義思想の影響のもとで，1988年頃から90年代の初めまで，労働運動を代表するスローガンは「労働解放」であった。
16) 1987年直後，組合が戦闘的で使用者が支払能力のある場合，組合は非常に高い水

準の累進制を獲得した。多くの労組が「勤続年数×月平均賃金×2」に近いかあるいはそれを上回る累進制を獲得した。
17) 1989年の労働基準法改正で週当りの法定労働時間が48時間から44時間に短縮された。
18) 労働研究院（1989）によれば，当時労働協約に現れた特別慶弔休暇の種類は約20種類であったが，労働研究院（1996）によれば実に90種類にもなっている。
19) 労働部の労働組合担当課長の次のような発言は政府の立場を要約的に示している。「人事・経営事項は経営権に属するものであって，その核心部分は経営者側が決定する権限を持っていると見るべきであるが，それが労働条件と関連する場合，それによる労働条件の変更問題は団体交渉事項になり得る」（文享南［1991］12頁）。
20) 石塔労働研究院（［1989］69〜96頁）は多様な事例を紹介しているが，特に労働者大闘争の先鋒であった事業所すなわち金属産業と事務・金融業種で，大きな成果があったという。たとえばある中小電子会社の協約は，組合員に対する諸般の人事決定は組合と事前に合意せねばならず，客観的に公正性が欠如している時には組合の意思により決定し，班長は組合員自らが決めると規定している。またある放送社の協約は，一般職および専門職を特別採用する場合には事前に組合と協議して決定すると規定している。またある日本系電子会社と財閥系列の船舶エンジン会社では，臨時工を3カ月以上使用することができず，同一職に臨時工を再契約したり他の臨時工を雇用することができないようにした。多くの会社で最小定員維持条項があり，また特に下請転換時は組合と事前に合意するよう規定した条項が，代表的な完成車会社を含む多くの会社の協約の中に見出される。
21) 使用者側は非正規職・構内下請が雇用不安から正規職を保護してくれる安全弁になり得ると労組を説得し，労組と大企業の正規職もこれに同意した。
22) 1996年の調査によれば，協約の成立条件を明文化している協約は76.6％であり，そのうち67.9％が代表の署名捺印で，27.1％が交渉委員全員の署名捺印で協約が成立するものと規定している（尹性天・金廷翰［1998］196頁）。また1994年に全国単位労組500余の規約を分析した研究によれば，72.1％が締結認准に関する規定をおいているが，委員長に締結権を付与したものが38.1％，総会または代議員会の議決を要するものが30.5％，中央委員会や運営委員会の議決を要するものが1.8％，組合員の認准を要するものが0.6％，認准を要しないものが1.2％であった（李哲洙ほか［1996］129頁）。
23) 1990年の調査ではこの項目を明文化している協約は7.4％であり，そのうちスト期間中の賃金支給11.9％，一部支給84.7％，支給せずが3.4％であったが，1996年の調査ではこの項目を明文化した協約が8.8％，そのうち賃金支給6.7％，一部支給2.7％，支給せず84.0％，労使合意による支給1.3％となっている（尹性天ほか

[1990]；尹性天・金廷翰［1998］）。
24) 労使は1988年1月「賃金協約書」を締結したが，この協約は全文28条から成っており，労働協約の賃金部分を詳細にして別途の協約に整理した形である。
25) 1996年の調査によれば，分析の対象となった協約の1個当りの平均条項数は82.1個だった（労働研究院（1996））。
26) 石塔労働研究院［1989］の分析によれば，外国銀行および一部の事務職の場合「労働条件」という章が労働時間・休日・休暇，賃金，福利厚生，安全保健という4つの章に細分される傾向があった。地下鉄公社の場合にも，6章（87年），8章（91年），9章（93年）と章が細分化されている。
27) たとえば，地下鉄労組の場合，87年の協約に労働争議の章が2条文，労使協議会の章が2条文あったのだが，93年の協約では労働争議の章がすべて削除され，労使協議会の章の2条文だけがそのまま残った。

参考文献
朴濬植［2001］：『世界化と労働体制』ハンウルアカデミ。
崔榮起ほか［2001］：『1987年以後韓国の労働運動』韓国労働研究院。
金星社労働組合［1994］：『労働運動30年史』金星社労働組合。
経済団体協議会［1991a］：『91年版 団体協約実務資料1：解説と指針』経済団体協議会。
経済団体協議会［1991b］：『91年版 団体協約実務資料2：企業別事例』経済団体協議会。
経済団体協議会［1991c］：『韓国企業の労務組織実態調査』経済団体協議会。
経済団体協議会［1991d］：『労組の団体協約要求と企業の対応』経済団体協議会。
経済団体協議会［1993］：『生産職勤労者の社会意識に関する調査』経済団体協議会。
韓国経営者総協会［1988a］：『団体交渉と標準団体協約』韓国経営者総協会。
韓国経営者総協会［1988b］：『新生労組にどう対応するか：労使共存共栄の道』韓国経総労働経済研究院。
韓国経営者総協会［1989］：『6.29以後企業福祉厚生動向と運営実態』韓国経営者総協会。
韓国労働組合総連盟［1977］：『団体協約分析』韓国労働組合総連盟。
韓国労働組合総連盟［1984］：『団体協約分析』韓国労働組合総連盟。
現代自動車労働組合［1990〜93］：『事業報告書』各年度。
韓国労働研究院・ソウル大学社会科学研究所［1989］：『労使関係に対する国民意識調査研究』韓国労働研究院・ソウル大学社会科学研究所。
任爀伯［2005］：「韓国資本主義の性格と労使関係」林サンフンほか［2005］。

林サンフンほか［2005］:『韓国型労使関係モデル（Ⅰ）』韓国労働研究院。
全国鉄道労働組合［1992］:『鉄道労使協定書收録集』全国鉄道労働組合。
全国鉄道労働組合［1997］:『鉄労50年史』全国鉄道労働組合。
全国金融産業労働組合朝興銀行支部［2001］:『朝興銀行労働組合40年』全国金融産業労働組合朝興銀行支部。
全国金融産業労働組合朝興銀行支部［2002］:『朝興労報縮刷版：1983.9〜1996.7』全国金融産業労働組合朝興銀行支部。
全国労働組合協議会［1993］:『'93団体協約分析』全国労働組合協議会。
全国労働組合協議会調査統計局［1994］:『'94地域, 業種別団体協約比較資料集』全国労働組合協議会。
金晙［2001］:「労働運動の成長と挫折（1990〜95）」崔榮起ほか［2001］。
金三洙［2005］:「労働組合組織体系と交渉構造の変化」林サンフンほか［2005］
Koo, Hagen [2001]: *Korean Workers: The Culture and Politics of Class Formation*, Ithaca: Cornell University Press.
李哲洙ほか［1996］:『労働組合規約分析：単位労働組合規約を中心に』韓国労働研究院。
文亨南［1991］:「団体協約の争点と性格」経済団体協議会［1991d］。
労働部［1988］:『1987年夏の労使紛糾評価報告書』労働部。
石塔労働研究院［1989］:『団体協約調査研究報告書——団体協約模範案及び解説——』石塔労働研究院。
ソウル地下鉄公社労働組合［1994］:『93年賃金及び団協資料集』ソウル地下鉄公社労働組合。
ソウル地下鉄公社労働組合［2001］:『労使合意書（1987〜2001年）』ソウル地下鉄公社労働組合。
劉氾相［2001］:「1987年労働者大闘争と新しい労働運動形勢の形成（1987〜1989）」崔榮起ほか［2001］。
尹性天ほか［1990］:『団体協約分析』韓国労働研究院。
尹性天・金廷翰（共編）［1998］:『団体協約分析（Ⅱ）』韓国労働研究院。

〈補論〉1998年以後の団体交渉構造と労働協約の変化

1．問題提起

　ここでは，1998年以後，韓国の団体交渉構造と労働協約の変化を簡単にスケッチすることを目的とする。1998年以後の変化を本論に含めないで補論で扱う理由は次のとおりである。1998年以後韓国の団体交渉構造と労働協約に大きな変化が起きたからであり，その重要性のために別途の論文で扱わなければならない主題である。したがって本論にそれを含めると本論の論旨が散漫になるのではないかと思ったからである。
　1998年以後，韓国の団体交渉構造と労働協約に現れた主な変化は次の3つに要約することができる。第一，産業別団体交渉と労働協約の締結が本格的に始まった。第二，公務員と教員が団結権と団体交渉権を獲得することによって公共部門の労使関係に新しい地平が開かれた。第三，前の2つほど重要な変化ではないと言えるが，少なくとも2007年までは労働協約の内容が労働組合に有利な方向に持続的に改定されるきらいがあった。
　ところで韓国の労使関係は2010年を境にもう一度大きな変化を迎える可能性がある。その理由は，1997年労働法改正の時に新設されたが，その間施行が猶予されてきた「労働組合および労動関係調整法」上の「労働組合専従者賃金支給禁止」条項と「企業レベルの複数労組許容」条項が2010年から施行される可能性が高いからである。労組専従者賃金支給が禁止されれば中小・零細労働組合はもちろんのこと，大企業労働組合までもが組合財政上大きい打撃を受けることになる。したがって労働運動が大きく弱化されるはずだということが支配的な見方である。より重要なことは複数労組が許容される場合，その間韓国の

労働組合が享受してきた唯一交渉窓口としての排他的権利が打撃を受ける可能性がある。第２か第３の労働組合の結成により，労働運動の形勢が根本的に変わる可能性があるという点である。

したがって，以下ではこの３つの変化を中心に，1998年以後韓国での団体交渉構造と労働協約内容の変化について考察し，最後に，2010年から施行予定である労働組合専従者賃金支給禁止と複数労組許容が団体交渉構造および労働協約に及ぼす影響に対して簡単に見通してみたい。

２．産業別団体交渉と労働協約の拡散

韓国の産別労組運動は，1980年代末から始まったが，本格的に産別労組が結成し始めたのは1997年以後であった。1989年に全国教職員労働組合（全教組）が産別労組として発足したが，教員の団結権が否認されていた当時の労働法のもとでは法外労組とみなされた。1994年，科学技術労働組合，全国大学講師労働組合が産別労組になったが，組合員数が数百人から数千名に過ぎなくて「小産別労組」（実際では業種別労組）水準を脱することができなかった。ところが1997年からはもうちょっと規模が大きくて多様な小産別労組が建設され始めた。特に1998年からは相対的に規模の大きい産別労組が続々と建設され始めた。1998年，保健医療産業労組が建設されたし，全教組が合法化された。1999年韓国教員労働組合，2000年全国金融産業労組，2001年金属労働組合，全国タクシー労働組合など相対的に規模の大きい産別労組が建設された。その結果，2002年には全国的に存在する28産別労組の組合員数が計39万人（全組合員数の約1/4）に達するようになった（金廷翰ほか［2003］）。

その後も，産別労組は持続的に増加し2005年には産別労組数が51組合，組合員数が約48万人（全組合員数の約30％）になった。また，2007年前後には，産別労組の統合が活発になって，2007年末には産別労組数は40組合に減ったが，組合員数は約74万人になった（労働部［2008］）。すなわち，1998年から2007年までの間に，産別労組の数は４組合から40組合まで増えて，組合員数は約８万

人（全組合員数の約6％）から約74万人（全組合員数の約44％）まで9倍以上増加したのである。

　産別労組がこのように速く拡大した理由は次の2つの要因による。第一，企業内部労働市場が弱まったことである。1990年代中盤から兆しが見え始めた雇用不安定性は，韓国経済が1997年末金融危機によって未曽有の経済危機状況に陥ると，急スピードでまたたくまに現実化した。大手企業の構造調整とこれによる大量失業事態が発生したのである。経済危機そのものは，わりと早く克服されたが，経済危機が労働市場と労働市場内の諸行為者に及ぼした影響は長く持続した。企業は正規職労働者の規模を減らして非正規職に対する依存を増やした。「45歳定年」という自嘲のまじった言葉でわかるように，正規職労働者も早期引退の圧力の前に置かれるようになったし，中途採用慣行が急速に広がった。このような現象は企業内部労働市場に頼り企業別交渉を好んだ大企業労組の態度に変化をもたらした。1987年民主化大闘争以後，韓国の労働運動リーダーたちは企業別組合から産別労組への転換を持続的に主唱したが，1990年代中盤まで韓国労動運動を率いる大企業労組は企業内で分配の分け前を増やすのに力を注いだために産別転換には積極的関心を見せなかった。そのうち，IMF経済危機を経ながら個別企業単位の対応の限界を切に感じた一部業種の労働組合が産別転換に積極的な関心を示し始めたのである。

　第二，法・制度的な要因の影響である。1997年労働法改正の時，労組専従者賃金支給禁止条項が新設された。また，企業単位の複数労組が一定期間施行を猶予する条件で許容された。この2つの条項は，その後も二度施行が猶予されて2010年施行される予定である。その施行は，労働運動に地殻変動をもたらすと見られるが，施行の前に「労働運動の危機」の中で進路を悩んでいた労働組合に産別労組への転換を急がせた原因となった。もう一つは，1998年教員が，そして2006年公務員がそれぞれ法律によって団結権を獲得するようになったという点である。これらの労組は，全国単位または広域市道単位を最小組職単位とするように法律に規定されたので，自然に産別労組として発足するようになった。公務員労組法と教員労組法の適用を受ける組合員数は，2007年末現在そ

れぞれ約20万人と約10万人を数えている点から見ると，これらの労組が，産別労組の拡大に及ぼした影響はいまさら強調する必要もない。もう一つ重要なことは，2007年7月から施行された非正規職法の影響である。非正規職法の施行により，期間制および短時間労働者の使用期間制限および差別是正制度は業種・産業水準での調整を要求するという点，そして最近裁判所の判例に集団的労使関係での元請企業の使用者性を認める傾向が現れているという点などにより，使用者もこうした問題に対処するために既存の企業別交渉を超えた超企業別交渉や調整の必要性を感じるようになったということである（殷スミほか[2008] 106頁）。

しかし産業別労組の広がりに比べて産業別交渉や産業別労働協約の拡散速度は相対的に遅い。その理由は，相変わらず企業別交渉を好む企業の抵抗が大きいこと，また，産別交渉が賃金・福祉水準などの下向平準化に帰結されるのではないかという疑問を持っている大企業労組の消極的な態度のためだと言える。その結果，超企業単位交渉（集団交渉，共同交渉など）は比較的に広がったが，産業別統一交渉の事例は極めて珍しいのが現実である[1]。この分野に精通したある研究者によれば，2009年8月現在，韓国で名実ともの産業別交渉と産業別労働協約は存在せず，ただ多数の超企業別交渉と超企業別労働協約が存在するだけである[2]。その研究者によれば，産業別団体交渉と労働協約に比較的近接したものは保健医療産業，金融産業，そして金属産業の団体交渉と労働協約であるという。

そのなかでも，産業別労働協約に一番近接したのは保健医療産業である。産別労組として保健医療労組が発足したのは1998年であったが，本格的な産別交渉が始まったのは2004年であった。保健医療労組はスタート直後から産別交渉を要求したが，保健医療産業の使用者の拒否にぶつかった。そのため，保健医療労組は共同交渉と対角線交渉を進めながら，2002年には200日以上ストライキするなど経営者を圧迫し続けた。その結果，2003年，労使は産別交渉に対する基本原則に合意するようになり[3]，2004年から使用者団体の役目を引き受けた病院協会と保健医療労組との間に本格的な産別交渉が始まった（李ジュヒ

[2004])。その後，保健医療労使は2004～08年の間に4回の産業別協約を締結した。保健医療の産別協約は韓国の産別協約の中でその拘束力が一番強いと知られている。それは保健医療労使の間にも産別協約－企業支部別協約という二重構造が存在するが，賃金および労働条件の大部分が産別協約で規定されており，産別協約に「開放条項」がなく「例外条項」の比重が低くて企業支部別協約が「補充協約の水準にとどまる」からである（殷スミ[2009]）。

　保健医療産業の次に産別協約に近接したのが金融産業労使の労働協約である。金融産業労使は，産別労組としての金融労組が発足した2000年から共同交渉を始めた。また，2002年には週休二日制の実施を主な内容とする産別労働協約の締結，2003年には最初の産別中央交渉による賃金協約・労働協約（付属協約：雇用安定協約，会社発展に関する協約）・別途協約・非正規職関連共同宣言文などを締結する成果をあげて，もっとも先に進んだ産別交渉・産別協約形態として注目を集めた。金融産業の労働協約も産別協約と支部別補充協約という二重構造を持っているが，保健医療産業に比べて補充協約の交渉対象または協約締結範囲を幅広く認める「柔軟的二元制」をとっており，一部重複するとの指摘もされる（権ヒョンジ[2007]）。また金融産業は，賃金引上げ率を産別協約で決める保健医療産業とは異なり，ガイドラインだけを提示して企業別に進行される支部別補充協約で「$\pm a$」を規定する方式をとっている。最近になって表むきでは支部別に交渉される賃金ドリフト（$\pm a$）がかなり縮まって産別ガイドラインに収斂するという観測があるが，それはあくまでも表面的な賃金引上げ率であって，実際には個別企業水準に委譲されているという評価を受けている（権ヒョンジ[2007]）。

　次いで，製造業部門を代表する金属産業の産別交渉についてみることにする。2001年設立された金属労組は，2002年集団交渉を通じて108事業所で産別中央交渉のための基本協約を締結したのち，2003年初めて中央交渉による労働協約締結に成功した。金属産業の産別労働協約で一番重要なことは，「賃金引き下げのない週40時間制導入」であった。この合意は，以後，使用者団体に労働時間短縮法制化要求を触発しながら週40時間労働時間の法制化に大きく寄与した

(李ジュヒ［2004］40頁)。以後，金属産別中央交渉は産別最低賃金の合意など一定の成果を収めたが，中小を中心に約100余企業のみをカバーし金属産業全組合員の1/7水準である2万2千人に過ぎないという点，業種や企業規模による偏差が大きくて使用者，労組ともに内部的結束力を持つことができないという問題点により，中央交渉で賃金問題を扱うことができないなど限界が多い。特に金属産業で絶大な影響力と比重を持っている完成車4社の労使が中央交渉に参加していないことが金属産業産別交渉に決定的な限界をもたらしている(労使政委員会労使関係小委［2004］；趙性載［2008］)。

　それでは，産別労働協約によってどのような変化が発生しているか。企業別労働協約と産別労働協約はその包括範囲と性格が異なるので，直接には比べ難い。したがって企業別労働協約と産別労組の支会または分会が締結した労働協約の内容を比べてみる必要がある。それに関し一番最近の包括的調査研究である金廷翰ほか［2003］によれば次のような4つの特徴が観察された。第一に，組合活動部分（専従者待遇，専従者の増員，専従者賃金支給，ユニオンショップ制など）で産別労組の方が協約締結率も高いのみならず内容も労組に有利になっていた。第二に，団体交渉・労使協議会・争議行為などでは組職形態別に差が発見されなかった。第三に，懲戒・解雇部分では産別労組の方が協約締結率が高くて労組の参加権ももっと多くの保障を受けていた。第四に，合併・譲渡・分割など企業変動の時の労働組合の参加度に関わっては産別労組の方が企業別労組に比べて協約締結率が2倍以上高く参加保障度も高かった。

　そのほかに産別交渉および協約の直・間接的効果も相当現れている。特に非正規職問題で顕著である。保健医療産業労使は，2007年産別協約を通じて賃金引き上げ分の一定部分を非正規職の正規職転換費用に使うことに合意した。また，金属産業労使は，2004年から産別合意の中で，たとえ象徴的・宣言的な水準ではあっても，非正規職労働者の組合活動および雇用の保障，不法派遣および用役の使用禁止，下請労働者に対する差別禁止などを明文化した。金融産業の場合，産別レベルで非正規職の正規職転換に関して合意したわけではないが，2007年交渉過程で労使が共感帯を形成し，これを土台に支部水準の補充交渉で

労組が賃金など労働条件を譲歩する代わりに非正規職の正規職転換を成し遂げた事例がかなり多かった（殷スミほか［2008］159～160頁）。

3．教員・公務員の団結権獲得と労働協約

　1989年に結成されたが，法外労組として存在してきた全国教職員労働組合（全教組）が1999年ついに合法性を獲得した。2002年設立以来法外労組として存在してきた全国公務員労働組合も2006年公務員労組法制定により合法性を獲得するようになった。

　教員の団結権が認められると，既存の全教組のほか，より穏健な労働運動を標榜する韓国教員労働組合（韓教組）が第二組合として設立されたが，その勢力は小さく事実上全教組が韓国の教員労組運動を主導している[4]。教員労組法は，市・道単位または全国単位に限って労働組合を設立するように規定しており，団体交渉に関わって国・公立学校では教育部長官や市・道教育監と交渉し，私立学校では私学を設立・経営する者と交渉するように規定している。また同法は，教員労組が2つ以上の場合，交渉窓口を単一化するように規定している。その結果，国・公立の場合，全教組と韓教組で構成された単一交渉代表団と教育当局と間に二元的交渉（中央交渉と市・道単位の支部交渉）が確立される一方，私立学校では設立・経営者の使用者団体構成拒否により事実上まともに団体交渉が成り立つことができない状況が続いている。

　教員労組は，2000年に初めて教育部と中央単位労働協約を締結し，引き続き支部単位でも団体交渉を行い2001年に最初の労働協約を締結した。教員労組の団体交渉で最大の争点になったのは，初期には教員の労働条件改善と教育政策に対する教員労組の参加権であった。その後，組合活動保障，人事制度，教員の需給，教育政策などに交渉議題が拡がる傾向が見られる。

　公務員労組も合法化されるやいなや，団体交渉に入り，2007年，初めて中央単位労働協約を締結した。この交渉には憲法機関別公務員労働組合と地域単位に組織された公務員労働組合が参加した。協約は前文と6つの章・附則など計

57条文により成り立っている[5]。中央単位協約締結を前後に各憲法機関や地域単位でも労働協約が続々と締結され，2009年上半期には市・郡単位で地方自治体と該当の支部との間に協約が相次いで締結されている。その結果，公務員労使の労働協約の構造は，中央－支部の二元的構造または中央－地域支部－支部の3元的構造など複雑な様相を帯びている。公務員労組法上，予算や法令の改正などに伴い決定される事項は労働協約締結の対象から除かれているが，と同時にこのような事項に対して使用者側の努力が義務づけられている点で地方または機関別に協約内容が相異なり，同種の公務員に対して異なる労働条件が適用される可能性が高くなっている。

4．全般的な労働協約内容の拡張・充実化の傾向

韓国の労働協約に対する包括的な研究である韓国労働研究院の『団体協約分析』は，2003年を最後にそれ以上発刊されていないため，最近までの傾向を追跡することはできないが，少なくとも2003年までは労働協約の内容がますます複雑かつ具体化されており，概して労働組合に有利な方向に変わっていることを確認することができる（金廷翰ほか［2003］）。

こうした点は個別労組の労働協約からより具体的に確認することができる。

まず，鉄道労組を見ることにする。1990年代まで間接選挙制度を利用し穏健で労使協調主義的な指導部が鉄道労組を掌握していた。これに対して戦闘的な「民主派」の挑戦が絶えず繰り返されていたが，1999年，政府が政府機関の鉄道庁を公企業に転換させて，鉄道庁所属公務員であった労働者を民間労働者に転換させる計画を発表した。これに対し既存の鉄道労組指導部が順応的な態度を見せたが，それにより事態が一変した。民営化過程での政府の人員削減の試みとこれによる労働強度の強化は鉄道労働者の不安感と怒りを引き起こした。その影響を受けて，「民主派」は2001年，鉄道労組史上初めて組合員直選制で行われた選挙で勝利して労組を掌握した。新たに構成された執行部は2001年5月から2003年6月まで3回ストライキを行い，鉄道労組史上初の労使当事者間

の対等な関係で団体交渉を進めることができた。これらのストライキを通じて，鉄道労組は政府の鉄道民営化方針を阻止して，組合員の年金など既得権を守ることができた。政府は民営化を諦める代わりに鉄道施設の公団化と鉄道運営の公社化に対する合意を導き出すことができた（林サンフンほか［2004］）。鉄道庁は2005年ついに鉄道公社に転換されたが，転換を目前にした2004年12月，労使は本文83条，附則2条より構成された特別労働協約を締結した[6]。以後，鉄道労使は2006年4月再び労働協約を締結したが，この協約が現行のものである。この協約は過去の定期労働協約と2004年に締結された特別労働協約を統合し本文178条附則8条で構成されている[7]。

　一方，1990年代後半まで韓国で一番戦闘的な労働組合の一つとして数えられてきたソウル地下鉄労組の場合は鉄道労組と異なる方向への変化があった。1999年4月，ソウル地下鉄労組は政府の構造調整方針に反発してストライキを断行した。しかし，8日間続いたこのストライキは社会的批判を受けてついに労組の敗北で終結した。以後1999年労組選挙でハト派の執行部が登場し，この執行部は会社側との協力関係を土台に基幹組合員の不満（人事滞留，相対的低賃金）を解消していわゆる「ソウルモデル」と呼ばれるミクロコーポラティズムを試みて相当な成果をおさめた。しかし，2004年に再び，構造調整論が提起される中，選挙に勝利して労組執行部に復帰した戦闘的労動運動勢力は，2004年7月，ほかの5つの地下鉄労組と連帯して合理化・構造調整に反対する軌道連帯共闘本部を結成してストライキを展開したが，再び失敗に終わった。

　金融産業では2002年から産別協約が締結されて，企業支部ではその内容を一部補う補充協約を締結する二元的構造が形成されたということは前述のとおりである。以下では金融産業の産別協約とウリ銀行の事例を通じて補充協約の内容と形式についてみることにする[8]。2004年，傘下33支部を代表する金融労組と団体交渉権・協約締結権の委任を受けた銀行連合会との間で締結された産別労働協約は，△賃金協約（総額基準3.8%±a），△労働協約（本文118か条，附則7か条），△付属協約（雇用安定に関する協約，会社発展協議会に関する協約），△別途合意書（非正規職関連別途合意書，金融産業労使懇談会関連別

途合意書，職場保育施設・組合財政自立基金・社会的責務関連別途合意書）で構成されていた。このような内容は，毎年産別労働協約が具体化する傾向を示しているものと評価された（労使政委員会労使関係小委［2004］289頁）。

一方，2003年に締結されたウリ銀行の支部水準の補充協約（本文36か条，附則6か条）は産別労働協約の一部内容を修正するか具体化する内容になっていた。また，報酬協約の一部内容を改正することになっていた。このような補充協約の形は，大部分の銀行で似たり寄ったりしているとみられ，産別協約に多少抽象的で開放的に規定されている人事，賃金，福利厚生などの事項を，支部水準の補充協約によって「改正」し，より具体的で高い水準で規定することであった（労使政委員会労使関係小委［2004］314頁）

5．結論と展望——専従者賃金支給禁止と複数労組許容を中心に——

以上，3つの主な変化をもたらしてきた要因は，1997年労働法改正，1998年経済危機とその後の持続的現象となった雇用不安定性の深化，そして1998～2007年まで10年間続いた進歩的性向の政府（金大中・盧武鉉）による包容的労働政策であったと言える。1997年労働法改正は労組専従者賃金支給禁止と複数労組許容を予告することで労働組合にとって産別労組への転換を急ぐようにするきっかけになったという点が特に重要である。経済危機以後の雇用不安定性の深化は，労働組合が賃金交渉より雇用の安定をめざす労働協約などにもっと関心を傾けるようにする要素として作用した。最後に進歩的性向の政府は教員および公務員の団結権保障に関わり決定的に重要な役割を果たした。それだけでなく，構造調整・公企業合理化などにおいては労働組合と対立する姿を示したものの，全般的に包容的労使関係政策を展開して団体交渉の拡張・深化に肯定的な影響を及ぼした。

しかしこのような傾向が今後とも持続するかはまったく未知数と言える。2008年から過去とは異なる労使関係の環境が作られているためである。2008年に発足した李明博政府は，過去政府の労使関係政策や公企業政策が緩すぎたと

評価している。そうした評価に基づき，「公共部門先進化」という名のもとに厳しい合理化・構造調整を予告しているが，特に公共部門の労使関係に一種の「モラルハザード」が存在してきたとみて，市場主義的で原則論的自由主義の立場からそれを改めるとほのめかしている。と同時に，2010年からは，どのような形であれ，労組専従者賃金支払禁止と複数労組の許容が現実化されることと予想されている。したがって李明博政府の公共部門改革政策の強度と労使関係制度の変化の幅によっては，2010年は韓国労使関係のもう一つの分水嶺になる可能性が高い。

注

1) 韓国労働研究院の2006年事業体実態調査結果（標本調査）によれば，労組がある事業所の中で，超企業単位交渉の特徴を持っている事業所の比率は業種別に20～50％で，20～80％にいたる産業別・地域別等の超企業単位の組織形態の割合をかなり下回っている（殷スミほか［2008］172頁表4-1）。
2) 2009年8月4日における韓国労働研究院殷スミ博士との電話インタビュー。そういう意味で韓国の「産別労組」は，厳密な意味での産別労組というよりは「超企業単位労組」といったほうが妥当であるという。
3) 2003年，スタートした盧武鉉政府が職権仲裁を拒否して使用者が誠実な交渉をするように圧迫したことも使用者が産別交渉に応じる要因となった。
4) 2005年現在，韓教組は組合員数が1万人くらいと主張したが，教育部によると，組合費をチェックオフされている組合員数は900人に過ぎないという（金廷翰ほか［2006］197頁）。
5) 具体的な内容は，李哲洙ほか［2008］を参照。
6) 2004年6月から，労組は，公社への転換過程で労使が締結しなければならない雇用・賃金・職級・退職金・勤務形態・人員充足・公共鉄道・解雇者復職・非正規職等の事案を取り扱う特別労働協約を要求した。労使は，長い団交の末，2004年12月に合意に達した。
7) 韓国鉄道公社『2006団体協約書』。
8) 本論で事例として取り扱った朝興銀行は，IMF経済危機の影響を最も強く受けた企業の一つである。朝興銀行は，金融界の構造調整過程で2003年に新韓銀行に引き受けられ，2006年には完全に新韓銀行に吸収・統合された。それまで金融労組の朝興銀行支部として維持されていた労働組合も2007年12月31日に解散し，新韓銀行支

部に完全に統合された。統合前まで朝興銀行支部は独立的に労働協約を締結していた。以上の理由により，この補論においては朝興銀行の代わりにウリ銀行の事例をみることにする。

参考文献

殷スミ［2009］：「保健医療産別交渉評価と展望」『労働レビュー』2月号，韓国労働研究院。
殷スミ・鄭ジュヨン・李ジュヒ［2008］：『産別労使関係，実現可能な未来か？』韓国労働研究院。
殷スミ・権ヒョンジ［2007］：「産別交渉と使用者団体—保健医療及び金融産業を中心に—」『労働レビュー』6月号，韓国労働研究院。
林サンフン・裵圭植・姜ビョンシク［2004］：『公共部門構造調整と労使関係安定化』韓国労働研究院。
鄭イン・徐インドク［2008］：『韓国の使用者団体—韓国経営者総協会，金属産業使用者協議会，保健医療産業使用者協議会—』韓国労働研究院。
趙ジュンモ・李ウォンヒ［2007］：「韓国産別交渉に対する国際比較論的評価」『労働政策研究』第7冊第1号，韓国労働研究院。
趙性載［2008］：「2008年金属産別交渉評価」『労働レビュー』10月号，韓国労働研究院。
金フンほか［2006］：『労使関係安定化方案研究—主要業種事例を中心に』韓国労働研究院。
金廷翰・朴テジュ・金ヒョンジュン・金ゼフン［2006］：『公務員労使関係：団体交渉構造を中心に』韓国労働研究院。
金廷翰・鄭ジンホ・金ジョンウ［2008］：『2007年労働組合組職現況分析』労働部用役報告書。
金廷翰・文ムギ・尹ムンフィ［2003］：『労働協約分析』韓国労働研究院。
権ヒョンジ［2007］：「2007年金融産業産別交渉展望」『労働レビュー』4月号，韓国労働研究院。
李哲洙ほか［2008］：『公務員労使関係の合理的な運営のための制度改善方案』韓国労働研究院。
李ジュヒ［2004］：『産別交渉の実態と政策課題』韓国労働研究院。
労働部［2008］：『全国労働組合組織現況』労働部。
労使政委員会労使関係小委［2004］：『団体交渉類型別実態調査報告書』労使政委員会。

第2章　経済危機以降の人事労務管理の変容

金　東培

1．序　　論

　1997年経済危機後，韓国企業の人事労務管理（human resource management）が大きく変化したことについて，大多数の国内学者が共感している。経済危機を機に大幅な雇用調整が行われ，また，非正規労働者の拡大による雇用の柔軟性（flexibility）と年俸制の導入による報酬の柔軟性が人事労務管理の話題として登場した。しかしながら，経済危機後，変化した人事労務管理が果たして根本的な変化であったのかどうかについては見解の相違がみられる（Lee［1999］；Lee［2006］；金［2003］；Rowley & Bae［2004］）。
　経済危機後，人事労務管理の変化は労働者の意識変化からも確認できる。経済危機の5年後である2002年，中央日報と現代経済研究院が共同で大手100社の代理，課長，部長，役員等の436名を対象に調査を行った。その調査によれば，回答者の79.1％が経済危機後，終身雇用という考え方が消えたと答えた。また，「今後5年以内に転職しますか」という質問に対し12.8％のみが「そうではない」と答えたのに対し，その3倍を超える45.4％が「そうである」と答えた。
　雇用慣行と労働者の意識の変化が示しているとおり，経済危機後，韓国企業の人事労務管理が大きく変化したことは事実である。にもかかわらず，全国を対象とした代表性のある比較可能な資料に基づいて人事労務管理の変化を時系

列に追跡した研究は乏しい。その主たる理由は，資料の不足や資料へのアプローチの困難性であるとみられる。特に，経済危機以前および直後，韓国企業の人事労務管理に対する代表性のある調査資料がなかったのが研究の大きな制約となる。韓国労働研究院が実施している企業パネル調査資料も2003年調査から活用できるだけで，それ以前の調査と繋がっていない。

　以上のような資料の制約にもかかわらず，経済危機以後，人事労務管理の変化について追跡調査した研究はいくつかある。金東培［2003］の場合，1987年から2002年までの人事労務管理の変化については追跡調査したが，経済危機の前後には焦点が当てられておらず，また，調査資料間の比較可能性が非常に制約されている問題点がある。金東培［2005］の場合，調査時期を経済危機前後に限定し調査対象も上場企業のみにしたことで資料間の比較可能性があるものの，2002年以降の変化については分析していない。ここでは，金東培［2005］のように，調査時期を経済危機後に限定し調査資料間の比較可能性も担保するために上場企業を分析対象とするが，2002年以後実施された調査資料をも分析に加えることで研究の時期的範囲をより広げることとしたい。

　本章は，いわゆる戦略的人事管理（DeVanna, Fombrun, and Tichy［1984］）の分析枠組みに基づいて韓国企業の人事労務管理の変化を探究する。戦略的人事管理とは，経営環境，経営戦略と組織構造，人事管理を相互に密接した関係構造の中で把握するアプローチである。戦略的人事管理のテーマの一つは，経営戦略が人事労務管理の特性を規定するというものであるが，その論理によれば，経営環境が経営戦略および組織変化を生み出し，さらにそれが人事労務管理の変化をもたらす。本章では，その論理に基づき経済危機後，韓国企業の経営環境の変化，経営戦略と組織の変化，人事労務管理の全般的な変化および個別慣行の順に述べることにする。

2．資　　料

　ここでは，いくつかの補足的な資料を除き，韓国労働研究院が実施した5種

類の企業実態調査から上場企業のみを抽出し時系列に比較する。補足的な資料は，大韓商工会議所が2001年に実施した資料と，労働部（日本の旧労働省に当たる）が毎年行う年俸制・成果配分制実態調査の資料である。上場企業のみを抽出して分析する理由は二つある。第一に，経済危機後行われた1998年および2000年の調査が上場企業のみを対象にしたので比較対象をできるだけ一致させるためである。第二に，人事慣行のように効率性だけではなく制度的正当性が重視される場合は，上場企業のような先導企業がその変化を主導するからである。ただし，1998年および2000年の場合，企業レベルの調査であるのに対し，2003年から2006年までの調査は事業場レベルの調査であるという点で相違があることを勘案する必要がある。

　第一番目の資料は，韓国労働研究院が1998年10月に実施した「韓国企業の評価制度及び人的資源管理実態に関するアンケート調査」である。同調査の母集団は，1998年10月現在744の上場企業である。調査単位は企業であるが，同一企業の企画担当者と人事担当者がそれぞれ回答してくれた。最終的に回収された調査票は企画担当者411票，人事担当者418票であった。以下，この資料を「1998年資料」と称する。

　第二番目の資料は，2000年6月に韓国労働研究院が実施した「経済危機後人的資源管理変化と職業能力開発に関するアンケート調査」である。同調査の母集団は，2000年6月現在712社の全上場企業であり，1998年調査と同様に企業単位の調査である。回答者も同一企業の企画担当者と人事担当者である。回収票は企画担当者から400票，人事担当者から376票である。以下，この調査を「2000年調査」と命名する。

　第三番目および第四番目の調査は，2003年および2004年，韓国労働研究院が実施した第2回目および第3回目の事業体パネル調査である。同調査の母集団は，雇用保険のデーターベースであり，産業と規模を考慮して層化抽出方式に基づいて標本を抽出した。調査単位は事業場であり，回答時点はそれぞれ2002年末および2003年末基準である。回答者は，同一企業の人事担当者，労務管理担当者，そして労働者代表の3人であるが，ここでは，主に人事担当者のもの

表2-1　上場企業の標本

		1998年		2000年		2003年		2004年		2006年	
		頻度	比重	頻度	比重	頻度	比重	頻度	比重	頻度	比重
業種	非製造業	130	31.1	116	30.9	57	28.1	55	23.6	84	33.7
	製造業	288	68.9	260	69.1	146	71.9	178	76.4	165	66.3
労組	なし	112	26.8	98	26.1	101	49.8	100	42.9	80	32.1
	あり	306	73.2	278	73.9	102	50.2	133	57.1	169	67.9
規模	100人未満	30	7.2	25	6.6	39(9)	19.2(4.4)	38	16.3	24	9.6
	100～299人	94	22.5	80	21.3	81(46)	39.9(22.7)	86	36.9	69	27.7
	300～499人	58	13.9	54	14.4	29(39)	14.3(19.2)	37	15.9	63	25.3
	500人以上	211	50.5	217	57.7	54(109)	26.6(53.7)	72	30.9	93	37.3
	不明	25	6.0	–	–					–	–
回収票計		418		376		203		233	100	249	

注：1998年と2000年は調査単位が企業であるが，2003年および2004年と2006年は事業場である。2003年の（　）は企業単位の規模分布であるので，企業と事業場が比較可能である。

を用いる。上場企業数は2003年203社，2004年233社である。第三番目の調査を「2003年調査」，第四番目の調査を「2004年調査」と名づける。

　第五番目の資料は，2006年，韓国労働研究院が実施した事業体パネル調査資料である。同調査の母集団は，調査単位や回答者等では上記の「2003年調査」や「2004年調査」と同様であるが，標本が異なる。それは，韓国労働研究院が2004年まで行ってきた事業体調査の標本を変えて2006年から新しい標本に基づいて調査を行ったからである。そのためか，2006年の調査は，「2003年調査」や「2004年調査」に比べて大きな差が現れることが多い。その際には，「1998年調査」や「2000調査」と比較してどれが趨勢的に一貫性があるのかを判断するしかない。この調査の回答時点は2005年末基準である。回答は人事担当者が行ったが，回収票は1905票である。その中で上場企業は249社であった。この調査を「2006年調査」と称する。

　表2-1は上場企業の資料に基づいて5年間の調査結果を示している。業種，労組の有無，そして規模別に比較すると，2003年および2004年調査の場合，労働組合がある事業場の比重が低いことを除けば，おおむね5年間の調査結果に大差は見られない。企業規模間の分布に大きな違いがみられるが，調査単位が

表2-2　経済危機後，外部経営環境の変化

(単位：％，点数)

	変化なし	若干変化	相当変化	大きく変化	点数
全般的な経営環境	3.25	24.50	47.00	25.25	2.94
市場競争	3.50	32.00	47.00	17.50	2.79
労働者価値観	5.00	34.50	47.50	13.00	2.69
デジタル情報化	8.50	36.25	41.50	13.75	2.61
組織構造・プロセス	7.25	43.50	38.50	10.75	2.53
雇用形態の多様化	17.75	51.00	25.00	6.25	2.20
グローバル化	22.56	44.36	27.32	5.76	2.16
労働市場の柔軟化	17.75	53.00	25.50	3.75	2.15
M&A/戦略的提携	40.50	31.25	19.25	9.00	1.97
外国資本進出	66.42	17.79	11.53	4.26	1.54

注：点数は，「変化なし」1，「若干変化」2，「相当変化」3，「大きく変化」4とした。
出典：「2000年調査」。

異なるためであろう。2003年および2004年調査は事業場とともに企業の規模別にも行われたので他年と比較可能である。表2-1の2003年にある括弧のなかの数値は企業を単位としたものであるが，以前の調査に比べて大差がないことがわかる。

3．経営環境，経営戦略と組織の変化

(1)　経営環境の変化

戦略的人事管理によれば，経営環境の変化は直接または組織の戦略および構造の変化を介して人事労務管理の変化をもたらす。表2-2は「2000年調査」で「貴社は，経済危機後，経営環境の変化をどれほど経験していますか」という質問に対して，企画担当者の回答結果を変化の多い順に整理したものである。全般的な経営環境が「大きく変化した」25.25％と「相当変化」47％を合わせると72.25％が経営環境の相当以上の変化を挙げている。具体的な項目でもっとも変化が大きいのは，市場競争，労働者価値観，デジタル情報化，そして組織構造およびプロセスの順であった。経済危機後，発生した以上の経営環境の

表2-3　経済危機前後の企業内部経営環境の変化

(単位：%)

	「1998年調査」	「2000年調査」
所有主（大株主）交替	13.9	23.1
最高経営陣の交替	48.9	43.2
新生産（サービス）方式	17.3	16.1
リエンジニアリング，組織構造改編等経営革新	58.6	62.6
新人事制度等人事管理の革新	34.3	39.2

注：「1998年調査」は過去3年間，そして「2000年調査」は経済危機後の変化を質問した。

変化は韓国企業の人事労務管理の変化に直接・間接的に影響を及ぼしたのであろう。

経済危機後，企業内部環境も大きく変化したとみられる。表2-3は，「1998年調査」では「貴社では過去3年間次の変化を経験したことがありますか」という問い，また，「2000年調査」では「貴社では，1997年末経済危機後，次の変化を経験したことがありますか」という質問に対する応答結果を整理したものである。表2-3によれば，経済危機を前後にして，経営革新，最高経営陣の交替，人事管理の革新が大きく起きた。企業の所有主や最高経営陣の交替は，経営の全般的な変化を伴う場合が大多数である。表には現れていないが，「2000年調査」の資料によると，所有主や最高経営者の交替がある場合，経営革新がもっと多く起き，さらに経営革新が起きるところで人事管理の革新がもっと多く発生した。こうした関係は，統計的にも有意であったので，所有主や最高経営者の交替は経営革新を介して人事管理の革新をもたらしたという関係が成り立つ。

(2)　経営戦略と組織の変化

韓国労働研究院の調査には経済危機を前後とした経営戦略を調査した項目がなかったので，大韓商工会議所の調査資料を用いる。大韓商工会議所は，2001年3月，全国の傘下企業686社を対象に非正規労働者の雇用等に対するアンケート調査を行った。その結果，経済危機前は，売上最大化戦略が多数を占めたが，危機後は利益最大化戦略が圧倒的に多い。表2-4のとおり，回答企業の

表2-4　経済危機前後の経営戦略の変化

(単位：( ) 内は%)

		経済危機後	
		売上最大化	利益最大化
経済危機前	売上最大化	76 (12.5)	289 (47.4)
	利益最大化	59 (9.7)	186 (30.5)

注：( ) の数値は，全体の中で占める割合である。
出典：大韓商工会議所［2001］『非正規職実態調査』。

表2-5　経営戦略変化と雇用柔軟化

	売上最大化× 売上最大化	売上最大化× 利益最大化	利益最大化× 売上最大化	利益最大化× 利益最大化
非正規労働者の割合	8.7	11.7	9.7	7.5
正規労働者の雇用調整率	5.7	10.6	7.8	5.5

注：経営戦略は経済危機以前×経済危機以後を意味する。たとえば，売上最大化×利益最大化は経済危機以前は売上最大化戦略だったが，経済危機以後は利益最大化戦略へ変わったことを意味する。非正規労働者の割合は非正規労働者を正規労働者と非正規労働者の合計で割った値（％）であり，正規労働者の雇用調整率とは，過去3年間消滅された正規労働者の割合である。
出典：大韓商工会議所［2001］，『非正規職実態調査』。

47.4％が経済危機後，売上最大化戦略から利益最大化戦略へ変わったと答えた。

　経済危機を前後にした経営戦略の変化が人事労務管理の変化と密接な関連があるだろうとみて統計分析を行ってみた。表2-5のとおり，売上最大化戦略から利益最大化戦略へ変化した場合，調査時点での非正規労働者の割合と経済危機後の正規労働者の雇用調整率がもっとも高かった。それをより詳細にみるために，戦略変化類型のダミー変数4つを作成して規模，業種，労働組合をコントロールし偏相関（partial correlation）係数を求めた結果，「売上最大化→利益最大化」戦略類型のみ，非正規労働者の割合0.125（$p=0.003$）また正規労働者の雇用調整率0.173（$p=0.000$）として統計的に有意な正（＋）の関係があることがわかった。

　表2-6は，「2006年調査」で「経済危機以後，企業レベルで起きた変化をすべて選択してください」という質問に対し，もっとも応答率が高い順に整理し

表2-6　経済危機後上場企業の変化

	「2006年調査」
事業部門・生産ライン一部を売却・分社化	40.6
企業名の変更	26.5
他企業を吸収合併	20.5
主たる活動（事業分野）の変化	16.9
和解・法廷管理・ワークアウト経験	13.7
事業場の位置の変化	11.2
国内企業に吸収合併された	8.4
外資誘致	6.0
分社し独立した	6.0
外国企業に吸収合併された	2.0
民営化	1.6
変化はなかった	20.5

注：複数回答の結果である。

たものである。この資料は，過去10年間，年度別の変化の様相をとらえることができないという限界があるので解釈には注意する必要がある。すなわち，変化が10年の間，自然に発生したか，もしくは，経済危機により変化が起きたのかわからない。こうした問題はあるものの，表2-6によると，過去10年間，何の変化も起きなかったと答えた上場企業は20％に過ぎず，残りの80％は様々な変化があったと回答した。

　もっとも変化が多かったのは，「事業部門・生産ライン一部を売却・分社化」で40％を超えた。こうした変化は，経済危機以後，変化した経営環境の中で，利益最大化の経営戦略を駆使したことに伴い核心事業に集中したためであるとみられる。回答企業の20％は「他企業を吸収合併した」経験を持っており，また，「主たる活動（事業分野）の変化」も17％に及んでいる。前述のとおり，経済危機の10年前の変化と比較できないという問題点はあるものの，変化項目の順位とその方向に着眼して解釈すれば，いわゆる利益最大化戦略，核心力量，選択と集中をキーワードとして，全般的な企業経営の再編が生じたといえる。

　経済危機後，韓国企業がもっとも多く経験したのが，事業部門の売却・分社化であった。それを経済危機の前と後に分けて比較してみたものが表2-7および表2-8である。「2000年調査」では，「貴社の組織構造に関連する事項で

表2-7　分社化実施状況

(単位：%)

		「2000年調査」		「2003年調査」	「2004年調査」
		経済危機以前	経済危機以後	2002年	2003年
全産業		4.0	16.8	3.4	3.4
	製造業	4.6	16.2	2.7	3.4
労組	なし	4.1	21.4	3.0	3.0
	あり	4.0	15.1	3.9	3.8
規模	100人未満	0.0	0.0	5.1	0.0
	100～299人	2.4	11.9	0.0	2.3
	300～499人	3.6	10.9	3.4	5.4
	500人以上	4.9	23.0	7.4	5.6

ある。経済危機後，起きた組織関連の変化をすべて回答してください」という問いを設け，なおその答えを「はい」，「いいえ」，「経済危機以前に導入」のうち，一つを選ぶようにした。こうした設問により経済危機を前後にして当該企業の組織構造に変化があったかどうかを確認することができる。表2-7の「2003年調査」および「2004年調査」の場合，2002年および2003年それぞれの1年間の変化について回答してもらった。なお，表2-8の「2006年調査」は，「貴事業場では外部の業者が貴事業場の業務を代行（アウトソーシング及び構内用役または構内下請）していますか」という問いに答えたものである。

表2-7をみると，経済危機以前に分社化したのは4％に過ぎないが，経済危機以後は16.8％と危機以前の約4倍にいたる。「2003年調査」および「2004年調査」をみると，再び経済危機以前の水準に下がっており，分社化は経済危機の時期に集中的に起きたと推論できる。

表2-8のアウトソーシングも分社化と類似の結果を示している。すなわち，経済危機後の割合が危機以前よりおおむね2倍である。「2006年調査」をみると，2005年末を基準に現在アウトソーシングを行っている事業場の割合が67％に及んでいる。表2-7と表2-8の数値の相違は，分社化の場合，当該期間中実施したかどうかを聞いたが，アウトソーシングの場合，以前行ったとしても当該年度に持続しているならそれに当たると回答したためであるとみられる。

表2-8 アウトソーシングの状況

(単位:%)

		「2000年調査」		「2006年調査」
		経済危機以前	経済危機以後	2005年実施中
全産業		15.2	30.1	66.7
	製造業	14.6	30.8	64.2
労組	なし	13.3	29.6	60.0
	あり	15.8	30.2	69.8
規模	100人未満	6.5	12.9	54.2
	100〜299人	11.9	31.0	66.7
	300〜499人	12.7	27.3	66.7
	500人以上	18.1	33.3	69.9

　経済危機を前後にした分社化とアウトソーシングの時点を,「2000年調査」資料を用いてより詳細にみることができる。「2000年調査」では,分社化とアウトソーシングの実施時点を調査している。それによれば,経済危機後,分社化とアウトソーシングが増加したが,アウトソーシングのほうが分社化より経済危機以前に多く行われたという違いがみられる。具体的にみると,1997年までの累積実施比率がアウトソーシング42%,分社化26.3%となり,経済危機後はそれぞれ58%と73.7%であった。

　韓国企業の事務職におけるチーム制は,1990年代中盤から広がり始めた。韓国のチーム制は,通常外国の高成果作業場や社会技術システムでいうチーム組織とは全然その性格が異なり,大きな部や課をチームに再編する際に導入された。チーム制の導入背景や目的そして運営方式は企業ごとに異なるかもしれないが,その基本的な導入趣旨は迅速な意思決定を図るための決裁段階の縮小である。したがって韓国のチーム制は組織のフラットを目指す組織革新である。表2-9は,上場企業のチーム制導入の推移を整理したものである。それによると,経済危機以前にチーム制の導入率がすでに44%であったが,経済危機後,その導入率が急増し始めた。そして,2000年調査時点で70%以上の企業がすでにチーム制を導入していることに鑑みると,同制度の導入率は飽和状態であると推測することができる。案の定,「2003年調査」および「2004年調査」でも

第2章 経済危機以降の人事労務管理の変容 71

表2-9 チーム制導入現況

(単位：%)

		「2000年調査」		「2003年調査」	「2004年調査」
		導入時期			
		危機以前	危機以後		
全産業		43.9	36.2	70.0	79.4
	製造業	44.2	35.8	67.1	78.1
労組	なし	44.9	35.7	70.3	82.0
	あり	43.5	36.3	69.6	77.4
規模	100人未満	32.3	41.9	66.7	71.1
	100〜299人	23.8	47.6	67.9	75.6
	300〜499人	41.8	32.7	65.5	83.8
	500人以上	54.4	31.4	77.8	86.1

表2-10 決裁段階と職級の短縮

(単位：%)

		「2000年調査」		「2003年調査」		「2004年調査」	
		決裁段階および職級の短縮		昨年決裁段階短縮	昨年職級短縮	過去3年間決裁段階短縮	過去3年間職級短縮
		経済危機以前	経済危機以後				
全産業		19.7	35.1	26.1	16.3	37.8	18.0
	製造業	22.7	31.9	25.3	13.7	38.8	17.4
労組	なし	23.5	24.5	26.7	18.8	43.0	20.0
	あり	18.3	38.8	25.5	13.7	33.8	16.5
規模	100人未満	12.9	22.6	41.0	12.8	44.7	7.9
	100〜299人	17.9	40.5	25.9	9.9	31.4	15.1
	300〜499人	21.8	25.5	13.8	17.2	40.5	13.5
	500人以上	21.1	37.3	22.2	27.8	40.3	29.2

その導入率は70〜80%に分布している。

　表2-10は，組織のフラット化の指標である決裁段階および職級の短縮に関連する回答を整理したものである。「2000年調査」の場合，分社化やアウトソーシングの問いに加えて，「貴社の組織構造に関連する事項である。経済危機後，起きた組織関連の変化をすべて回答してください」という設問に，「はい」，「いいえ」，「経済危機以前に導入」の選択肢のうち，一つを選ぶようにした。

「2003年調査」では，決済段階の短縮が前年に行われたかどうか，また，「2004年調査」では，過去3年間，決裁段階および職級の短縮があったのかを聞いた。表2-10の分析結果をみると，決済段階および職級の短縮が経済危機以後に急増したことがわかる。また，「2003年調査」および「2004年調査」で現れているように，決済段階と職級の短縮は，経済危機以後でも持続的に行われていることがわかる。

4．人事労務管理の変化

(1) 全般的な変化

表2-11および表2-12は，経済危機以後，人事管理の全般的な変化に対する実態調査の結果を整理したものである。それによると，経済危機を前後にして個別人事管理も相当変わったことがわかる。特に，賃金および評価管理，採用と昇進管理，教育訓練で変化が大きく起きた。表2-12では，事業場の特性別変化をみることができるが，人事管理の変化は企業規模が大きい，非製造業，そして労働組合のない事業場で若干高く現れている。

経済危機以後，人事管理の変化は，何よりも年俸制に代表される賃金管理およびそれに密接に関係のある評価管理で起きた。後述するが，経済危機を前後にして年俸制に代表される成果主義賃金制度が急速に広がり始めた。採用管理上の変化は，定期採用から随時採用へ，そして新規学卒者採用から中途採用へ移行したことであった。一方，職級体系とキャリア管理は変化がもっとも小さく起きたが，職級体系の場合，2000年に入り「職級破壊」が新たに浮上している点に注目する必要がある。

(2) 採　　用

経済危機後，韓国企業の新入社員採用基準が変化しているのだろうか。惜しくもそれに関する調査は二つの時点で実施したものしかなく，しかも回答項目

第2章　経済危機以降の人事労務管理の変容

表2-11　経済危機前後の当該事業体の人事管理上の変化

	「1998年調査」	「2000年調査」
	過去5年間変化	経済危機以後の変化
賃金管理の変化	2.29	2.51
人事考課の変化	2.29	2.39
採用管理の変化	2.09	2.37
昇進管理の変化	2.18	2.30
教育訓練の変化	2.19	2.27
職級体系の変化	1.89	1.96
キャリア管理の変化	1.74	1.93

注：1＝変化なし，2＝若干変化，3＝相当変化，4＝完全に新しく変化。

表2-12　企業特性別にみた経済危機以後の人事管理上の変化

		賃金管理	人事考課	採用管理	昇進管理	教育訓練	職級体系	キャリア管理
全産業		2.51	2.39	2.37	2.30	2.27	1.96	1.93
	製造業	2.43	2.32	2.32	2.23	2.20	1.89	1.90
労組	なし	2.51	2.39	2.37	2.30	2.27	1.96	1.93
	あり	2.45	2.36	2.33	2.29	2.28	1.91	1.90
規模	100人未満	2.48	2.32	2.32	2.29	2.10	1.84	1.94
	100～299人	2.46	2.35	2.28	2.32	2.22	1.91	1.91
	300～499人	2.53	2.25	2.33	2.22	2.22	1.95	1.84
	500人以上	2.54	2.44	2.42	2.32	2.33	2.00	1.97

注：1＝変化なし，2＝若干変化，3＝相当変化，4＝完全に新しく変化。
出典：「2000年調査」。

が異なるために単純比較が難しい。こうした限界があるものの，表2-13から選抜基準が実用を重視する方向に変化しているのではないかと推測できる。表2-13は，新入社員を選抜する際に重視する項目10個を挙げてその中でもっとも重要であると回答した項目を分類したものである。「1998年調査」では，専攻，学校，そして成績という韓国社会で伝統的に強調する項目が重視されたが，「2006年調査」の場合，情熱，組織と人との適合性が強調される欧米型に変化しているとみられる。採用の際に，学歴や出身学校を考慮しない採用が増加したとするマスコミの報道とそう違わない結果といえよう。

　経済危機を前後にして随時採用と中途採用が広がり始めたことで，伝統的な採用慣行が大きく変化した。韓国経営者総協会が毎年実施している「新規人力

表2-13 選抜基準

(単位:%)

「1998年調査」		「2006年調査」	
項　目	比重	項　目	比重
専攻分野	44.0	態度・情熱と忠誠心	59.4
出身学校	12.2	組織への適合性	58.2
学校成績	11.7	熟練および経歴	28.1
履歴書・自己紹介書	10.8	職務知識（外国語を除く）	14.5
適性検査	6.7	資格	11.6
職務能力検査	6.0	学歴・学閥	8.8

表2-14 中途採用率

(単位:%)

		「1998年調査」	「2000年調査」	「2003年調査」	「2004年調査」	「2006年調査」
		過去3年間平均	過去2年間平均	過去1年間	過去1年間	過去1年間
全産業		2.0	3.6	6.1(30.3)	4.3(31.2)	2.5(20.9)
	製造業	1.8	2.2	4.8(28.8)	3.4(27.7)	1.9(18.1)
労組	なし	3.7	6.2	8.2(29.1)	6.3(37.3)	4.4(28.7)
	あり	1.3	2.8	4.0(31.5)	2.8(26.6)	1.6(17.1)
規模	100人未満	4.2	11.7	12.9(39.5)	7.2(42.1)	4.9(37.8)
	100〜299人	2.9	4.6	5.0(29.6)	4.2(30.9)	2.0(17.4)
	300〜499人	2.2	3.7	4.8(27.5)	6.7(37.8)	3.1(19.8)
	500人以上	1.2	2.0	3.5(26.0)	1.7(22.2)	1.9(21.0)

注：中途採用率は，毎年中途で採用する人数を全正社員数で割った値である。
　　（　）は，当該年度全新規採用者のうち中途採用者が占める割合である。

採用動態及び展望調査」によれば，年間3回以上採用する随時採用を導入している事業体の割合が1998年47.3％，1999年43.8％，2000年67％，そして2002年には89.8％へと急増した。

　通常，中途採用の増加は，随時採用の増加よりも採用管理上もっと大きな変化を表す。というのは，伝統的に内部労働市場が発達すると採用の入口が労働者階層の最下位層に制限されるが，中途採用が増加するということは採用の入口が様々なところに開かれており，内部労働市場が弱まっていることを意味するからである。表2-14は，中途採用を整理したものであるが，惜しくも「1998年調査」および「2000年調査」の場合，新規採用の全体人数を調べてお

表2-15 核心職種の欠員補充方法

(単位:%)

		内部登用のみ	内部登用を優先	内部登用・外部採用が同等	外部採用を優先	外部採用のみ
全産業		12.9	19.7	34.1	18.5	14.9
	製造業	10.3	22.4	33.3	17.6	16.4
労組	なし	8.8	17.5	43.8	17.5	12.5
	あり	14.8	20.7	29.6	18.9	16.0
規模	100人未満	12.5	20.8	29.2	16.7	20.8
	100〜299人	17.4	20.3	30.4	23.2	8.7
	300〜499人	9.5	17.5	31.7	19.0	22.2
	500人以上	11.8	20.4	39.8	15.1	12.9

出典:「2006年調査」。

らず,比較のために既存の正規労働者数で経験のある中途採用者数を割った値を表した。新規採用の人数が調査された「2003年調査」以後の調査の場合,採用者の中で中途採用者が占める割合を括弧の中に示した。表2-14によれば,経済危機後,中途採用が増加傾向にあることは間違いないが,2003年以後の調査で現れているとおり,その規模が採用者人数の20〜30%に留まっている。したがってまだ中途採用が韓国企業の支配的な採用方式であるとみるのは難しい。さらに中途採用は,表2-14でみられるように,労組のない中小企業,そしてサービス業で多くみられることも特徴の一つである。

表2-15は,表2-14とは異なる実態を表している。表2-15は,「2006年調査」でもっとも労働者数の多い核心職種で欠員が発生した場合,内部登用と外部採用の中でどちらを優先するかを調べた結果である。欠員を補充する際に,内部と外部を同等に考慮するという回答がもっとも多いが,どちらかといえば,内部より外部採用を選好しているとみられる。

(3) 能力開発

上記の表2-12でも確認したように,経済危機後,教育訓練は相対的に変化が少なかったとみられる。他の研究も同様の結果を示している(金東培[2003])。表2-16は,能力開発管理の中でも核心人材管理(top talents mana-

表2-16　核心人材管理制度

(単位:%)

		「2003年調査」	「2004年調査」	「2006年調査」
全産業		27.0	30.0	64.8
	製造業	26.9	29.8	73.6
労組	なし	24.5	28.0	63.0
	あり	29.4	31.6	65.9
規模	100人未満	15.4	7.9	66.7
	100～299人	26.6	24.4	66.7
	300～499人	27.6	43.2	51.9
	500人以上	35.8	41.7	69.4

表2-17　経歴開発制度

(単位:%)

		「1998年調査」	「2000年調査」	「2003年調査」	「2004年調査」	「2006年調査」
全産業		23.3	23.7	23.2	20.6	53.0
	製造業	24.7	20.8	20.5	20.2	53.3
労組	なし	19.6	18.4	21.8	19.0	53.8
	あり	24.6	25.5	24.5	21.8	52.7
規模	100人未満	13.3	16.1	12.8	2.6	45.8
	100～299人	19.1	16.7	22.2	17.4	52.2
	300～499人	15.5	21.8	24.1	18.9	46.0
	500人以上	29.4	27.5	31.5	34.7	60.2

gement) 制度の導入割合を示している。韓国企業は，経済危機以前には，核心人材を別途管理していなかったといわれる（李キョンムク・尹ヒョンジュン[2007]）。経済危機以前には核心人材管理制度がほとんどなかったことに加えて，表2-16の内容を考慮して考えれば，経済危機以後，核心人材管理制度は急速に広がったと推論できる。表2-17は，経歴開発制度（career development program) の導入割合を示している。表2-17を解釈するときには，「2003年調査」および「2004年調査」は経歴開発制度の導入ではなく経歴開発のための相談を実施しているかを調べているのに対し，そのほかの調査は，単純に経歴開発制度の有無を聞くものであり，質問の内容に相違があることを勘案する必要がある。しかし，表2-12の結果と「1998年調査」から「2004年調

表 2-18　目標管理制度

(単位：%)

		「1998年調査」	「2000年調査」	「2003年調査」	「2004年調査」	「2006年調査」
全産業		35.3	49.0	53.0	56.2	84.2
	製造業	37.5	48.2	50.7	55.6	87.4
労組	なし	34.3	55.3	54.5	59.0	83.5
	あり	35.7	46.8	51.5	54.1	84.6
規模	100人未満	28.0	41.4	34.2	34.2	87.0
	100～299人	35.7	38.9	51.9	52.3	78.3
	300～499人	28.3	49.1	37.9	54.1	82.8
	500人以上	38.6	53.7	75.9	73.6	89.0

査」までの調査結果をみると，質問方式の違いが回答者の混乱を招いた可能性はほとんどないようであり，「2006年調査」のみが大きく異なる。

(4) 評価と報酬

表2-12で確認したとおり，経済危機以後，評価と報酬の分野で変化がもっとも大きかった。表2-18と表2-19は，評価制度の変化を目標管理制度（MBO）と多面評価を中心にみたものである。表2-18は，目標管理制度の推移を整理したものであるが，最近まで増加していることがわかる。評価制度としての目標管理制度が業績をもっとも客観的に測定することができる技法であること，また，個人別の成果に合わせて賃金を支払う成果主義賃金の導入においてもっとも問題となっていることが個人業績の公平な評価であることを勘案すると，目標管理と個人の成果主義賃金である年俸制の増加は密接な関係があると推測することができる。

表2-19は，部下，顧客，同僚等が評価者となる多面評価の導入傾向を整理したものである。「2003年調査」および「2004年調査」の場合，多面評価を「上司だけではなく部下，同僚，顧客等多様な評価者が評価する方法」と定義し，その導入可否を聞いたのに対し，残りの調査は，多面評価の核心である部下が上司を評価する制度を導入したかどうかを調べたものである。したがって調査間の質問内容の違いがある。それを勘案しても経済危機以後，多面評価が

表 2-19　多面評価

(単位：%)

		「1998年調査」	「2000年調査」	「2003年調査」	「2004年調査」	「2006年調査」
全産業		15.8	18.3	15.8	22.8	56.6
	製造業	14.2	15.4	11.0	19.8	55.2
労組	なし	12.4	14.9	12.9	19.0	57.5
	あり	17.1	19.5	18.8	25.8	56.2
規模	100人未満	12.0	10.3	10.3	13.2	58.3
	100〜299人	10.7	11.1	13.6	22.1	52.2
	300〜499人	11.3	10.9	20.7	24.3	52.4
	500人以上	18.8	23.6	20.8	28.2	62.4

表 2-20　年俸制の導入状況

(単位：%)

		「1998年調査」	「2000年調査」	「2003年調査」	「2004年調査」	「2006年調査」
全産業		23.0	45.2	49.8	55.4	74.3
	製造業	24.7	45.4	55.5	53.9	78.2
労組	なし	27.7	51.0	58.4	61.0	80.0
	あり	21.3	42.8	52.9	51.1	71.6
規模	100人未満	10.0	41.9	41.0	47.4	66.7
	100〜299人	21.3	37.0	58.0	50.0	72.5
	300〜499人	15.5	40.0	37.9	45.9	76.2
	500人以上	27.5	50.2	72.2	70.8	76.3

広がったことを確認することができるが，他の研究も同様の結果を示している（金東培［2003］）。

次に，表2-12でもっとも変化が大きかった賃金管理の変化については，表2-20から表2-22までが示している。まず，表2-20は，個人の業績評価が次年度の賃金に影響するといわれる年俸制の導入状況を表しているが，経済危機以後，急増したことがわかる。実際，年俸制は，経済危機以後，韓国企業の賃金管理だけでなく人事労務管理の全般的な変化を代表する象徴的な制度といっても過言ではないほど関心が高かった。

表2-21は，成果主義賃金を構成する要素の一つである成果配分制の導入状況を整理したものである。年俸制よりは導入率が低いが，経済危機以後，高ま

表2-21　成果配分制度の導入状況

(単位：%)

		「1998年調査」	「2000年調査」	「2003年調査」	「2004年調査」	「2006年調査」
全産業		35.6	49.5	50.1	54.5	74.7
	製造業	37.2	45.8	54.1	57.9	75.8
労組	なし	36.9	56.3	52.5	51.0	78.8
	あり	35.1	47.1	50.0	57.1	72.8
規模	100人未満	23.3	35.5	33.3	31.6	79.2
	100～299人	35.1	58.0	54.3	52.3	68.1
	300～499人	34.5	49.1	41.4	48.6	73.0
	500人以上	37.6	48.3	64.8	72.2	79.6

表2-22　年俸制および成果配分制の導入推移

(単位：%)

	年俸制	成果配分制
2000年	23.0	20.6
2001年	27.1	22.3
2002年	32.3	24.3
2003年	37.5	28.2
2004年	43.0	30.6
2005年	48.4	32.1
2006年	50.6	30.7
2007年	52.5	30.8

出典：労働部『年俸制・成果配分制実態調査』各年度。

ったことが確認できる。成果配分制は，経営成果に連動して主としてボーナスに差をつけて支給する制度として集団的成果給に当たる。経済危機を前後にして起きた報酬管理の変化は，個人の成果給を表す年報制の導入拡大と企業の経営成果と賃金を連動させる成果配分型賃金の増加と要約できる。年俸制と成果配分制の増加傾向は，本章で補足的な資料として用いられる労働部の実態調査資料である表2-22でも再確認できる。ちなみに，労働部の年俸制と成果配分制に関する実態調査は，100人以上の全事業場が母集団であり，2006年からは「賃金制度実態調査」と名称を変更して引き続き毎年実施している。

表2-23 雇用調整率の推移

(単位:％)

		「1998年調査」		「2000年調査」		「2003年調査」	「2004年調査」	「2006年調査」
		1996	1997	1998	1999	2002	2003	2005
全産業		2.9	7.6	23.3	5.7	4.2	2.1	2.1
	製造業	3.6	7.5	20.0	4.4	4.6	2.0	2.6
労組	なし	2.2	8.1	46.0	5.3	3.3	2.2	3.1
	あり	3.2	7.5	15.7	5.8	5.2	2.1	1.6
規模	100人未満	1.7	22.9	77.6	15.7	16.7	2.7	0.1
	100～299人	4.7	8.3	37.1	6.7	1.8	2.9	3.7
	300～499人	2.2	12.2	15.7	5.6	0.3	1.8	1.0
	500人以上	2.7	4.6	10.6	3.7	1.0	1.1	2.1

注：雇用調整率とは，当該年度に名誉・希望退職，整理解雇，勧告辞職を通じて行った雇用調整の人数を当該年度の正社員数で割った値である。

(5) 雇用調整と非正規労働者

　雇用調整と非正規労働者の増加も経済危機を機に起きた大きな変化の一つである。いわゆる数量的柔軟性の追求という側面では両者が同じであるが，雇用調整の増加は経済危機の発生時に集中したが，非正規労働者の増加は経済危機以後，持続的に増加しているところに違いがある。

　表2-23は，上場企業の雇用調整率の推移を表したものである。まず，雇用調整率を統一させるために雇用調整を整理解雇，名誉・希望退職，勧告辞職により会社を辞めた人に限定した。「1998年調査」および「2000年調査」は，調査時点までの2年間の雇用調整の実態を各年度別に調査したものであるが，残りの3つの調査は，過去1年間に限って実態を調査したものである。表2-23をみると，雇用調整は1998年に集中的に発生したが，その後，景気の急速な回復に伴って減小し2005年度になると経済危機以前の水準に戻った。なお，1997年から99年までの雇用調整率を大まかに計算してみると，10人中3人が会社を辞めたことになる。通常，その時の雇用調整が激しかったといわれているが，それを裏付ける数値であるといえよう。

　そして，雇用調整の推移を，表2-20の成果主義報酬に関連づけて解釈すれ

表2-24 職群別雇用調整の割合

	「1998年調査」			「2000年調査」		
	1996	1997	1998	1998	1999	2000
事務・管理職	0.5(2.2)	1.5(6.4)	6.7(19.3)	5.8	2.0	0.5
生産技能職	1.3(1.9)	3.1(7.6)	5.1(22.8)	5.2	2.5	0.7
営業職	0.5(1.4)	1.4(9.8)	1.6(8.1)	1.4	0.7	0.3
研究職	0.1(2.5)	0.1(3.3)	0.2(7.6)	0.2	0.1	0.0
単純労務職	0.2(2.1)	0.6(12.2)	1.1(51.0)	0.5	0.1	0.1

注:「1998年調査」の( )の数値は,当該職群の全員で職群別雇用調査人数を割った値であり,残りの調査は,当該年度正規労働者の全員で当該職群別雇用調整人員を割った値である。「2000年調査」の2000年は,当該年の6月までの数値である。

ば,1998年を除くと経済危機以後,韓国企業の人事労務管理は,雇用調整より成果主義報酬の拡大に重点が置かれたといえる。その意味では,日本企業の雇用—報酬管理の変化とも類似している。労働政策研究・研修機構［2005］は,日本企業の支配的な人事管理を,長期雇用をとり辞めるのではなくそれを維持するが,その代わりに,成果主義報酬を強化する方向に変わったことを明らかにしている。

雇用調整が特定の職群に集中したのかどうか。表2-24は,雇用調整が集中的に行われた時期に当たる「1998年調査」および「2000年調査」を用いて職群別雇用調整の実態を分析したものである。「1998年調査」では,職群別正規労働者の人数と職群別雇用調整人数を調査したが,「2000年調査」では職群別正規労働者の人数を調査していない。一貫した比較を行うために,当該年度正規労働者の全員で当該職群別雇用調整人員を割って値を求めた。「1998年調査」では,当該職群の人員計で職群別雇用調整人数を割った値を括弧内に示した。この値は,職群別人員分布を勘案した職群別雇用調整の違いを表す統計値である。表2-24によれば,雇用調整の対象職種は,最初は単純労務職であったが,次第に生産技能職,その後には事務職および管理職に拡大していったことがわかる。金東培［2003］は,経済危機以後,単純労務職の雇用調整を行い,彼らの担当していた当該職務を非正規労働者でまかなった可能性があることを提起した。

表 2-25　経済危機前後非正規労働者の割合

(単位：％)

		「1998年調査」		「2000年調査」		「2003年調査」	「2004年調査」	「2006年調査」
		1996	1997	1998	1999	2002	2003	2005
全産業		3.9	4.4	7.1	8.9	6.5	5.3	19.1
	製造業	3.4	3.8	5.6	6.7	5.5	4.2	15.3
労組	なし	4.3	4.7	5.7	6.7	6.5	4.3	18.2
	あり	3.7	4.3	7.6	9.6	6.5	6.1	19.5
規模	100人未満	2.5	3.9	14.8	17.8	3.6	2.3	12.8
	100〜299人	3.3	3.7	6.4	7.3	6.5	4.9	24.0
	300〜499人	2.2	2.5	4.9	7.4	7.9	4.9	20.3
	500人以上	5.0	5.5	6.9	8.5	8.3	7.8	16.2

注：非正規労働者の割合は，当該非正規労働者を含む全労働者で非正規労働者を割った値である。

　雇用調整が1998年に集中して起きた一つの出来事であるとすれば，非正規労働者は，経済危機以後持続的に増加して最近は雇用だけではなく労使関係との関連でホットなイシューとして登場しているもう一つの出来事である。表2-25は，非正規労働者の割合を比較したものである。非正規労働者の割合は，当該企業・事業場の全労働者で非正規労働者を割った値である。ただし，調査時点ごとに非正規労働者に対する定義が異なるため，変化の趨勢を把握するためには注意が必要である。すなわち，「1998年調査」と「2000年調査」では，非正規労働者を「契約職，臨時職，パートタイマー，派遣労働者等を含むもの」と定義したが，「2003年調査」は，「短期契約職，パートタイム・期間制，一時的雇用，派遣労働者，用役労働者，臨時日雇い，独立請負労働者，在宅労働者等」と定義した。「2004年調査」では，「パートタイム・時間制労働者，短期契約職労働者，一時的雇用，派遣労働者，用役・呼び出し労働者，小社長（カンパニー制の社長）と彼の雇用した労働者，外注労働者，独立請負労働者・フリランサー」と定義した。最後に，「2006年調査」の場合，「期間制，パートタイマー，派遣・用役・一時代替，特殊雇用・独立請負，在宅・家内労働，構内下請，日雇い労働者」と定義した。このように，調査時点ごとに非正規労働者の定義が異なるうえ，経済危機以後非正規労働者問題が社会的イシューと

して現れるに伴い回答者も正確に解答しない傾向があったなどで，86頁の付表1の労働部資料を総合して判断すれば，非正規労働者の割合が「2003年調査」および「2004年調査」で極端に少なく把握されているということができる。非正規労働者に関する国内研究者の中には，事業場の調査の場合，むしろ「2006年調査」が非正規労働者の実態値に近いと評価する人もいる。

(6) 人事労務管理の総合的特徴

経済危機以後，経営環境，戦略，組織構造の変化とともに人事労務管理が相当に変化したことを，上場企業の調査資料を通じてみてきた。それでは，最近，韓国企業の人事労務管理の特徴は何であろうか。よく言われるように，韓国の人事労務管理の全般的な性格が経済危機以前では日本に近かったが，その後，アメリカスタイルに変わったのだろうか。

人事労務管理の全般的な特徴を把握するための質問は，「2003年調査」，「2004年調査」，「2006年調査」で共通して5つの対称的な形で示された。すなわち，次の質問それぞれに対し当該事業場の人事管理の全般的な特徴としてどちらに近いかを回答してもらった。①人事管理の一次的な目標は可能な限り固定的な人件費を節減することにある⇔人事管理の一次的な目標は従業員の企業に対する忠誠心と愛着心を高めるのにある。②必要な資格を持っている人を外部から採用し必要ではなくなった時に解雇する⇔必要な資格を備えた人を雇用し社内で長期的に育成していく。③できるだけ非正規労働者を活用する⇔できるだけ正規労働者を主として活用する。④人事管理は個人の成果・業績を基準に運営される⇔人事管理はチームワークを基準に運営される。⑤人事管理は従業員の短期的な成果・業績を最大限高める方向に運営される⇔人事管理は従業員の長期的な育成と開発のための方向に運営される。

表2-26は，以上の5つの質問に対する回答を数値化したものである。分析の結果，チームワークより個人業績・成果をさらに重視していること以外は，すべてプラス（+）であった。したがって，韓国企業の支配的な人事労務管理の特性は，どちらかといえば，依然として正規労働者中心，長期雇用と内部育

表2-26 人事管理の全般的な特性

			「2003年調査」	「2004年調査」	「2006年調査」
人件費節減	↔	コミットメント	0.90	0.91	0.70
充員・解雇	↔	長期雇用	1.02	1.12	0.99
非正規職	↔	正規職	0.99	1.18	1.01
個人成果	↔	チームワーク	-0.03	-0.15	-0.10
短期成果	↔	長期育成	0.65	0.71	0.74

注:「2003年調査」および「2004年調査」は7点尺度,「2006年調査」は5点尺度で図った。0点が中央値であり,プラス(+)であれば右,マイナス(-)であれば左に当たる。

成,そして従業員の忠誠心を重視しているといえる。ただし,前述したように,個人成果主義賃金そしてそのための客観的な評価制度の導入が経済危機以後大幅に広がった。その側面でみると,報酬は,個人成果が強く反映される形で決定されている。

以上のように,韓国企業の人事労務管理の支配的な特性は,最近,日本企業の支配的な人事管理の特性として長期雇用と個人成果主義との結合型であると把握した労働政策研究・研修機構［2005］の結論に類似しているといえる。

5．要約および結論

本章は,いくつかのアンケート調査を用いて,1997年経済危機以降,韓国企業の人事労務管理の変化を時系列に考察しようとしたものである。経済危機を前後とした事業体のパネル資料があったら理想的な分析ができたはずであるが,それがなかったので,次善の策として可能な限り調査の比較対象を合わせるために上場企業に限って経済危機前後から2006年までの人事労務管理の変化を追跡しようとした。分析結果を要約すると次のとおりである。

経済危機後,経営環境の変化は,過去の画一的な長期雇用とは異なる方向への全般的な経営戦略および組織運営の変化をもたらした。利益最大化を強調する経営戦略によって中核部門に企業の資源を集中し残りの部門をアウトソーシングする組織運営,戦略と組織および人事管理間の連携性の強化は,実は,経済危機による影響だけではなくグローバル競争の激化によるものであるとみる

こともできる。そして，こうした環境と戦略および組織構造の変化が韓国企業の人事労務管理の変化を触発した。経営戦略の変化に伴う人事労務管理の変化の方向は，大きく長期雇用の解体，長期雇用は維持するが個人成果主義の強化，核心労働者層のみに長期雇用を保障し，非核心労働者層に対しては市場型雇用関係を拡大・適用するという3つの類型を想定することができる。本章の分析によると，1998年を除けば，「長期雇用は維持するが，個人成果主義を強化する」のが支配的な傾向であり，それとともに非核心労働者の雇用関係の外部化（externalization）もずっと推進されたといえる。

　個別的な人事労務管理は分析がかなり複雑である。選抜基準は学閥か学歴ではなく忠誠心か組織との適合性を重視する方向へ変わったとみられる。中途採用も増加する傾向にあるが，2006年の調査によると，核心職種に欠員が生じれば，内部からの登用より外部からの充員を若干重視することが明らかになった。雇用調整は，経済危機直後の1998年に集中的に行われたが，2000年代の中盤に入ると経済危機以前の水準に戻った。従業員のキャリア管理は，さほど変化がなかったが，核心人材管理が急速にニュートレンドになり広がった。もっとも顕著な変化は，個人成果に応じて賃金に差がつく年俸制の拡散とそのための評価制度の拡散として現れた。とともに非正規労働者の活用が増加した。

　経済危機後，報酬および評価管理を中心に相当な変化を経験した韓国企業の人事労務管理の支配的な特性はどう規定すればよいのか。本章の分析によると，それは，正規労働者中心，長期雇用と内部育成，そして従業員の忠誠心を重視するものの，個人別成果に応じて差をつける成果主義賃金を強調するものであった。

　今後の韓国大企業の人事管理も基本的には上述した軌道から大きく外れないのではないかと展望される。これから，韓国企業の人事管理の進化の軌跡は，グローバル市場における韓国企業の競争力や加速化する高齢化，そして法制度の変化等によって規定されるだろう。特に，後者に関連して，非正規職保護法の改正の動きと労使関係の形勢変化をもたらす組合専従者の賃金支給禁止および企業レベルの複数労組設立に関連する立法動向が，韓国企業の人事管理にど

付表1　年度別雇用形態別非正規職の状況

(単位：%)

	賃金労働者 (千人)	非正規労働 者割合	雇用形態別非正規労働者の割合						
			期間制	パート	派遣	用役	特殊雇用	内職	日雇雇用
2001年	13,540	26.8	10.9	6.5	1.0	2.3	6.0	1.9	2.2
2002年	14,030	27.4	10.9	5.8	0.7	2.4	5.5	1.7	2.9
2003年	14,149	32.6	17.0	6.6	0.7	2.4	4.2	1.2	4.2
2004年	14,584	37.0	17.1	7.4	0.8	2.8	4.9	1.2	4.6
2005年	14,968	36.6	18.2	7.0	0.8	2.9	4.2	0.9	4.8
2006年	15,351	35.5	17.7	7.4	0.9	3.2	4.0	1.1	4.3
2007年	15,882	35.9	15.9	7.6	1.1	3.7	4.0	0.8	5.3
2008年	15,993	35.2	14.3	8.1	1.1	3.9	3.8	2.7	5.9

注：非正規労働者の割合は当該非正規労働者数を全賃金労働者数で割った値（％）であり，雇用形態別に重複（たとえば，パートでありながら期間制の場合等）がありうるので，雇用形態別の合計が全非正規労働者割合を超えることもある。
出典：韓国労働部ホームページ（http://www.molab.go.kr/issue/issue00/v2/sub01_02.jsp）。

のような影響を及ぼすのか，注目する必要がある。

参考文献

DeVanna, M. A, Fombrun, C. J., and Tichy, N. M. [1984]: "Framework for Strategic Human Resource Management," in C. J. Fombrun, N. M. Tichy, and M. A. DeVanna (eds.), *Strategic Human Resource Management*, John Wiley & Sons: New York, 33-51.

現代経済研究院 [2002]：『為替危機以後職場生活の形態の変化』現代経済研究院。

鄭インス・琴ジェホ・ジョジュンモ・金東培 [2002]：『企業内部労働市場の変化』韓国労働研究院。

金東培 [2003]：「人的資源管理」李源徳（編）『韓国の労働：1987-2002』韓国労働研究院，179～213頁。

金東培 [2005]：「為替危機前後韓国企業の人事管理の変化と展望」朴キチャンほか『韓国企業の人的資源管理』朴英社，327～367頁。

李キョンムク・尹ヒョンジュン [2007]：「競争環境，技術変化，競争戦略と核心人材管理強度間の関係に関する研究」『経営学研究』36：5, 1259～1294頁。

Lee, Hak-Chong [1999]: "Transformation of Employment Practices in Korean Business," *International Studies of Managment & Organization*, 28: 4, 26-39.

Lee, Hyo-Soo [2006]: "Paternalistic Human Resource Practices: Their Emergence and Characteristics," *Journal of Economic Issues*, 35: 4, 841-869.

労働政策研究・研修機構［2005］:『変貌する人材マネジメントとガバナンス,経営戦略』労働政策研究・研修機構。

Rowley, C. and J. Bae [2004]: "Human Resource Management in South Korea After the Asian Financial Crisis," *International Studies of Managment & Organization*, 34: 1, 52-82.

第3章　産別労組および産別交渉の実態と評価

趙　性載

1．はじめに

　韓国は，日本とともに，企業別労使関係システムを構造的特徴としてきた少数国の一つである。企業に組織されている労働組合は，企業内正規職（正社員）を中心メンバーとしており，また，団体交渉も個別企業の労使の間で行われる。時には，企業の間で相場決定（pattern bargaining）が明示的であれ黙示的であれ行われたりする。日本は，労－労，使－使，労－使間の調整がよくできると評価されているが（OECD［2004］），形式的に現れている交渉の集中度と統一性は，産別交渉を基本特徴としているヨーロッパ諸国に比して日韓とも非常に低いといえる。

　ところで，韓国では，大きな変化が発生した。1997年末経済危機以降，企業別労組から産業別労組へ組織形態を転換する事例が増えた。2007年末現在，企業の枠を超えて結成される労働組合の組合員数の割合が全組合員数の51.3％と，企業別労組の組合員数を超えるにいたったのである。超企業別労働組合は，地域業種労組（7.5％）と産別労組（43.8％）を合わせたものであるので，個別的にみると，企業別労組（48.7％）が依然として最多の組織形態であるが，1980年以降初めて企業別労組の組合員数の割合が全組合員数の50％を下回ったという点で，決して過小評価することはできないだろう。1980年，韓国では，軍事独裁政権により，産別労組が禁止され企業別労組が強制されたが，それが，

その後，韓国の労組組織と交渉の基本形態を決定づけたとみることができる。1987年7～9月労働者大闘争とそれに伴う労働法の改正により，産別労組が合法化されたにもかかわらず，産別労組は非常にゆっくり構築されていった。それが今になって産別労組を含む超企業別労組が企業別労組を上回り組合の多数を占めるようになったのである。

　産別労組を中心に超企業別労組が組合員の過半数を占めたことは，既存の韓国の労使関係システムに一定の圧力が累積してきて，いまやそれが臨界点（critical point）を超えたのではないかという議論を提起している。韓国の労働組合の組織形態は，果たして企業別から産業別に確実に転換したのか。産別への転換は実質的な内容を伴っているのか，それとも外形だけのものなのか。それはともあれ，なぜそのような変化が起きたのか。これらの質問に加えて，労使関係システムの変化までを考察するためには，産別労組の登場とともに，なお産別交渉が導入され定着しているかを見る必要がある。本章は，まさにこれらの疑問に答えるために書かれた。すなわち，韓国で産別労組はどのように登場し拡大してきたのか，それに伴い産別交渉はどのように発展してきたのかについてみる。

　韓国では，以上の質問に答えるために多角的に分析・評価する論文が多数出た。趙性載［2007a, b］をはじめ，韓国労働研究院で行われた多くの研究成果があるが，本章はそうした既存研究を有効に活用する。ところが，産別交渉に対する労使と専門家の視点が大きく異なっており，こうした視点の差異が労使関係に対する基本認識の差異と相互作用しながら葛藤を増幅させる傾向がある。産別交渉を進めるかそれに賛成する側では，韓国の企業別労使関係システムが現在のような企業規模間の賃金格差と雇用不安を生み出したと批判し，産別転換と労働協約拡張適用制度等を通じて両極化現象を克服しなければならないと主張する。他方，産別交渉を反対し批判的にみる側では，従来産別交渉を進めてきた西欧でも分権化傾向が現れており，こうした傾向に逆らって進めてきた韓国の産別交渉は二重・三重交渉と争議の繰り返し等の否定的な側面があるために，非生産的な労使関係をもっと歪曲させると主張する。こうした韓国

の変化とそれに関する争点を整理することは[1]，類似した構造をもっている日本の労使関係に対しても，いくつかの示唆を与えることができると期待する。

2．企業別組織の正体と産別組織化傾向

(1) 統計を通じてみた実態

　労働部（日本の旧労働省に当たる）と韓国労働研究院が発表した韓国の組合組織率は2007年末現在10.8％と，2005年と2006年の10.3％より0.5ポイント増加した。韓国の組合組織率は1987年民主化以降急増し1989年19.8％まで達したが，その後，持続的に低下した。最近，公務員労組の合法化等により，組織率の増加現象が起きている。それにもかかわらず，韓国の組合組織率は，OECD国の中で，もっとも低いフランスに次いで2番目である。

　2007年末現在，韓国の労働組合数は，5,099組合，組合員数は168万8千人である。表3-1でみられるように，単位労組の大多数は企業または事業場単位で組織されているが，地域業種別労組も305組合にのぼる。産別労組は40組合であるが，女性組合員の比重が他の組織形態に比べて高いほうである。超企業別労組に属している組合員の割合は全組合員の51.3％と，企業別組合の割合を上回っている。超企業別労組の組合員数は，わずか2年前の2005年末には全組合員数の40.1％であったが，この間，大きく組織人員を増やした。過去2年間，現代自動車をはじめ自動車メーカー4社と鉄道労組等で産別転換が図られる等，産別転換のドミノ現象が発生したことが超企業別労組の人員増加に反映されたとみられる。

　これからより詳細な分析をしていくが，直近の資料を入手することが困難であるので，趙性載[2007]ですでに示したことのある2005年末を基準とした統計を用いることにする。2年前の資料であるが，構造的な特性をみる上で大きな問題はないと判断する。

　まず，企業別労組のみを抽出して従業員規模別に組織の特性を分析してみる

表 3-1 組織現況の概要（2007年末現在）

(単位：組合，人，%)

区　分	組合数	組合員数			
		計	男　性	女　性	女性の割合
総　計	5,099	1,687,782	1,317,467	370,315	21.9
○単位労組					
―企業（事業場）	4,713	822,359	650,844	171,515	20.9
―地域業種	305	126,028	117,048	8,980	7.1
―産別	40	739,395	549,575	189,820	25.7

○連合団体：ナショナルセンター 2，産別連盟等連合団体 39

出典：労働部『労働組合DB』と金廷翰ほか［2008］を一部修正．

表 3-2 企業別労組の従業員規模別特性

(単位：組合，人，%)

企業規模	組合員数	比重	従業員数	企業内組織率	組合数	平均組合員数	組織率
1～49	21,862	2.4	39,745	55.0	1,540	14.2	0.2
50～99	46,649	5.2	84,019	55.5	1,162	40.1	3.4
100～299	187,325	20.9	301,761	62.1	1,790	104.7	12.8
300～499	78,319	8.7	136,788	57.3	364	215.2	15.5
500～999	106,418	11.9	202,298	52.6	298	357.1	18.9
1,000～4,999	235,450	26.3	483,682	48.7	238	989.3	56.9
5,000～	220,094	24.6	560,388	39.3	37	5,948.5	
合　計	896,117	100.0	1,808,681	49.5	5,429	165.1	6.0
規模不明	6,235		n.a.		80	77.9	

注：組織率を計算する際に用いた分母は統計庁『事業体基礎統計調査』による．
出典：労働部『労働組合DB』から計算．

と，表 3-2 のとおり，1,000人以上の企業の組合員数が全組合員数に占める割合が 50% を超えている中，100～299人規模企業の組合数と企業内組織率はそのほかの規模に比べて高く，注目に値する．しかし，企業別労組の中で，5,000人以上の従業員を有する 37 社の象徴的な意味が非常に大きいと考えられる．規模別に組織率を見てみると，1,000人以上の企業の場合，全労働者の 56.9% が企業別労組に組織されているが，50人未満は 0.2% に過ぎなかった．このように，企業規模による組織率が不均等になっていると，中小零細企業労組の破片化と弱体化，大企業と公企業労組の組織利己主義の増大，そして組合と使用者間の談合関係の形成等の奇妙な現象が蔓延することになるだろう．なお，企業

表 3-3 2005年末現在，企業別労組の結成年度別分布

(単位：組合，人，％)

	組合員数	従業員数	組合数	組合数の比重	組合員数の比重	平均組合員数	企業内組織率
60年代以前	100,042	167,024	123	2.2	11.1	813.3	59.9
70年代	85,094	138,652	337	6.1	9.4	252.5	61.4
80年代（87.6以前）	138,784	187,830	643	11.7	15.4	215.8	73.9
80年代（87.7以後）	311,434	584,396	1,210	22.1	34.6	257.4	53.3
90〜97	87,865	173,704	731	13.3	9.8	120.2	50.6
98	19,068	44,193	132	2.4	2.1	144.5	43.1
99	24,985	66,316	251	4.6	2.8	99.5	37.7
00	28,706	57,421	309	5.6	3.2	92.9	50.0
01	35,163	82,336	374	6.8	3.9	94.0	42.7
02	18,060	44,593	385	7.0	2.0	46.9	40.5
03	17,335	58,065	349	6.4	1.9	49.7	29.9
04	20,250	159,372	367	6.7	2.2	55.2	12.7
05	13,701	43,730	273	5.0	1.5	50.2	31.3
98〜05	177,268	556,026	2,440	44.5	19.7	72.7	31.9
合 計	900,487	2,363,658	5,484	100.0	100.0	164.2	38.1

出典：労働部『労働組合DB』から計算。

別労組体制のもとでは，これ以上の組織化が困難であるという点が産別転換を促進した要因とみることができるが，詳しくは後述する。

次に，2005年末現在を基準に分類した組合結成年度別労組の分布をみよう。ここでの結成年度は労働部へ申告した年であるので，企業の合併，廃業等や組合の組織形態の変更等がすべて含まれている。そのため，純粋な結成年度を意味するものではないことに留意する必要がある。第1に，企業別労組として結成された90万人の結成年度をみると（表3-3），1980年代後半に結成された組合の組合員数の割合がもっとも大きい。しかし，組合数では，経済危機以降結成された労組が最大の比重を占めている。これは，組合の結成年度が古くなるにつれて組合の生存率も落ちることと関係のある現象である。

表3-3は，経済危機がもっとも深刻であった1998年，新規組織化が容易ではなかったことを現している。その後，新規組織化が進んだが，2002年以降は足踏み状態であった。さらに，2002年以降，新規組合の平均組合員数と企業内

表 3-4 地域業種労組の結成年度別分布 (2005年末現在)

(単位：組合, 人, %)

	組合員数	組合数	組合数比重	組合員数比重	平均組合員数
1960年代以前	14,378	18	4.9	11.5	798.8
70年代	1,294	9	2.4	1.0	143.8
80年代 (87.6以前)	35,460	24	6.5	28.4	1,477.5
80年代 (87.7以後)	20,380	45	12.1	16.3	452.9
90～97	9,658	29	7.8	7.7	333.0
98～2005	43,582	246	66.3	34.9	177.2
合　計	124,752	371	100.0	100.0	336.3
1998～2001	23,960	129	34.8	19.2	185.7
02～05	19,622	117	31.5	15.7	167.7
結成年度不明	683	3			

出典：労働部『労働組合DB』から計算。

組織率も著しく落ちることをみると, 最近, 企業別労組の新規組織化はそう容易ではないことが確認できる。また, 大企業の場合, 組織化がほぼ完了した中, 新規組織化は規模の小さい企業で局地的に行われているとも判断できる。

第2に, 地域業種労組の結成年度別分布をみると (表3-4), 経済危機以降結成した労働組合の組合数と組合員数の比重が企業別労組よりかなり高い。これは, 経済危機以降, 超企業単位の労組の結成が活発化したことを意味する。なお, 組合数において高い比重を占めているのは, やはり80年代後半に結成された労組である。ただし, 組合員数の比重では, 87年6月以前に結成された労組の比重が28.4%と98～05年 (34.9%) に次いで2番目に大きいことが特異点である。

第3に, 産別労組の結成年度別分布をみると (表3-5), その半数以上が経済危機以後に集中していることがわかる。特に, 組合員数比重では, 63.1%に達している。こうした趨勢は2002年以後多少足踏み状況ではあるが, 組合員数比重では2002～05年が2番目になっている。なお, 2006年以後産別転換ドミノ現象が起きたことに鑑みれば, 2006年以後結成された産別労組の組合員数の比重も高くなっただろうと推測される。

以上から, 韓国の労働組合は企業別労組体制を中心に結成されてきたが, 経

表3-5　産別労組の設立年度別分布（2005年末現在）

(単位：組合，人，%)

	組合員数	組合数	組合員数比重	平均組合員数
1980年代（87.6以前）	75,274	6	15.7	12,545.7
87.7～97	12,701	7	2.7	1,814.4
98～2001	301,489	26	63.1	11,595.7
02～05	88,546	11	18.5	8,049.6
合　計	478,010	50	100.0	9,560.2
結成時期不明	375	1		

出典：労働部『労働組合DB』から計算。

済危機直後，産業別・地域業種別など超企業単位の組織が急速に結成されたといえる。2002～05年の期間は，その結成が相対的に足踏み状況だったが，2006年に現代自動車をはじめとして大企業労組が相次いで産別転換を果たしたことにより，産別化は一つの趨勢を形成したとみられる。

(2)　労働法および労働政治と産別組織化

ここでは，労組組織と関連して韓国の労働法の変化と労働運動の概要をみることにする。朴正熙軍事政権は，1961年5.16クーデター直後，労働争議禁止令と賃金凍結令に次いで，労働組合の解散命令を出した。それ以後，2カ月の間，軍事政権は，9名の幹部を指名して（「9人委員会」）政権の定めた基準にそって労働組合を再組織するように指示したが，その時に作られた組織が産別労組と韓国労総であった（李ウォンボ［1996］）。すなわち，軍事政権が，労働運動を統制しやすい組織形態が産業別組合であるという判断のもと，上からの統制ができる産別-支部-分会の組織化を断行したのである。しかし，実際の団体交渉は，企業別に行われることが多かった。したがって，労働協約の数も支部や分会の数とほぼ同数であった。使用者は，産別中央の介入と干渉を受けずに交渉することを好んだので，韓国政府は，1973年労働法を改正し，企業別労組も結成可能にした。しかしながら，1980年まで韓国の労働組合の基本的組織形態は産別であった。ところが，全斗煥軍事政権は，逆に企業別労組の組織形態が労使協調主義を実現するのに適していると判断，産別労組を禁止させた。

それにより，既存の産別労組は，1981年，一斉に企業別労組の連合体である産別連盟と名称変更をすることになる。

1987年7～9月の労働者大闘争以後登場した民主労組勢力は，労組の組織化と団体交渉の経験がなく，初期の活動では韓国労総の支援を受けたこともあったので，1980年以後強制された組織形態である企業別労組を反復・再生産する結果をもたらした。もちろん，全国労働組合協議会（全労協）に結集した戦闘的労働運動勢力は，地域単位の活動に重点を置いたが，現代や大宇グループ等大企業労組は全労協に加入しなかった。そのため，企業別労組が韓国の一般的な組織形態となっていった。

にもかかわらず，民主労組勢力は，労働運動の危機を突破し，もう一段階の跳躍を果たすためには産別への組織転換が不可避であると判断していた。そのため，1995年民主労総の出帆を機に産別労組建設に拍車をかけると宣言した。しかし，この時期，企業別から産業別への組織転換は「当為的な宣言」の域を出ず，実際の進展を見ることはなかった。ところが，1997年末経済危機が発生し，その余波で大規模な経営合理化と雇用調整が相次ぐにつれ，労働者たちはこの問題に対応するためには産別労組に団結しなければならないという切迫感を感じるようになった。その結果，上記のように，1998年以降産別労組に属する組合員数が急増したのである。

一方，朴政権と全政権は，労働組合の組織形態をそれぞれ産別と企業別にすることを強制したが，複数労組を避けようとした。「複数労組の禁止」という労働組合法上の悪規制は，1997年まで存続したが，1996年末から1997年初めにかけて繰り広げられた労働法改悪反対のゼネストの結果，政府が上部団体だけに限り複数労組を認めることになる。これは，最小限，民主労総の合法化を認めることを意味した。しかしながら，事業場と企業のレベルでは，依然として複数労組が禁止された。複数労組の禁止が労働基本権を制約するものであるという国内外の批判を考慮し，政府は事業場と企業レベルの複数労組を認めることにしたが，5年間は猶予するとの条項を挿入した。ちなみに，韓国では労働組合の専従者の賃金を使用者が支給してきたが，それを不当労働行為とみなし

処罰する条項をも設けた。複数労組が認められる状況で、使用者が専従者の賃金を支払う場合、負担が大き過ぎるという反発を意識したからである。しかし、これも複数労組の5年間猶予と連動させて同期間猶予することにした。

　こうして、企業レベルの複数労組の解禁と専従者賃金支給禁止が5年間猶予されたが、2001年、韓国労総と韓国経総（旧日経連に当たる組織）、そして政府は再び5年間猶予することに合意した。結果、2007年、10年間猶予されてきた企業レベルの複数労組の解禁と専従者賃金支給禁止が実施されれば韓国の労使関係に大転換が起きると予想された。複数労組の解禁により、産別労組と企業別労組、そして理念と運動方式を異にする労組の間の競争や、さらには御用組合を活用しようとする使用者の戦術が予想された。また、中小企業の労組は、専従者賃金支給禁止により、組織そのものの存立が危ぶまれると憂慮された。こうした状況の中で、一部労組が選択したのが産別労組への組織転換であった。すなわち、組織を大きくし複数労組の解禁後労組間の競争時代に主導権を掌握し、なお自らの財政で専従者賃金を支払うことが必要であると、判断したのである。

　しかし、韓国労総と韓国経総等は、2006年9月、複数労組の解禁と専従者賃金支給禁止の猶予期間をまた3年間先延ばすことに合意し、二つの条項の施行は2010年1月となった。この合意は予想しなかったものであった。これに対し、国内外での非難が相次いだものの、結果的には産別労組に集結しようとする緊張感が弱まることとなった。にもかかわらず、産別転換を進めてきた民主労総傘下の金属労組と保健医療労組、そして韓国労総傘下の金融労組は産別交渉に向けた努力を積み重ねた。以下では、これら韓国の三大産別労組に焦点を当てて産別交渉の展開等を紹介・評価することにする。

3．金属，保健医療，金融部門の産別交渉の実態

(1) 金属の産別交渉

　1998年，全国民主金属労働組合連盟，自動車連盟，現代グループ労働組合総連盟の3組織の統合により出発した金属産業連盟は，早期に産別への転換をはかったが，2001年2月，全国金属労働組合がスタートした時点では，中小企業の労組を中心に約3万人が結集したに過ぎなかった。その後，組合員数が4万人に増えたものの，現代自動車等の大企業労組が産別労組に加わるにはなお6年間の年月を要した。その6年間で中小企業労組を中心とした金属労組は，表3－6でみられるように，対角線交渉から地域集団交渉，そして中央交渉へと超企業単位の交渉を発展させた。その間，使用者に対する果てしない圧迫闘争を通じ，結局使用者団体をも創らせるにいたった。

　しかしながら，依然として事業場（企業）単位の補充交渉で賃上げ額（率）が決定されるなど，企業別交渉の慣性を脱皮したとは言えず，中央－支部－支会の3層交渉と重複争議等で使用者の反発を買うこともある。また，中央交渉の合意内容には，損害賠償・仮差し押さえ禁止，外国人労働者や非正規職にも適用される最賃の設定，製造業空洞化防止のための努力等が明示されるなど，その方向性は評価すべきであるが，具体的な内容を担保することができないという限界もある。したがって，金属産別交渉は，組織，議題，形式，政策力量等の側面でいくつかの課題を抱えていたが，2006年6月以後，現代自動車等の大企業労組が産別組織に加わり，こうした課題がより高い水準で解消されることが求められている。

　前述のように，2006年6月，現代自動車，起亜自動車，GM大宇車等の大手自動車メーカーの組合だけではなく多数の中小企業の組合も産別転換への決議を行い，計28組合，10万人以上の組合員が新たに金属産別労組に加入することになった。金属労組は，新たに加入した労組を含めて団体交渉を準備するにあ

表 3-6 金属労組の交渉の発展過程

年度	闘争の発展	交渉形態の発展	労働協約の発展	使用者側の変化
2001	時期集中闘争	対角線交渉 (慶州は集団交渉)	事業場労働協約承継 (前文に集団交渉有効期間)	
2002	支部別統一闘争	支部集団交渉 支会対角線交渉	基本協約合意	全国労使実務委員会
2003	全国統一闘争	中央交渉 支部集団交渉 支会対角線交渉	週休二日制等を中央交渉で合意	交渉締結権の委任，金属労組関係使用者会議
2004	全国統一闘争	中央交渉 支部集団交渉 事業場補充交渉	中央協約の発展と事業場労働協約体制の整備	交渉締結権の委任，金属産業使用者協議会（準備委員会水準）
2005	全国統一闘争	中央交渉 支部交渉 事業場補充交渉	中央協約の発展と事業場労働協約体制の整備	金属使用者協議会（使用者団体構成推進）
2006	全国統一闘争	中央交渉 支部交渉 事業場補充交渉	中央協約の発展と事業場労働協約内容の整備推進	金属産業使用者協議会社団法人出帆
2007	自動車メーカー4社等の大企業支部を3年間容認	既存労組の3層交渉持続，自動車メーカー4社等との対角線交渉	既存金属労組の労働協約と大企業支部（自動車メーカー4社）労働協約の二重体系	自動車メーカー4社が次年度から中央交渉参加確約書を提出
2008	自動車メーカー4社等の大企業支部を3年間容認	既存労組の3層交渉持続，自動車メーカー4社等との対角線交渉	既存金属労組の労働協約と大企業支部（自動車メーカー4社）労働協約の二重体系	中央交渉に引き続き不参加，その後，参加確約書を再確認

たり，2006年11月の代議員大会で，大企業支部を3年間に限って認めることにした。そのため，現代自動車，起亜自動車，GM大宇車，双竜自動車，マンド等の5つの企業の労組は，当分の間，企業別交渉が避けられないとみられる。既存の金属労組でもマンド労組は組合員数が多いので企業支部と認められたが，大手自動車メーカーの組合も支部と認められ，大企業支部と地域支部が共存することになる。転換期でもあるので，不可避なところもあるとみられる。したがって，2007年と2008年の場合，組合側は，中央交渉以外に地域支部交渉と大企業支部交渉をそれぞれ準備するという様相を示した。

使用者側は，組合の産別労組への組織転換にもかかわらず，産別団体交渉に対する拒否感を非常に強く持つだけでなく，具体的な交渉の枠組みを定めるための論議と探索を必要としたので，大企業は金属産業使用者協議会という使用者団体に加入することを躊躇している。とともに，中央交渉への参加については，「一旦拒否」以外には明確な立場を示していない。ただし，全国的に労使関係の中心というべき現代自動車では，産別交渉に対する全面拒否がもたらしうる数年間の対決を避けるために，「条件付き参加」を組合側に伝えて産別交渉構造をつくるために共同で努力していくと答えたようである。

　結局，現代自動車をはじめ大企業の使用者は，使用者団体に加入するか中央交渉に参加することを事実上拒否した。その後，労使交渉の焦点は，2008年以後産別交渉に参加するという約束，すなわち，確約書を取り交わすことができるかどうかにあった。企業の対応により３つの形態に分けられる。すなわち，2007年が過ぎた段階で，使用者団体に加入した企業90社，使用者団体に加入しないが中央交渉の内容が適用される企業20社，中央交渉に参加しない企業112社等である。

　2007年の場合，金属労組に新たに加入した組合が組織されている企業は，使用者団体の構成や中央交渉への参加に否定的でありながら，すでに金属労組に対応する金属産業使用者協議会が組織されているため，中央交渉はその労使を中心に展開された。中央交渉は，思ったより大きな困難のない中で進み終了したが，その理由は，韓米FTA反対ストという不法政治ストが突発変数として作用し意外と中央交渉に力を集中することができず，なお，いち早く現代自動車グループの条件付き参加を受け入れて2008年以後の確約書をもらうことに焦点を置きながら，７月11日の５次交渉以後は，既存の金属労組と金属産業使用者協議会との間に形成されてきた交渉パターンを踏襲することにより，中央交渉の意味が縮小したからである。

　このように，2007年金属産別交渉で中央交渉が力を発揮できなかった理由の一つは，韓米FTA反対ストにより，主要幹部が指名手配されるなど組織力が弱化し，組合員のストに対する疲労度が高まったことで，大企業支部交渉の目

標を「確約書」をもらうことに留めたからである。2008年以後は中央交渉に参加するという確約書を提出した企業をみると，現代自動車，起亜自動車など大企業はもちろんのこと，100人未満の小企業も多数含まれており，計36企業，10万人が2008年から産別中央交渉に含まれるとみられる。しかし，確約書の内容はそのほとんどが曖昧で，「努力する」という表現にとどまるものが多く，ロテム，現代製鉄，双竜自動車等では，現代自動車や現代自動車グループの決定に連動しようとする姿勢もみられた。

このように，産別中央交渉のカギを握っている現代自動車の場合，10月中に産別交渉準備委員会を構成するという以外は，事実上，拘束力のある合意を結ぶことができなかった。その結果は2008年交渉で現れた。すなわち，金属労組が2007年よりもさらに積極的に産別交渉に参加するように要求したが，現代自動車は，保守性の強い李明博政権がスタートしたことを機に，頑として産別交渉には応じようとしなかった。結局，2009年以後の参加を約束する確約書を取り交わし，労使交渉は終了した。

地域支部交渉は，支部により多少違いがあるものの，賃金に関する実質的な交渉は，従来と同様，企業レベルで行われた。結局，2007年の金属労組の地域支部交渉は，2006年までの支部交渉を継承・発展させるよりは大企業労組の合流という新しい環境のなかで，中央交渉の成立と金属労組体制の承認および組合同士の統一性の確保に力を注いだとみられる。その結果，2007年と2008年の場合，金属労組地域支部交渉は，大きな争点もなく終了した。

さて，大企業支部は，3年間という期限付きで，支部交渉が認められたが，代表的な事例として現代自動車の労使交渉をみることにする。上記のとおり，2007年の場合，現代自動車が産別中央交渉に参加したり産別交渉構造を具体化したりすることは「論外」のものとなった。残った問題は，現代自動車の労使交渉がどういう結果で終わるかであった。マスコミで「10年ぶりのストなしの妥結」と大きく報じられたように，ストを経ずに9月4日，電撃的な労使合意が成立した。しかし，現代自動車労使交渉の妥結内容をみると，大企業支部の実利主義と支払い能力を背景に，あるいは，支払い能力を超える労使の談合が

顕著に現れたという面で否定的な側面が，肯定的な側面より大きいと判断される。また，こうした交渉内容は，2008年でも同様で，昼夜2交替を廃止し昼間連続2交替制を2009年9月から導入すると合意した以外には，組合が実利を確保する形で交渉は終了した。

　結局，2006年6月，産別への組織転換を決議してから迎えた産別次元の2回の支部交渉でむしろ大企業支部の実利主義が深まった。産別中央交渉への参加に関連しては，上記のとおり，曖昧な約束を取り交わすのにとどまった。その結果は，産別転換を通じて，大－中小企業間の賃金格差の縮小を中心に労働市場の両極化を乗り越えるのに役立つべきである，という社会経済的な要請に反するものであり，逆にいえば，韓国の金属産業において産別労組と産別交渉を定着させるのがどれほど難しいかを反証するものでもあった。

(2) 保健医療の産別交渉

　約4万人の組合員を組織している全国保健医療産業労働組合は，1988年の病院労連の結成以後，1990年代中盤から産別組織化のための努力[2]を行った末，経済危機直後の1998年2月に産別労組に転換した。

　2004年の産別ゼネストの末，最初の産別交渉を勝ち取ることができた。2005年の中労委の強制調整を経て，2006年に初めて産別5大協約書を締結するにいたった。2007年，産別交渉4年目を迎えて使用者団体である保健医療産業使用者協議会が正式に発足する（5月8日）ことで[3]保健医療労使は，より安定的で成熟した交渉文化を示している。表3－7は，このような保健医療産別中央交渉の進行経過を要約したものである。同表で確認できるように，対象企業の80％前後が産別中央交渉に参加してきた。保健医療労使交渉は，中央交渉とともに進められる病院特性別交渉，そして企業支部交渉の2段階交渉構造となっている。

　このような保健医療産業交渉の安定化傾向は，産別ストに対する恐れや世間の認識とは違って，表3－8のとおり，産別レベルのストが縮小してきた事実からも確認できる。これに関連して，殷スミ［2007］が中央交渉に参加した企

表 3-7　保健医療産別中央交渉の進行経過

	2004年	2005年	2006年	2007年
産別交渉参加病院(対象病院数)	104(127)	93(127)	103(120)	102(116)
参加率	81.9%	73.2%	85.8%	87.9%
使用者代表	私立大学病院が大韓病院協議会に委任，特性別代表団構成	(中労委勧告以後)使用者代表団構成(特性別)	・特性別使用者交渉代表構成 ・使用者団体構成に合意	・保健医療産業使用者協議会正式出帆 ・最終的に3人代表団構成
交渉期間	3月17日～6月23日（3カ月5日間）	4月12日～7月22日（3カ月10日間）	5月3日～8月25日（3カ月22日間）	4月23日～7月6日（2カ月13日間）
交渉構造	①産別中央交渉と産別現場交渉の2段階構造，同時・並行推進 ②産別調整申請と支部別調整申請並行 ③医療労使政構成に合意	①同左 ②同左	①同左 ②同左 (未組織交渉と対政府交渉の並行推進) ③医療労使政委構成に再合意	①同左 ②同左 (未組織交渉と対政府交渉の並行推進) ③医療労使政委の細部推進日程に合意
争議調整申請	・5月25日（交渉スタート後，2カ月8日） ・121支部36,405人	・6月22日（交渉スタート後2カ月10日） ・113支部33,226人	・8月5日（交渉スタート後3カ月） ・113支部32,361人	・6月9日（交渉スタート後1カ月17日） ・116支部34,953人
職権仲裁	職権仲裁保留 ・合法的なスト許容	強制仲裁	仲裁にかけるのを保留	条件付きで仲裁に回すのを保留
産別スト	14日（66病院）1万人スト	3日（12病院）	1日（7病院）	幹部，代議員スト
争議基金	1人当り7万ウォン	1人当り6万4千ウォン	1人当り6万ウォン	1人当り4万ウォン
特記事項	・最初の産別協約の締結 ・週休二日制実施に合意 ・ソウル大学病院支部等が産別協約に反発，困難を抱える	・職権仲裁で産別協約の締結に失敗 ・ソウル大学病院等一部の支部が産別脱退	・2次産別協約の締結 ・下半期労使関係先進化ロードマップ阻止幹部スト，集団丸刈り ・脱退支部，公共連盟傘下医療連帯労組として出発	・正式の使用者団体を構成 ・非正規職産別合意 ・医療法幹部スト闘争

出典：保健医療労組政策室『労使政委員会団体交渉体系改善委員会発表資料』2007.7.24。

表 3-8 スト現況（保健医療）

区分		2004年	2005年	2006年
中央交渉	労働損失日数	13日ゼネスト	3日ゼネスト	1日ゼネスト
	労働者1人当り損失日数	—	—	0.02日
交渉参加企業**	労働損失日数	122,749日（66病院）	3,789日（12病院）	919日（7病院）
	労働者1人当り損失日数	2.7日	0.3日	0.02日
	労働損失日数（比重）*	10.3%	0.45%	0.08%
交渉不参加企業	労働損失日数	152日（1病院）	0	13,614日（5病院）
	労働者1人当り損失日数	3.2日	0	3.4日
	労働損失日数（比重）	0.01%	0	1.1%

注：＊総労働損失日数に対する保健医療交渉参加企業労働損失日数の比重（総労働損失日数は2004年1,197,201日，2005年847,697日，2006年1,199,767日）。
　　＊＊交渉参加企業と交渉不参加企業は中央交渉および支部，支会交渉のすべての数値を合わせたものである。
出典：労働部『労使紛糾DB』，殷スミ［2007］から再引用。

業のスト性向がもっと低いと主張しているが，興味深い指摘である。2007年，ソウル大学病院，延世医療院等大病院での大型ストが保健医療産業労組の加盟組織ではなかったことからみると，そのような主張は一定程度説得力を持っている。

　保健医療労組は，金属とは違い，中央交渉で賃上げを取り扱っているが，賃上げの場合でも，相当程度の安定度を見せている。表3-9は，保健医療労組産別交渉結果，全産業の平均はもちろんのこと，保健および社会福祉事業の平均に比べても低い賃上げが行われたことを示す。特に，2004年の場合，労働時間短縮のために賃上げを低く設定する戦略的柔軟性を示している。

　このように，中央レベルの賃金交渉の柔軟性は，2007年交渉でも見られたが，特に世間の注目を集めたのは，賃上げの財源の一定部分を非正規職のために割いたことである。表3-10のとおり，病院の特性別に正規職賃上げ以外に具体的な非正規職対策財源を明示することで産別労組がもつ連帯の原理を如実に示

表3-9　保健医療産業の協約賃上げの推移

(単位：％)

		2004		2005		2006	
保健医療産別交渉	週休二日制実施事業場	1.0	公共部門	3.0	私立大	4.5
					民間中小	3.5
	週休二日制未実施事業場	2.4	民間部門	5.0	地方医療院	5.5
					国公立大	2.0以上
保健および社会福祉事業		5.4		5.1		4.4
全産業		5.2		4.7		4.8

出典：殷スミ［2007］。

表3-10　保健医療労組正規職の賃上げと非正規職の正規職化等の非正規職問題解決費用

特性別	2007賃上げ総額	正規職賃上げ	非正規職問題解決費用
私立大病院	5.3%	3.5%	1.8%（平均基準）
国立大病院	4.0%	2.5%	1.5%
民間中小病院	4.3%	3.0%	1.3%
報勲，原子力，赤十字等	上の基準に準じて非正規職問題を解決		

出典：保健医療労組政策室『労使政委員会団体交渉体系改善委員会発表資料』2007.7.24。

したとみられる。実際，こうした合意に基づき，保健医療労使は，総323億ウォンの財源を使い，67病院の2,384人を正規職に転換して傘下組織の非正規職割合が20.39％から16.79％へと下がったと推計している（保健医療労組政策室）[4]。

　以上のように，保健医療労使の産別交渉は，4年という短期間のうち，産別交渉の枠組みをある程度整えるのに成功したとみられる。産別協約も雇用協約，賃金協約，労働過程協約に加えて，医療の公共性とサービス特性を反映した保健医療協約，そして最後に，これらを一つに束ねながら，産別交渉の礎石の役割を果たす産別基本協約の5大協約体系を構築し，労使の要求と対応もそれに合わせて進められている。2007年団交の結果，「産別中央労使協議会」，「非正規職対策労使特別委員会」，「医療労使政委員会」等様々な層位と範疇の協議機関を構成することにしたのも対決的になりがちな団交以外に様々な対話と参加のツールを構築した点で肯定的に評価できるだろう。

しかし，問題点がないわけではない。保健医療の使用者も二重交渉と重複争議に対する問題を提起しており，特性と規模間の差異も一貫して集中交渉に障害要因として指摘されている。それに，使用者側の社労士への交渉権の委任問題，使用者が独自に要求案を出すことができるのかという問題等がたびたび提起されてきたが，2008年交渉でも同様の問題が生じ交渉が難関にぶつかることもあった。もちろん，その底辺には，ビジネス・フレンドリな政権の登場を契機に，使用者が産別交渉を拒否しようとする戦略が敷かれているとみられる。

(3) 金融の産別交渉

2000年3月に全国金融労働組合連盟[5]から産別に転換した金融産業労組は，韓国労総系の代表的な産別組織として，結成初期の不安定性を乗り越えて，2007年までに8回の産別交渉を比較的無難に進められた[6]。16の銀行支部を中心に37支部8万人余りを組織している巨大産別である金融労組は，経済危機直後に迫ってきた構造改革と雇用調整に対する企業別組合の対応の無力感から自らを救う努力の一環として結成された。約40％の人員が減員される中で，多くの労働組合員も職を離れることになったが，その苦しい過程を経ながら生まれ変わった産別組織であるといえる。

産別交渉に関連してみると，2000〜02年の間，すべての支部の労使代表が参加する集団交渉の形をとっていたが，2003年以降，交渉権，締結権，交渉委員の選定権を委任された銀行連合会が準使用者団体としての役割を果たしながら[7]，支部労使の5〜6人が加わる形となった。幹事交渉と代表交渉[8]を新たに追加するなど産別交渉の効率性を高める努力を常に重ねた結果，一定の成功を収めたと評価できるだろう。たとえば，2002年以前は，代表者全体交渉，代表団交渉，役員級実務代表団交渉等，無秩序な交渉形態があったので混乱し交渉期間も長期化したが，その後，大体10回程度の交渉を2カ月内で行いながら団交を終了する慣行を形成してきた。

他の産別と同様に，産別交渉を推し進めたのは組合の力があったからである。金融労組の戦闘性は多少弱化してきたが，使用者側の交渉委員が機関の代表で

構成されなければならないという組合の原則が2000年以来全期間にわたり貫かれたことからわかるように，労組に内在している交渉力がある。

金融労組は，1999年の構造改革に関連して激しい反対闘争を繰り広げたことはあるが，2002年以後，事実上，争議行為がほとんど姿を消した点で，産別のストにより生じた弊害について議論するための好事例ではない。また，産別に転換しながら企業レベルの労使ではあまり取り上げられなかった超企業議題を選定し，交渉でそれを効果的に貫徹させたのかをみると，2002年労働法改正に先立って週休二日制の合意[9]，2003年職場保育施設の設置および男女平等関連の協約の進展，2004年非正規職の処遇改善に対する別途の協約締結，そして2006年教育訓練および転職体系の構築に関連する合意等が挙げられる（表3-11）。その中で，非正規職に関連して金融産業労組は，2003年の宣言的合意文を乗り越えて，2004年以後，正規職賃上げ率の2倍以上適用（後で2.5倍以上適用），労使が合意した非正規職割合の達成，各事業場が別途定める正規職への転換制度の導入など社会的に多数の有意義な合意を導きだしながら移行した。そういう点で，金融産別の意義は決して小さくはないだろう。

しかしながら，使用者側は二重交渉の弊害を指摘し，議題の分離等を通じてこの問題を解消するように強力に主張した。2007年，使用者団体構成を要求してきた労組に対して，使用者側は見返りを要求した。それにより暫定合意した内容は，表3-12のとおりである。同表でみられるように，労使は，二重交渉を防止するために産別団交で合意した議題を支部補充交渉では取り扱わないと合意し，さらに議題調整委員会を設置して二重交渉問題が発生した際に，調整権を行使する安全装置を設けた。賃金協約以外は産別労働協約の有効期間を2年に延長するという合意を取りつけて，交渉費用を減らそうとする労使の意思と努力を象徴的に示した。しかし，同表の②番条項のために，使用者団体関連の暫定合意事項は結局実現できなかったが，それは，事前に組織内部での情報共有が足りない状況で一部の支部長らがそれに積極的に反対したからである。

しかし，労組内部の組織葛藤が収まって以降，リーダーシップを強化した金融労組は，2008年ついに使用者団体の結成と労働協約の有効期間の2年化を成

表3-11　金融産業労使の各年度主要交渉結果

	各年賃上げ合意書	労働協約に関する合意書	別途合意書内容	その他合意書	交渉期間
2000		○			5/31-10/23
		103条			
2001		○			5/29-8/16
		108条			
2002	○	○	1．非正規職の合理的運用の必要性に共感，労使政委員会の「非正規職労働者特別委員会」の論議結果を反映するように努力。 2．週休二日制勤務に対する労使政委員会「労働時間短縮特別委員会」の活動推移を反映。 3．育児休業期間の給与支給（支部別合意で定める）。 4．従業員持ち株制導入への努力。	週休二日制に関する合意書および追加合意書	4/29-5/23
	6.5% ± a	108条			
2003	○	○	1．職場育児施設設置運営の可否は労使共同調査団の調査報告書の結果に従う。 2．組合財政自立基金への助成に関連して労使共同TF（タスクフォース）を構成し論議。 3．社会的責務に関連し労使共同TFを設置して継続論議。 4．2004年から従業員の長期勤続による安息休暇付与。	非正規職関連共同合意宣言文	5/26-8/25
	5.1% ± a	117条			
2004	○	○	合意書1）使用者と組合は，金融産業の発展等に対する論議のため年2回金融産業労使懇談会を開催，懇談会は労使同数で構成，毎年中央交渉機関を中心に懇談会委員を選任。 合意書2）1．職場保育施設関連，2．組合財政自立助成関連，3．社会的責務関連。	非正規職関連別途合意書	5/25-7/29
	3.8% ± a	118条			
2005	○	○	1．非正規職関連：2004年合意事項誠実移行，2005年賃上げを正規職の2倍，正規職採用の際，非正規職からの採用に積極努力，福利厚生施設平等利用。 2．金融機関の社会貢献関連：国産農産物優先使用，社会貢献のための社会的責務に誠実対応，金融の公共性実現，地方金融の活性化，金融の地域貢献，中小企業発展に最大限努力。		8/29-10/24
	3.8% ± a	119条			
2006	○	○	1．使用者団体関連：使用者団体構成を積極推進，構成のため労使共同実務委員会構成（労使各5人），産別交渉の対象，方法，二重交渉防止対策等を論議する。 2．職場保育施設関連：2004年別途合意内容（共同保育施設設置）は破棄して機関別保育施設を設置，細部事項は開放。 3．定年関連：高齢者雇用安定コンサルティング結果を見てTFを構成し論議する。		8/18-10/27
	2.9% ± a	119条			

出典：権ヒョンジ［2007b］から再整理。

就する。支部委員長の反発は，中央労使委員会の設置，それの四半期ごとの開催という条項を労働協約に盛り込むことである程度解消した。それにより，韓国産別交渉の中で，初めて多年間交渉が導入されることになった。とともに銀

表3-12 金融産業使用者団体の結成に関連する2007年未締結暫定合意内容

別途合意書
①使用者は，2008年度から使用者団体の名義で交渉に臨む。
②産別労働協約の有効期間は，2008年から2年とする。ただし，賃金協約および支部補充協約は1年とする。
③労使は，二重交渉の防止のために産別団体交渉で合意した議題を支部補充交渉で取り扱わない。
④労使は，議題調整委員会を設置し二重交渉問題が発生した際に調整権を行使する。

出典：金融労組。

行連合会より権限が強化された形の使用者団体が誕生した。

2007年，金融産別交渉では，$3.2\% \pm a$の賃上げ案に合意した。各銀行で非正規職に関連して大幅な制度の変化があることに鑑み，非正規職の賃上げ率は正規職より高くした。しかし，産別交渉および支部懸案との調整に関連して産別で中央交渉が進行している中で，賃金や非正規職問題に対する支部の個別合意を引き出してマスコミに発表するなどの混乱にあい，結果的に中央の交渉力の弱化を招いたと評価されることもある。2008年には，経済危機等の外部環境の変化が内部の異論の噴出を抑制したが，それにより多くの異論があったにもかかわらず，12月に賃金凍結を宣言することになった。

全体的にみると，権ヒョンジ［2007b］は，金融の産別交渉の実験は，韓国で労使の妥協に基づく企業別交渉と産別交渉が交差する実利的産別交渉の定着事例になる可能性をもつと評価している。今後の課題に関連しても，「企業と産業の両レベルで提起される問題とそれに対する解決策が柔軟に交差する調節型（coordinated model）」を準拠とする産別交渉体制を構築していく必要があると力説している。

4．産別交渉の争点と評価

韓国では経済危機以後，労働運動の産別転換努力が加速的に進んで，現代自動車等の金属部門，そして事務職労組を代表する金融部門とサービス労組の代表格である保健医療部門など労働運動と社会経済の中核部門で，過去数年間，

産別交渉が試みられ一定の枠組みを整えるのに成功したとみられる。しかしながら，こうした産別交渉の枠組みが今後も持続的に発展していく確信は持てない。それは，何よりも，労使関係の一方の軸である使用者側が依然として消極的な防衛戦略からようやく一歩進んだに過ぎないとみられるからである。にもかかわらず，労組が経済に対しては最小限中立的な影響を及ぼしながら不平等問題の解消に寄与できるようにするためには，交渉の集中度と調整度が高まることが望ましいという視点から，産別交渉から企業別交渉へ逆戻りするという考え方よりは産別交渉の争点を抽出し発展方向を探索することが必要であると判断される。

　第一に，交渉費用に関連し，産別交渉は，企業別交渉システムに比して，二重，三重交渉に伴う費用増加の側面があると考えられる。これは，交渉回数等に関する韓国労働研究院の事業体パネル調査結果からも確認できるところである[10]。しかし，保健医療や金融，また，大手自動車メーカーが産別転換される前の金属労組の経験からみると，明らかに年を重ねながら初期の試行錯誤は減って慣行ができつつあり，それにより，動態的にみると，産別交渉に伴う交渉費用は減っていくとみられる。裵圭植ほか［2008］等をみると，ヨーロッパの場合でも，産別と企業別または事業場レベルの交渉は重複している。そして，その歴史が古くなるにつれて重複交渉に関連して費用の問題を問い詰めることはかえってぎごちないのではないかと思われる。したがって，過去，韓国が必要な調整（coordination）を暗黙的な相場決定（pattern bargaining）に任せ，労使関係に対する積極的な投資をしなかったことに反省すべきところがあるといえよう。結局，問題は，全国－産業・地域－企業－事業場の重層的レベルで労働条件の調整をどう行っていくかに対する経験が足りなかったことから出てくると解釈し，今後重層交渉の費用を減らすため政労使がどのような努力を行うかに焦点を置くべきであろう。

　第二に，重複交渉問題とは違った視点から産別中央が支部や支会（分会）に対する統制力または調整能力を持たない意味での「形だけの産別」問題を検討しなければならない。すなわち，産別転換を果たしたが，支部や支会が事実上

企業別労組の時にもっていた財政と予算はもちろんのこと，争議権，交渉権等をそのまま持っていることが問題になる。実際，金属労組の場合，産別委員長は交渉締結権を持っているが，特に大企業支部に対する交渉権を掌握しておらず，争議権は支会（分会）レベルでも行使できるようになっている。また，金融労組の場合も産別転換したにもかかわらず，支部専従者数の変化がなく，さらには産別本部への専従者の派遣の可否を支部が決定しているため，産別本部が事業を持続的に推進していけるかどうかが支部執行部の交代で決まる可能性もある。財政の側面でも金融労組の本部会費は2003～06年の間，10％，15％，20％，25％等持続的に増加してきたが，本部予算の中で，一部（5～10％）を再び事業費として支部に還元するなど財政の集中性はそれほど高くない[11]。結局，交渉権，締結権，争議権と財政および人材の中央集中度が高くならなければ，使用者が提起する二重交渉と重複争議の問題を解消しがたいという点で，各産別労組内部で交渉の進展に合わせて組織構造を絶えず再検討する努力がなされるべきである。そうしなければ，費用だけが上がり利点はないという使用者の不満を抑えることが難しいとみられる。産別労組の組織構造と運営原理に対する再検討とともに，もっと重要なのは，労組指導部のリーダーシップである。韓国労働運動は全体的にリーダーシップの脆弱性のため苦戦しているが，特に産別交渉の安定化のためには，支部や支会に対する規約上の統制権を論じる前に活動内容の側面で指導性を発揮することが重要であると強調したい。

　第三に，産別労組に転換した場合，政治ストと同情ストを乱発し労使関係が不安定化していく恐れがある。現に，15万の巨大産別へ転換した後の金属労組は，まず韓米FTA反対ストを行った。しかし，金属労組は，そのため，指導部の手配と組合員のスト疲労度の増大，そしてマスコミからの大々的な批難の攻勢を受けなければならなかったし，結局，産別ストをきちんとすることもなく曖昧な「確約書」を取り交わすにとどまらざるを得なかった。すなわち，金属労組は，無謀な闘争は逆風に遭うということを経験したのであり，そういう点では産別交渉の進展のための陣痛であったと評価できるかもしれない。一方，保健医療産別と金融産別の場合，そうした政治ストを行ったことがないという

点で，産別労組と政治ストを等置させるのは無理があるといえよう。むしろ，保健医療労組の場合，医療の公共性に関連した社会的議題を積極的に提起し対政府交渉も体系的に準備してきた点において，政治闘争以前に社会的責任に関連した産別労組の役割拡大が必要であるとの要求に応えてきたとみられる。

第四に，産別労組が組織拡大を通じて労使間の力関係の逆転，または不均衡を深めるのではないかという憂慮がある。4万人組合員時代から金属部門でそういう声が2001年以降持続的に提起されてきた。筆者も公益委員の一員として参加した労使政委員会団体交渉改善委員会の会議席上で保健医療および金融部門の使用者もそういうことに言及した。産別交渉を好まなくても結局交渉に参加して使用者団体を構成するにいたったのは，自社の労組幹部だけではなく中央とその他の事業場の幹部までもが動員された威力デモに屈服せざるをえなかった結果である。使用者は，そういうことを嘆いている。そういう点で，平和で秩序のある要求と協議，対話に出ようとする労働組合側の努力が必要であると判断される。ただし，当初，労働組合が結成されて初めての団交が試みられた時にもそういう経験があったことを思えば，産別固有の問題とは言い難い。結局，労働条件決定方式および交渉形式に関連して相互の立場の尊重とそういう慣行の確立ができるまでは一定の力争いが不可避であるという点で，使用者団体が設立される現段階でこの問題を持ち出すことはさほど生産的な論議とは言えない。

第五に，経済危機直後，多くの組合が産別転換を果たし産別交渉を模索したのは，企業レベルでは雇用の安定を図ることが難しいという危機意識を労働者が持ったからである。では，雇用の安定という目的はどれほど達成できているのか。経営者がよくいうように，雇用安定は市場または顧客がもたらしてくれるものだから産別転換が雇用安定のための完全な保護措置となるのは難しいだろう。しかし，2007年，保健医療労使の非正規職一部の正規職転換および処遇改善への合意，そして2004年以降，金融労使が展開している非正規職の無期契約化，または処遇改善等を見ると，今後は非正規職の活用の費用が増加するか活用そのものに制約が加わり，少なくともこれらの部門では，無分別な非正規

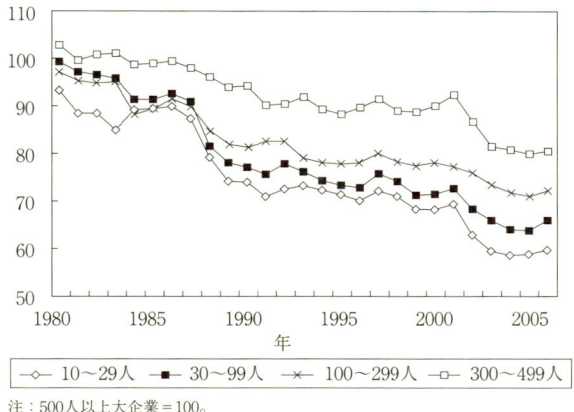

図3-1　企業規模間賃金格差の推移

注：500人以上大企業＝100。
出典：労働部『毎月労働統計調査報告』各号。

職の活用が減ると予想される。これは，産別交渉のもたらした最大の成果の一つであろう。

　第六に，それにもかかわらず，過去十数年間，大企業と公企業等の安定的な雇用は減り，非正規職と中小零細企業の雇用が増えた理由の一つが，賃金格差をねらった使用者の外注化または間接雇用（構内下請または派遣，用役）の拡大であった点で，根本的に大－中小企業間，雇用形態間の賃金格差を減らさなければ，雇用の不安とディーセントワークの減少は避けられないという現実を直視すべきである。そういう点で，労働運動は，経済危機以後，雇用安定に最優先の価値をおいて活動を展開してきたが，賃金，労働時間，雇用の総合的な考慮から交渉議題を発掘して要求を貫徹させるうえで十分であったとはいえない。これは，基本的に企業別労組に破片化した組織構造の中で個別企業の労働組合が，自分の組合員の雇用を守り高い賃上げを勝ち取るのには成功したかもしれないが，全体労働市場の変化を読み取ることはできなかったからである。したがって，図3-1のとおり，規模間賃金格差がさらに拡大する中で，この10年あまり，世界的に戦闘性の高いといわれる韓国製造業の労働組合は，労働者数が減少することにも，組合員数が減っていくことにもまともに対応できな

かったとみられる。

　そういった点で産別労組の最優先目標の一つは，連帯賃金（solidarity wage）戦略でなければならない。しかし，保健医療労使の賃金安定化合意以外に大－中小企業間の賃金格差の縮小努力はあまり見当たらない。ただ，金融労組が非正規職の賃上げ率を正規職の2.0～2.5倍にしたことと，金属と保健医療労組が産別最賃に力を注いだのは高く評価すべきであろう。

　第七に，使用者団体に関連するものとして，金属産業使用者協議会が2006年，初めて労働部長官の認可を得た。2007年には，保健医療使用者協議会が発足し産別交渉に臨んだ。また，金融産業の場合も，2008年交渉の際に使用者団体の結成に合意し，2009年初めに同団体が発足した。もちろん，金属部門の場合，大多数の大企業使用者がまだ使用者団体に加入していない点で限界は明らかにある。鄭イン［2007］の研究によれば，大多数の使用者団体は労働運動の成長と労働者に有利な労働関連の法律が増加すれば，それに脅威を感じそれに対応する過程で成長してきた。そういう点から韓国で経総以外に使用者団体が登場したことは，それほど産別に向けた労働運動の攻勢が激しくなったことを意味するとみられる[12]。逆にいえば，金属部門の大企業の場合は，いまだに産別交渉への参加圧力を強く受けていないということを意味する。今後，金属大企業が使用者団体に加入し主導的な役割を果たしていくか，また，保健医療や金融部門で使用者団体がさらに力をつけて産別交渉に能動的に対応していくかは労組との相互作用により決定されるものとみられる。すなわち，労組が「形だけの産別」にとどまる場合，使用者の結束力は容易に緩くなるであろう。にもかかわらず，使用者は互いに非公式的な協議を強化していくことはつねに必要であろう。すなわち，保健医療産別交渉等で現れたように，社労士を交渉の前面に立てることは望ましくないし，経済と当該産業の中心的な役割をする使用者が中心となって交渉の内容と形式を直接調整していこうとする努力が緊要である。

　以上の争点に対する評価を通じてみると，保健医療産別の場合，もっとも進んでいる産別交渉の形式を整えて内容を固めているとみられる。金融は，企業

第3章　産別労組および産別交渉の実態と評価　115

別と産別の特性が混在しており，経済危機直後の雇用調整という緊迫した状況が解消されている中で，産別中央に資源を集める戦略的な判断が弱まっているとみられる。それは，特に2007年交渉での支部別非正規職対策や賃金交渉形態等から推論できる。金属の場合，組合員4万人時代には諸般の問題点があったにもかかわらず，「中央交渉が妥結しなければ支部・支会交渉の妥結はなし」という原則を立てそれを堅持することによってそれなりの安定した交渉の道を探したように見られたが，2006年，大企業労組が産別労組に加わってから，むしろ大企業労組の遠心力が既存の金属労組の求心力を弱化させているのではないかと憂慮される。

　保健医療労組も産別交渉における問題点を抱えているが，相対的に成功したと評価できるのは，組合員構成が金属に比べて同質であり[13]，また，長い間，集団行動の経験を蓄積して政策立案能力とリーダーシップが安定しているからであると解釈できる。また，ソウル大学病院支部など理念の異なる一部の勢力が離脱して事実上単一の政治的立場として政策の立案と執行の一貫性を備えたことも肯定的な影響を及ぼしたとみられる。一方，金属労組の場合，業種，職種，地域，政治的立場等の面で，非常に幅があるので結束力と執行力が弱く，議題選定も難しく，産別中央交渉に対する組合員の関心度が落ちざるを得ないという点に注目する必要がある。金融産別労組の場合，政治的立場の異質性等の問題がなく，保健医療労組のように，比較的均質した業種と職種構成を見せているため，産別交渉が早期に定着したとみられる。しかし，事務職労働運動としての戦闘性の限界と相対的に高い賃金等による，組合員の組合活動に対する消極性は，金融産業の公共性強化や構造調整に対する能動的な対応には否定的な影響を及ぼすとみられる。

5．おわりに

　韓国において，産別交渉が現在より進展して超企業単位の交渉形態として定着するか，それとも「形だけの産別」にとどまりながら旧連盟体制と内容上違

わない，事実上の企業別体制へ回帰するかを展望するのは容易ではない。それは，労使主体の志向や実力とともに社会経済的環境に左右されるからである。一方，今後の展望は，過去および現在に対する評価と関連するので，労組側は，産別転換以後現れた肯定的な側面を浮き彫りにしようとし，否定的な側面は完全な産別体制が定着するまでの過渡期的困難であると片づけようとしている。その反面，使用者側は，産別転換期に起きている困難は一時的なものではなく産別に内在している構造的な問題と認識しているように見える。したがって，果たして交渉費用の軽減が現れて企業内部の葛藤が外部化できるかについて疑問を持っているように見える。もっと根本的に，労組側は，産別化を通じての雇用と所得の安定，そして社会的政治的な役割拡大に対する希望のある展望を持ち，使用者側は，企業内労組を相手にするのも費用がかかるうえに，企業外の部分まで神経を使わなければならないのかについては否定的な認識をもっているとみられる。

今後，使用者団体の義務化や産別協約の適用拡張等産別交渉の定着のために政府に法制度の整備を要求する前に，労使は自律的で生産的な交渉文化をつくり出すために集中的に努力する必要がある。ただし，保健医療の産別交渉の早期定着には労働委員会が職権仲裁を柔軟に適用したことや，労働部が最後に両者の折衝に積極的であったことが大きく役立った。そういうことから，政府がどのような立場をとるかが産別交渉の発展に重要であるという点は，繰り返し強調するまでもないと思われる。

注
1) 本章において，できるだけ最近までの組織化と交渉結果を反映しようと努力したが，2008年産別交渉に対する評価は，まだ時期尚早の感がするし，また，統計と関連して入手可能な資料に制約があるので，結果的にやや過去の実態を取り扱うことになってしまった。読者諸賢のご理解を請いたい。
2) 病院労連は，1993年，連盟の合法性を確保したうえ，1994年には共同交渉を進めた。それを背景に産別研究小委を構成し，1997年3月，産別推進委を結成してから1年目で産別労組への転換を果たした。

3) 2007年10月18日現在，使用者団体に加入している病院は96，未加入病院は27である（加入率78％）。
4) それに加えて，直接雇用非正規職の差別是正が42病院1,541人，非正規職の処遇改善が51病院2,717人にいたり，清掃・用役等間接雇用労働者11病院1,285人が病院の診療費の減免とお正月・お盆手当の新設等の処遇改善に合意したという。また，産別レベルの最賃は主として間接雇用労働者に適用されるだろうという（保健医療労組政策室）。
5) 2004年2月の金融労連代議員大会を最後に解散。
6) このような安定した交渉の根底には，従来の連盟体制から引き継がれてきた共同交渉の経験，そして他産業とは違って大企業労組の主導的な参加があったという点などがある（権ヒョンジ［2007b］）。
7) 銀行連合会内に産別交渉および労使関係の事案をもっぱら取り扱う労使協力チームが新設された。
8) 交渉の最終段階で交渉が謬着状態に陥った時に，労使が各交渉代表（組合委員長と銀行連合会長）に委任し交渉するようにするためである。
9) これについて，権ヒョンジ［2007a］は，「労働時間短縮は，産別固有のアジェンダー形成と産別交渉の社会的波及力に対する典型をしめしながら産別転換の象徴としての役割をすることになった」と積極的に評価している。
10) 韓国労働研究院の事業体パネル調査（2005年末基準，2006年調査）資料によれば，300人以上民間大企業の場合，超企業交渉を行った場合，賃金交渉期間は平均2.4カ月かかったが，企業別交渉を行った場合，2.1カ月しかかからなかった。また，賃金交渉の回数も超企業交渉の場合，15.6回である反面，企業別交渉の場合，13.4回にとどまった。賃上げ率では，超企業交渉が5.1％，企業別交渉は5.9％を記録した。中小企業の場合，超企業交渉が5.1％，企業別交渉が4.7％と超企業交渉が企業別交渉に比べて賃金格差を縮めていることが明らかになった。今後，より深い追加分析が求められる。
11) 金属労組の場合，産別労組に収めた組合費の中から16％は基金として積み立てて，残りの84％は，地域支部の場合，産別組合18：支部18：支会48の割合で配分される。企業支部の場合，産別組合30：支部（支会を含む）54の割合で配分される。相対的に金融労組に比べて組合費の配分が体系化されているが，3層構造から避けられない選択であるという側面もあると判断される。
12) 使用者団体の必要性についての銀行連合会の論理は2004年の自らの交渉評価書にも現れる。「産別交渉の企業別交渉への回帰が，使用者の選択肢として意味をなさなければ，産別交渉を既成事実として受け入れて，産別交渉にもっと能動的に対応する必要がある」（権ヒョンジ［2007b］から再引用）。

13) 2006年現在，保健医療労組組合員の内訳をみると，性別では女性が80.3％，職種別では看護師52％，医療技師14％，助務師10％の構成である（保健医療労組政策室）。

参考文献

裵圭植ほか［2008］:『ヨーロッパ産別団体交渉と団体協約研究』韓国労働研究院。
裵圭植・尹ジンホ・ジョヒョレ・李ジョンヒ［2008］:『87年以後労働組合と労働運動—韓国労使関係システムの変化と未来展望』韓国労働研究院。
殷スミ［2005］:『2005年度労使紛糾実態分析及び評価：保健医療部門』労働部。
殷スミ［2007］:「費用と効果の側面からみた産別交渉：保健医療及び金属産業を中心に」『経済と社会』2007年秋号（75号），韓国産業社会学会。
殷スミ・鄭ジュヨン・李ジュヒ［2008］:『産別労使関係，実現可能な未来か』韓国労働研究院。
殷スミ・李ジョンレ［2006］:『2006年度労使紛糾実態分析及び評価：保健医療と金属産業部門』労働部。
林ヨンイルほか［1994］:『産別労組論』未来社。
鄭イン［2007］:「労働統制下の使用者団体の役割とサービス：経営者総協議会の生存と成長，1970～1987」韓国労使学会夏学術大会発表文。
趙性載［2006］:「産別労組転換以後金属産業の労使関係」韓国労働研究院『労働レビュー』2006年7月号。
趙性載［2007a］:「金属産別交渉の争点と課題」『産別交渉の主要争点と課題』韓国労働研究院討論会，2007.6.21，中小企業中央会館大会室。
趙性載［2007b］:「産別交渉の実態と改善方向」経済社会発展労使政委員会産別討論会発表文，2007.12.6，ソウル労働庁講堂。
趙性載・金ジョンウ［2007］:『韓国の労使関係変化推移分析及び新しい労使政策の方向』労働部・韓国労働研究院。
金クムスほか［1996］:『産別組織の過去，現在そして未来』韓国労働社会研究所。
金廷翰・鄭ジンホ・金ジョンウ［2008］:『2007年労働組合組織現況分析』労働部・韓国労働研究院。
権ヒョンジ［2007a］:「金融産別交渉の争点と課題」『産別交渉の主要争点と課題』韓国労働研究院討論会，2007.6.21，中小企業中央会館大会室。
権ヒョンジ［2007b］:「金融産別交渉の現況と課題」労使政委員会団体交渉体系改善委員会発表資料。
李ウォンボ「1960～70年代韓国の産別労組」金クムスほか［1996］の第10章。
OECD［2004］: *Employment Outlook*, Paris.

第4章　非正規[1]労働の現状と課題

李　秉勲

1．はじめに

　非正規職[2]は，韓国では単純に雇用形態を称することを超えて労働両極化（labor polarization）の弊害を表すものとして，さる10年余りの間，社会的な核心争点となった。もちろん，非正規職は，グローバル化による市場競争が激化している中で，政府の労働市場の柔軟化政策と企業の労働力管理方式の再編を通じて増加した。それは，韓国だけではなく西欧諸国と日本でも共通した現象である。しかし，韓国では，非正規職の問題が雇用の量と質の面において他国に比べてはるかに深刻である。というのは，1997年の経済危機を機に急増した非正規職が全労働者の過半を占めていて，正規職に比べて著しく低い賃金，劣悪な福利厚生，雇用不安そして社会的なセーフティーネットからの排除などのように非常に差別的な雇用条件にさらされているからである。

　現在，韓国社会で非正規職は，低賃金－不安定就業－社会的排除（social exclusion）などで集約される脆弱な雇用地位のため，二等市民と位置づけられている。使用者の非正規職の過度な濫用は，正規職のディーセントワークがますます減る一方，非正規職の悪い働き口が大きく増加するという歪曲した分節構造を一層悪化させている。また，労使関係の側面では，正規職中心の労働組合が非正規職の権益を代弁することができていないので，韓国の労働運動の連帯性危機が生じているという批判が提起されている（李秉勲［2004］）。さらに，

正規職 - 非正規職間の所得格差が改善するところかむしろ拡大していることが，社会的不平等の深化による「分配正義の危機（crisis of distributive justice）」を表出しているだけではなく，韓国経済の内需基盤を大きく萎縮させ持続的な成長の潜在力を弱化させる恐れがあるという憂慮の声が提起されている（李秉勲［2007a］）。とともに，韓国の民主主義が非常に脆弱な社会経済的土台に基づいているため，非正規職の濫用と差別から生じる労働両極化の問題をまともに治癒・克服できないという点を挙げて政治的未成熟の問題点を指摘する学者もいる（崔ジャンジップ［2005］）。

　韓国社会で労働の両極化の核心問題として台頭した非正規職問題が社会的に注目を集め始めたのは，1997年に発生した経済危機の直後であった。多くの企業が，経済危機を機に，正規職に対する雇用調整を断行するとともに人件費の節減と雇用流動性の確保のために非正規職を大きく増やした。2000年代初めから非正規職問題の深刻さが社会的に議論されるにつれてこの問題をめぐる政労使間の社会的対話が展開された。特に労使政委員会を中心に実態調査と制度改善および政策対応策に関する政策協議が集中的に行われた。非正規職の保護を主張する労働組合側と雇用の柔軟性を主張する使用者側の意見対立が解消されないまま攻防が続いた。2006年になってようやく非正規職保護法が成立した。ところで，同法は政府と政党の主導のもと，労使間の相反する利害関係を折衷して法制化したため，非正規職の制度的保護と濫用防止にはその効果が限られているという新たな論議を引き起こしている。その間，労働組合運動では，非正規職の問題が深刻であると認識し団体交渉を通じて非正規職の賃金と雇用条件の改善を要求したり非正規職の組織化を進めたりしたことがあるが，既存の正規職中心の組織活動方式を脱皮していないのでその成果は十分とは言い難い水準にとどまっている。このように，非正規職の濫用と差別から生じた労働両極化が，過去10年あまりの間，韓国社会で核心的な懸案課題として台頭したにもかかわらず政府および政治の生ぬるい対応と労使間の利害対立，そして労働組合の正規職中心の活動があったため，解決できないままかえって構造的問題として固定化する状況に置かれているといっても過言ではないだろう。

第4章　非正規労働の現状と課題　121

　本章では，経済危機以後，韓国社会で核心イシューとして台頭した非正規職問題について，労働両極化の観点から分析を行いたい。次の第2節では，経済危機以降10年間，非正規職の雇用構造がどのような変化をしたのかについてみることにする。また，非正規職の雇用関係がどのような特徴をもっているかを検討する。第3節では，賃金，労働時間，福利厚生，法的保護等を中心に正規職と非正規職の比較を行い労働両極化の実態を検証する。第4節では，非正規職の濫用と差別をもたらす背景について論議し，第5節では，去る10年間，社会的イシューとして現れた非正規職問題をめぐる労・使・政および市民社会団体の間に提起された主要争点を考察する。第6節では，韓国の非正規職が直面している問題状況を総合的に取りまとめ今後の展望を示すことにする。

2．非正規職の推移と雇用関係

　韓国では，2000年まで非正規職に対する公式統計は，常用労働者，臨時労働者，日雇労働者という労働者の従事上の地位に対する「経済活動人口調査」（日本の「労働力調査」に当たる）項目[3]に基づいて作成・報告されてきた。こうした分類に従うと，1997年以前にも相当規模の非正規職が存在していたが，経済危機の直後，その規模が急増した。図4-1が示しているとおり，臨時・日雇労働者の割合が1996年43.2％から1999年には51.6％へと急増したが，最近は減少して2007年46.0％水準となった。非正規職が社会的に深刻な問題に浮上するに伴い，統計庁は，2001年から毎年8月に非正規職雇用形態に関する経済活動人口調査付加調査を実施し始めた[4]。経済活動人口調査付加調査を活用して政府と労働界は異なる集計方式で非正規職の規模を推算してきているが，その差は，限時的雇用契約が反復更新される臨時・日雇労働者に対する相異なる分類基準を適用することから生じている。政府は，いわゆる「長期臨時職」という名称で正規職に分類する一方，労働界はそれを非正規職に含めている（金ユソン［2007］)[5]。政府の公式統計によれば，非正規職の規模が2001～09年の間に26.8％から33.4％へと増加したが，労働界の集計方式によると，同期間で

図 4-1　非正規職割合の推移

(単位：%)

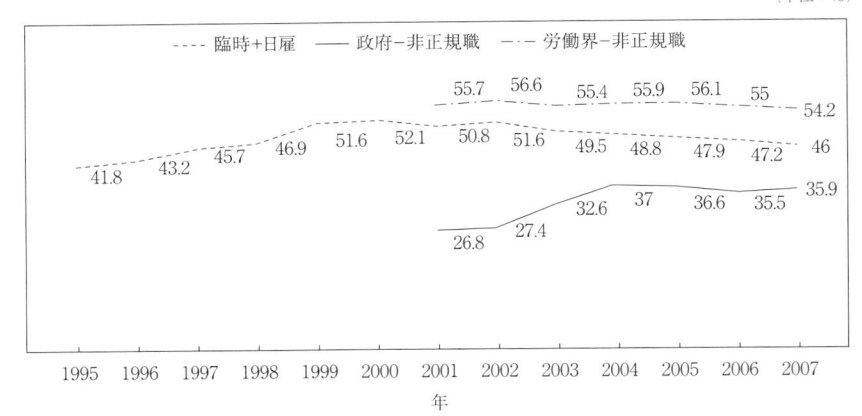

----- 臨時＋日雇　―― 政府－非正規職　―・― 労働界－非正規職

年	臨時＋日雇	政府－非正規職	労働界－非正規職
1995	41.8		
1996	43.2		
1997	45.7		
1998	46.9		
1999	51.6		
2000	52.1		
2001	50.8	55.7	26.8
2002	51.6	56.6	27.4
2003	49.5	55.4	32.6
2004	48.8	55.9	37
2005	47.9	56.1	36.6
2006	47.2	55	35.5
2007	46	54.2	35.9

注：臨時・日雇労働者の規模は，当該年度の年間総合資料であり，政府・労働界の非正規職規模は各年度8月調査資料である。
出典：韓国労働研究院［2008］，金ユソン［2009］。

おおむね54～56％の水準で推移していると報告されている[6]。

　表4-1は，2001年と2007年に実施された経済活動人口調査付加調査を通じて非正規職雇用形態別・性別規模と割合を示したものである。まず，非正規職雇用形態の中で，臨時労働者の割合が97.9％を占め，非正規職大多数が雇用期間の定めのある有期契約という雇用地位にあることを如実に示している。このように，韓国では，期間制臨時職労働者が非正規職の大多数を占めており，パートタイマーという短時間労働者が非正規職の主な比重を占めている西欧諸国とは明らかに異なる。また，臨時職労働者の69.3％がTsui［1995］とWay［1992］が定義している永久臨時職（permanent temporary workers）に該当していることに留意する必要がある。永久臨時職または長期臨時職労働者は，有期契約を更新する形で勤続期間が維持されているが，雇用契約が満了する場合，使用者の任意で雇用が切られることがあるという点で他の非正規職雇用形態とさほど違いがなく深刻な雇用不安にさらされている。

　韓国の非正規職雇用構造において女性の非正規職は著しい特徴を帯びている。表4-1でみられるように，2001～07年の間，女性の賃金労働者の中で，非正

第4章 非正規労働の現状と課題

表4-1 性別正規・非正規職割合の推移

(単位：千人，％)

	2001年			2008年		
	全体	男性	女性	全体	男性	女性
賃金労働者	13,218	7,874	5,344	15,882	9,235	6,647
正規労働者	5,850 (44.3)	4,295 (54.5)	1,555 (29.1)	7,268 (45.8)	5,029 (54.5)	2,239 (33.7)
非正規労働者	7,367 (55.7)	3,579 (45.5)	3,788 (70.9)	8,614 (54.2)	4,206 (45.5)	4,408 (66.3)
臨時職	7,077[96.1]	3,370[94.2]	3,707[97.9]	8,431[97.9]	4,099[97.5]	4,332[98.3]
短時間・パート	873[11.9]	237[6.6]	873[16.8]	1,202[14.0]	359[8.5]	843[19.1]
呼び出し	306[4.2]	186[5.2]	306[3.2]	845[9.8]	554[13.2]	291[6.6]
独立請負・特殊雇用	788[10.7]	318[8.9]	788[12.4]	635[7.4]	214[5.1]	421[9.6]
派遣	130[1.8]	58[1.6]	130[1.9]	175[2.0]	83[2.0]	92[2.1]
用役	319[4.3]	200[5.6]	319[4.3]	593[6.9]	340[8.1]	253[5.7]
内職	258[3.5]	39[1.1]	258[3.5]	124[1.4]	24[0.6]	100[2.3]

注：( )の数値は全賃金労働者のなかで占める割合，[ ]の数値は，全非正規職労働者の中で占める割合を示している。臨時職とその他の非正規職雇用形態は重複もある。
出典：統計庁『経済活動人口調査付加調査』各年。

規職が占める割合が70.9％から66.3％に減少したものの，依然として女性労働者の2/3が非正規職の雇用地位にある。特に，性別に分けて非正規職雇用の割合をみると，2007年現在，女性は65.5％を占め，男性の45.5％に比べて非常に高い割合を見せており，非正規職の女性化問題が深刻であると問題提起されている（李ヨンザ［2004］）。年齢階層別に非正規職の割合をみると，図4-2のとおり，Ｕ字型分布である。15～19歳の若年層と65歳以上の高齢者層がそれぞれ97.3％と86.9％ともっとも高い割合を示している一方，30～39歳の壮年層はもっとも低い44.8％である。このように，若年層と高齢者層が韓国の労働市場でもっとも脆弱な地位におかれていることは，前者の低い人的資本と後者の老齢化した労働力に起因していると理解することができる。また，2007年経済活動人口調査付加調査によると，学歴別非正規職分布は，中卒以下（83.4％），高卒（61.9％），専門学校（43.4％），大卒（30.3％）の順になっており，学歴と非正規職の割合が反比例していることが確認できる。

表4-2は，業種別非正規職雇用規模および割合を示している。農林漁業の

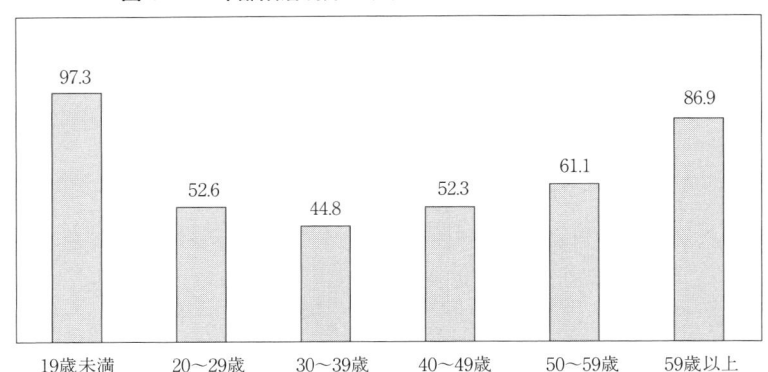

図 4-2　年齢階層別非正規職の割合（2007年 8 月基準）

年齢	割合
19歳未満	97.3
20～29歳	52.6
30～39歳	44.8
40～49歳	52.3
50～59歳	61.1
59歳以上	86.9

出典：統計庁『2007年経済活動人口調査付加調査』。

表 4-2　業種別非正規職の規模と割合（2007年 8 月基準）

（単位：千人，%）

業種	正規職	非正規職
農林漁業	17(11.3)	133(88.7)
製造業および鉱業	2,218(63.8)	1,257(36.2)
電気・ガス・水道業	70(90.9)	7(9.1)
建設業	403(28.9)	991(71.1)
卸・小売業・飲食・宿泊業	769(24.7)	2,305(75.3)
運輸・倉庫・通信業	566(62.0)	347(38.0)
金融・保険・不動差および対事業サービス業	1,129(40.6)	1,655(59.4)
対社会および個人サービス業	2,096(52.8)	1,877(47.2)

注：（　）の数値は，当該業種内全雇用労働者の中で占める割合である。
出典：図 4-2 と同じ。

1 次産業で88.7%ともっとも高い割合を示しており，次いで卸・小売業・飲食・宿泊業（75.3%），建設業（71.1%）の順である。一方，電気・ガス・水道業（9.1%）は，もっとも低い非正規職割合を示している。製造業および鉱業（36.2%）と運輸・倉庫・通信業（38.0%）も相対的に低い割合である。したがって，非正規職割合は業種間でも非常に不均等な分布を示していることが確認できる。また，2001～07年の間，業種別非正規職割合の推移をみると，運輸・倉庫・通信業と金融・保険・不動産・対事業サービス業のみが増加傾向であるが，他の産業では全般的に減少傾向である。職業別非正規職割合では，

2007年現在，高位役員管理職（16.5%）をはじめ，専門職（27.1%），事務職（27.1%），準専門職（38.9%），生産熟練職（39.3%）が相対的に低い水準にあるが，販売職（87.3%），単純労務職（86.3%），農林漁業職（84.3%），サービス職（82.6%）は80%を超える高い水準の非正規職割合を示している。

そのほかに，韓国の非正規職の特徴が二つ挙げられる。第一に，非正規職の職業移動に関するいままでの研究によれば，非正規職の雇用は次の正規職へ移行する「橋渡し（bridging stone）」の機能より一回非正規職に陥ってしまうと，そこから抜け出ることのできない「陥穽（trap）」となっていることが明らかになっている（南ゼリャン・金テギ［2000］；ハンジュン・ジャンジヨン［2000］；劉ギチョル［2001］）。たとえば，経済活動人口調査付加調査の時系列分析を通じて，南ゼリャン・金テギ［2000］は，非正規職のわずか1%のみが恒久的に正規職への移行に成功しているが，80%以上は非正規職を抜け出しても，2年以内に再び非正規職に戻ることを明らかにしている。こうした研究結果から，韓国の労働市場において，正規職と非正規職間の移動がほとんど遮断されている分節的構造が，固着化していることが確認できる[7]。

第二に，非正規職の相当数が非自発的に現在の雇用形態についている。2007年8月経済活動人口調査付加調査によれば，正規職の94.7%が自発的に現在の仕事を選択したが，非正規職の場合，過半数（51%）が非自発的に現在の仕事についたことがわかる。非正規職が非自発的に現在の仕事についた動機をみると，「生活費等，すぐ収入が必要だから」（70.4%）と「自分の求めている仕事がないから」（13.7%）など，生計上の圧迫と正規職の仕事がないことがその動機である。こうした実態は，業種レベルの非正規職に対する研究結果にも現れている。たとえば，全国金属連盟［2003］の下請労働者実態調査によると，金属産業において，非正規職（下請）の中で61.6%が正規職の仕事を見つけることができずやむを得なく非正規職の仕事についたと答えている。銀行産業の研究でも，出産と育児のために退職した女性労働者の場合，正規職として再雇用されることが禁止されていることが慣行となっているため，大多数が正規職ではなく臨時・パートで仕事をしていると報告されている（権ヘザ［1996］）。

このように非正規職の非自発的な就業実態に関連して韓国労働パネル調査資料の分析結果によれば，非正規職が正規職に比べて著しく低い職務満足度を示していることが明らかになっている（安ジュヨップほか［2001］）。

3．正規職と非正規職との格差

韓国で正規職・非正規職間に存在する両極化の実像は，まず賃金格差でたやすく見ることができる。図4-3が示すように，正規職対比非正規職の月例賃金総額比は2000年53.5%（正規職157万ウォン，非正規職84万ウォン）から2007年50.2%（正規職239万ウォン，非正規職120万ウォン）へと下がり，両者間の賃金格差がますます拡大していることが確認できる。労働時間を勘案して時給ベースでみると，同比は，2001年55.9%（正規職8,139ウォン，非正規職4,546ウォン）から2007年51.1%（正規職12,462ウォン，非正規職6,366ウォン）に低下しその格差はさらに拡がった。時給ベースで正規職と比較した場合，非正規職のなかでも内職（28.6%），用役（39.7%），そして呼出（42.7%）の順に，大きな格差がついている。ちなみに，2007年現在，非正規職の平均労働時間は週当り45.8時間で正規職の46.0時間にほぼ接近している。

賃金労働者の中位賃金の2/3未満を「低賃金」と定義している EU の LoWER 基準を適用した場合，2007年現在，韓国の非正規職の45.1%（389万人）が低賃金層に該当する。正規職の場合，その割合は6.4%（46万人）に過ぎず，正規職と非正規職の格差は著しい。2007年1月から12月までの法定最低賃金が，時間当り3,480ウォンであることに鑑みると，現行の最賃制度が非正規職の低賃金を解消するのにそれほど役に立たないだけではなく，最賃違反の事業主が相当数存在している問題点を示している（金ユソン［2007］）。その結果，韓国では，非正規職は，正規職に比べて相対的に低賃金を強いられているだけではなく，相当数は絶対的にも最低生計費に大きく及ばない低い賃金しかもらっていない。

表4-3では，正規職と非正規職の社会保険および労働基準法の適用比率が

図 4-3　正規職・非正規職の月例賃金の推移（2000～07年）

(単位：万ウォン，%)

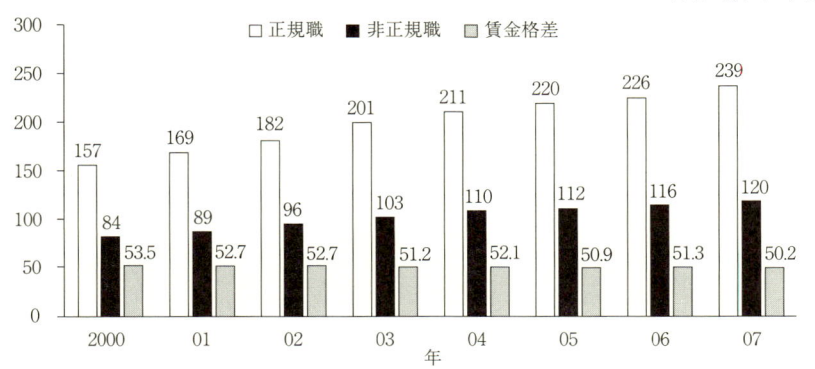

□ 正規職　■ 非正規職　■ 賃金格差

年	正規職	非正規職	賃金格差
2000	157	84	53.5
01	169	89	52.7
02	182	96	52.7
03	201	103	51.2
04	211	110	52.1
05	220	112	50.9
06	226	116	51.3
07	239	120	50.2

出典：統計庁『経済活動人口調査付加調査』各年。

表 4-3　正規・非正規職の社会保険および法定労働条件の適用率

(単位：%)

		国民年金	健康保険	雇用保険	退職金	賞与	時間外手当	有給休暇	週休二日制
2001年	正規職	92.7	94.8	80.0	94.3	93.1	75.6	N/A	N/A
	非正規職	19.3	22.2	20.7	13.6	14.0	9.7	N/A	N/A
2007年	正規職	98.7	99.3	82.6	99.3	97.3	77.0	86.4	57.8
	非正規職	33.3	35.0	32.2	22.3	21.0	14.9	19.0	24.5

出典：統計庁『経済活動人口調査付加調査』2001年と2007年の8月資料。

現れている。この表からよくわかるように，非正規職の場合，正規職に比べて著しく低い15～35%だけが社会保障制度と労働基準法の恩恵を受けている。もちろん2001年に比べれば，2007年の数値は若干改善したが，大多数の非正規職は，依然として使用者の脱法・便法により社会的制度の保護から排除されている。また，2007年経済活動人口調査付加調査の教育訓練に関する設問項目をみると，過去1年間教育訓練を受けたことがある割合は，非正規職の場合，わずか13.8%に過ぎず，正規職の38.1%に比べて著しく低く，また，年平均教育訓練時間も非正規職（3.9時間）が正規職（12.9時間）の1/3にも満たない。それに加えて，李秉勲ほか［2002］が実施した企業福祉実態調査によると，大企業

図 4-4　正規・非正規職の雇用の質の分布

（単位：％）

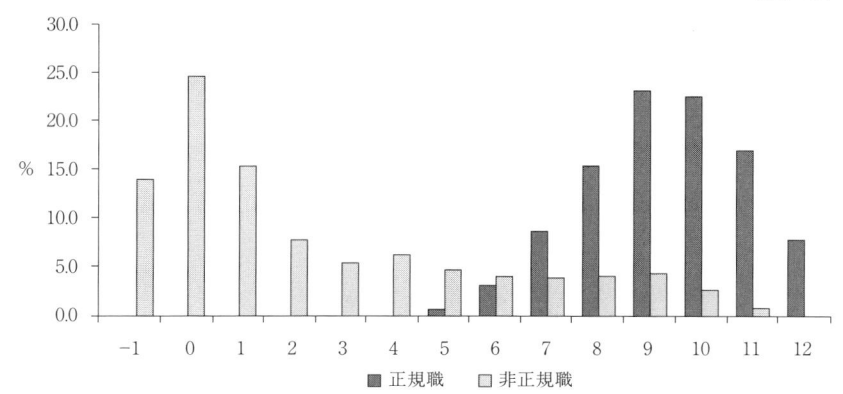

出典：図 4-2 と同じ。

の正規職に与えられる多様な企業福祉が同じ企業で従事する非正規職には非常に制限されるか排除されていることが確認できた。

　以上のことを整理すれば，韓国における非正規職は，相対的な低賃金と福祉格差および法定社会保障からの排除，そして人的資源開発機会の不在等のため，正規職に比べて非常に劣悪な労働条件におかされているといえる。正規職と非正規職との間にある雇用の質の著しい格差のため，韓国社会の労働両極化は固定化しつつある。2007年経済活動人口調査付加調査を用いて，賃金労働者の雇用の質を測定する総合指標[8]を作成して分析した結果，図 4-4 のとおり，正規職と非正規職との間に雇用の質が著しい格差を示す「双峰型」の分布が明らかに現れる。具体的には正規職の場合，雇用の質の指数が 7～12 点の右側の上位点数帯に分布しているが，非正規職の場合，0 点にもっとも近い左側の下位点数帯にその多くが集まっている。

4．非正規職問題の背景・原因

　非正規職の濫用と差別に伴う労働両極化が深刻に登場・拡大される背景には

非正規職を選好する使用者側の労務管理戦略が何より重要である。1990年代半ば以降，企業は人員削減（downsizing），外注化（outsourcing），分社化（spin off），そして非正規職活用の拡大等を通じて雇用関係の外部化（externalization）を戦略的に追求してきた。特に，経済危機を機に正規職に対する大規模の雇用調整を実施する傍ら，必要な労働力に対しては非正規職を積極的に活用した。実際，韓国労働研究院が実施した2002年事業体パネル調査によれば，応答企業の832社の32.1％が人件費の縮減のため，そして30.3％が事業環境の変動に対応し労働力調整を容易にするために非正規職を活用していると分析されている（安ジュヨップほか［2003］）。

このように，企業の非正規職への依存度が大きく増加してきたのは，人件費の節減と雇用の数量的柔軟性を図るための政策的対応から生じたものと理解することができる（李秉勳・金ユソン［2003］）。企業は，一方では，正規職を保護するための法定労働基準・社会福祉の遵守費用と労組の規制から発生する人事労務管理の硬直性効果を意図的に回避するための戦略的な手段として，また，他方では，先行投資を通じて特定の熟練および専門能力を備えた正規職の雇用保護と労使関係の安定化を図るための緩衝労働力のプールとして非正規職への依存を拡大している。とともに，非正規職を多く活用している別の理由としては，非正規職労働者が現行の正規職中心の企業別労組に組織されないという点を狙い，労組の組織を萎縮させようとする使用者の戦略的意図も働いたことも指摘できる。さらに，経済危機を機に，新自由主義的構造改革が政府およびマスコミの支配的な政策議論として登場し，アメリカ式の短期収益追求の経営方式が広く拡散・定着するにつれて企業が正規職中心の内部労働市場を解体し，「放出が容易な（disposable）」非正規職の積極的な活用を選好することになった。このように，労働市場の需要者である企業が様々な理由により正規職を大幅に削減して彼らの雇用を忌避しながら，非正規職の代替活用を広く拡大した結果，韓国社会の不安定雇用が深刻になっていった。

企業の非正規職の活用が流行のように拡がっていった背景には，国内外の市場における競争激化を促すグローバル化という外的な環境変化がある。しかし，

経済危機を機に全面的に進められた政府主導の新自由主義的構造改革政策がもう一つの主因といえる。韓国政府は，1990年代初め以来，グローバル化と市場開放は逆らうことのできない大勢と受け止め，国家競争力を向上させるための核心手段として労働市場の柔軟化を強調した。特に，1998年2月初め，経済危機下において「労使政合意」を引き出し，使用者の大規模整理解雇と派遣労働者の活用を許す労働法の改正を断行した。このような労働市場の柔軟化を目指す政府の新自由主義的政策基調は，使用者の非正規職による正規職の代替活用を後押しすることによって，不安定雇用を拡散させる主因となったとみることができる。また，経済危機直後，利益性を強調する政府主導の金融・企業部門の構造改革政策は，当該部門の企業が人件費節減と雇用の柔軟性向上のために正規職を放り出してその空いた働き口を直接・間接的な雇用形態による非正規職で代替できるように積極的に誘引する結果をもたらした。運輸物流業種の場合には，政府が新規事業者の市場参入を全面的に許すという政策を進めた結果，当該部門の企業が既存の正規職を車持ち込み運転手という独立請負形態に切り替えるに伴って，いわゆる特殊雇用の非正規職を量産するきっかけとなった。それに加えて，政府自らが経済危機後，「小さい政府」を標榜して公共機関の効率性の向上を強調する公共部門の構造改革を断行して公的機関の大幅な人員削減を進める一方，非正規職を大きく増やしていった。過去10年間，政府の公共部門構造改革政策に伴い，公共機関が毎年経営評価の核心指標として人件費削減と経営合理化を要求されるようになり，必要業務の遂行のための定員規制を迂回する形で非正規職を持続的に増やしてきたのである（安ジュヨップ[2006]）。その結果，2006年の実態調査によると，中央政府・自治体・学校・病院・郵便局および公企業等で雇われている非正規職の総数は，31万1千人と，公共機関従事者の20.1％に達し，公共部門を管掌する政府が非正規職の最大使用者であると厳しく指摘された。さらに，非正規職をめぐる社会的問題の深刻性が浮き彫りになったにもかかわらず，政府は，新自由主義的労働改革の柔軟化論理に足をとられ非正規職を保護するための制度的な装置を設けることに生ぬるい態度をとっただけではなく使用者による非正規職の脱法・不法的な労務

管理に対して厳正な労働監督をせずに、非正規職の人権死角地帯を放置してきた点に対して多くの批判が提起されている。実際、李秉勳［2003］によれば、使用者が非正規職の弱い地位を悪用して脱法・不法・便法的労務管理を頻繁に行い、非正規職に対する社会保険および法定労働条件を提供しないばかりか、賃金未払い、不当解雇、労働契約違反等の様々な不法行為をおかしたことが明らかになった。

　非正規職問題を固定化する第三番目の背景原因としては、労働組合運動の規制力の弱化と正規職中心の組織体系を指摘しなければならない。政府主導の新自由主義的構造改革と企業の短期利益経営方式により、非正規職の活用が大きく拡散したにもかかわらず、それを阻止・規制しようとする労働組合の対応努力が物足りなかった。使用者の非正規職の活用を制限できる労組の規制能力の弱化は、労組組織率の持続的な低下からも確認できるところであるが、1989年に18.9％とピークに達してから低下しはじめ、最近数年間10％水準にとどまっている。このように組織基盤の萎縮により労働組合運動の社会的影響力が弱まっていく中で、労働団体は使用者の非正規職の活用を制限したり政府に対し非正規職の保護政策を推進させたりするための対応戦略の不在という問題点を顕した。さらには、労働組合が分権化された企業別活動体系と正規職中心の組織構造を基盤としているので、非正規職に対する実質的な利害代弁を実践していくのに少なからぬ限界を抱えている。現行の労働組合活動体系の問題点は、正規職・非正規職の組合組織率でも端的に現れるところ、2007年経済活動人口調査付加調査によれば、正規職の22.5％が組合に加入しているのに対して、非正規職の場合、わずか3.3％のみが組合に加入している。また、李秉勳・金東培［2003］によれば、韓国で無組合事業場より組合のある事業場で非正規職の割合が相対的に高いことが確認でき、組合が非正規職の活用を抑制するよりむしろ促進する要因となっている。したがって、韓国の労働組合は、組織的な基盤の萎縮と正規職中心の活動慣行のため、非正規職の権益保護に効果的な対応をすることができず、正規職・非正規職間の労働両極化を解消・克服するのには力不足の状態にあるといえる。

5．非正規職問題に対する労使政の対応

　経済危機以降，企業の非正規職の活用が大きく増えるとともに行われた差別的な処遇に反発して非正規職が労働組合の組織化を進め労働紛争を起こす中で，2000年以後非正規職問題が韓国労使関係の核心イシューとして浮上することになった。特に，非正規職の集団的な動きは，既存の労働組合からその利害を代弁してもらったり支援してもらったりすることができない中，使用者側の無視と弾圧に遭い極端な紛争にまで発展したり正規職労組との労労対立にいたったりすることが頻繁に起きた。労働組合は，非正規職が賃金労働者の多数を占める現実を目のあたりにし，非正規職問題に対応するための組織化活動と代理交渉等の様々な活動を展開し始めた。政府もますます深刻化していく労働両極化問題の中心に非正規職問題があるという点を看過することができず，労働界および市民社会団体の要求を受け入れて労使政委員会中心の政策協議をはじめ，一連の政策を推進することになった。過去10年間，労働組合と政府が非正規職問題を解決するために展開した労働運動と関連政策を簡略にみることにする。

　まず，経済危機を機に非正規職が急増する中で，非正規職自身が自らの問題を解決するために自発的に組織化[9]を活発に展開した。非正規職の組合組織化は様々な形で進められたが，主な事例をみると次のとおりである（朴スンフップ・金ジュファン［2002］；民主労総［2006］）。

- 既存労組の主導のもとでの，正規職組合による非正規職の組織化：錦湖タイヤ，ロッテホテル，大宇キャリア，韓国宇宙航空，ウリ銀行，起亜自動車光州工場，保健医療労組傘下病院等。
- 企業レベルの独自的な非正規職労組の設立：漢挐重工業，韓国通信契約職労組，現代自動車非正規労組，シンホ製紙等。
- 産別労組の支部に属する非正規職支部の建設：現代自動車牙山構内下請支会，デギョン特殊鋼下請支会，全南大病院下請支部等。
- 非正規職主導の地域業種労組の組織化：自治体等の公共サービス従事者，

施設管理職，建設日雇職（浦項，蔚山，麗水等）。
・地域レベルの一般労組建設：釜山，京畿道，ソウル女性労組等。
・特殊雇用形態非正規職の職種別労組の組織化：学習誌教師，保険外販員，貨物連帯（トラック運転手の組合），ダンプトラック運転手，ゴルフ場のキャディ等。

　以上の組織化に加えて，韓国労総と民主労総という二つのナショナルセンターも非正規職を組織しようと別の機構を設立して支援活動を行う一方，既存の企業別労組の体系を産業別組織へと転換しようと努力した。非正規職の組織化に対しては，民主労総が韓国労総に比べてもっと積極的な活動を展開した。

　2000年，民主労総は，未組織特別委員会を設置し非正規職を対象に本格的な組織化活動を展開し始め，2001年には，代議員大会で非正規職組織化の原則と方向を確定して非正規職を対象に傘下労組が共同で団体交渉を進めることを決意した。2002年，民主労総は，非正規職撤廃の100万人署名運動を展開するとともに，非正規職組織化を中心的な活動課題として決議した。2003年から進められた5カ年戦略的組織化活動では，構内下請・建設日雇・特殊雇用の非正規職を主たる対象ととらえたが，2005年，その組織化のために組合員一人当り1万ウォンを募金し50億ウォンの組織化活動基金を助成する活動案を代議員大会決議で通過させた[10]。また，民主労総の中央機構として非正規組織センター，そして連盟・地域本部で非正規戦略組織化事業団が，それぞれ設置されて非正規職の組織化に対する様々な活動が展開されている。また，民主労総は，既存の企業別労組という組織体系から生じる正規職中心の排他的活動慣行問題を克服するために産別労組への組織転換を進めた。1998年，保健医療労組による産別建設を皮切りに2006年末までに金属，公共，言論，建設部門で産別転換が果たされ全組合員の75.6％が産別組織に再編されるという成果を収めた。韓国労総の場合でも，非正規職対象の組織拡大活動を進めるために非正規室を設置し，傘下の金融労組とタクシー労組で産別転換が果たされたが，民主労総に比べると，その組織化活動が相対的に低調であるか消極的であると評価されている（李秉勳・権ヘウォン［2008］）。

非正規職の組織化は主として彼らの雇用保障と差別の改善を求める切迫した要求から展開されたが，当該使用者が組合活動の否認と団交拒否，さらには活動家の雇い止め等で対抗したために深刻な労働紛争を伴った（殷スミ［2007］）。非正規職労組の相当数は，使用者の攻撃的な弾圧活動と正規職組合員の無関心と非協力的な姿勢のために長期間の紛争の過程で，その組織力を消耗して結局解散した[11]。このように，不安定雇用という根本的な限界を抱えている非正規職は，使用者の雇い止め脅威か労働力代替措置により，その基盤を維持していくのが難しい状況にある。ただし，正規職労組から支援を受けるか，貨物連帯のように，国家経済の物流運送に甚大な脅威を与えて政府および使用者から組合活動の認定を受ける場合には，例外的に非正規職組織基盤が維持できた。また，この数年間，一部の正規職労組と産別労組が非正規職の処遇改善と正規職化を要求するという代理交渉を進めて一定の成果を収めることもあった。特に，保健医療労組と金融労組の場合には，正規職組合員の賃上げ自制を通じて助成された基金を活用して当該部門に従事する非正規職の正規職化を成し遂げた。

非正規職問題が社会世論の核心的なイシューとして取り扱われ，労働界の改善対策の要求が提起されるにつれて，政府は，2001年7月に労使政委員会傘下に「非正規労働者特別対策委員会（以下，非正規特委）」を構成して政策協議を始めた。非正規特委は，非正規職実態調査と関連参考人の意見聴取，そして専門家ワークショップ等を実施して2002年5月には，ついに「非正規勤労者対策」に関する合意を引き出すことができた。その合意文の主たるものには，非正規職の雇用主に対する労働監督の強化と社会保険適用の促進および職業能力開発・福祉の拡充等が含まれていた。また，非正規特委は，非正規職の保護のための法律案を準備する論議を進めたが，労働者代表と使用者団体代表間の大きな意見相違のため，空転を繰り返した。結局，2003年5月，公益委員を中心に「期間制労働・派遣労働・短時間労働・特殊形態労働に対する立法案」を設けて公表した後，その活動を終結することになった。非正規特委の公益委員案は，その後，非正規職保護立法をめぐる労使政間の協議において重要な準拠基準となった。政府は，非正規特委の合意と市民団体からの問題提起により，

2003年から非正規職の雇用主に対する特別労働監督を実施しはじめた。特に，脱法的構内下請（いわゆる偽装請負）の活用慣行に対して製造業を対象に実態調査を行った。また，政府は，非正規特委の論議で議論が尽くされていない特殊雇用従事者に対する改善策を設けるために，2003年9月，労使政委員会傘下に「特殊形態労働従事者特別対策委員会」を構成し，1年余りの期間，海外実態調査をはじめとした関連政策協議を進めた。

　非正規職保護のための立法論議は，2005年3月，民主労総の提案により労使政代表者会議が構成されてから社会的対話方式で本格化した[12]。政府の一方的な立法推進方式に対する労働界の憂慮と反発のため，労使政代表者会議は空転と中断を繰り返す中で，2006年6月から非正規職保護立法に対する集中的な政策協議が試みられたが，結局，労働界と経済界の立場の違いにより，最後まで合意に達することができなかった。したがって，非正規職保護立法の論議はその場を国会に移して政治主導により進められることになった。国会で，たび重なる激論と収拾という紆余曲折の末，2006年11月，ついに「期間制及び短時間労働者保護等に関する法律」の制定と「派遣労働者保護等に関する法律」の改正で一応の終止符が打たれた。ところで，民主労総と民主労働党は，「期間制及び短時間労働者保護等に関する法律」の中で，特別な事由がある時にのみ期間制労働者を採用・使用できるように規制する内容を法律に盛り込むように主張し，法律案の通過に激しく反対したが，労働市場の現実的な与件を考慮して韓国労総をはじめ政府および経済界が期間制労働の使用期間の制限（2年間）について合意したことにより，かろうじて法制化に漕ぎ着いたのである。当時，市民社会団体も非正規職保護法の処理過程で民主労総の原則的な反対立場により法律制定ができないよりは，非正規職の劣悪な雇用現実を放置しないで部分的にでも改善する次善策が不可避であるという立場を表明して法律の通過を支持する社会世論を後押ししたりした。2007年7月から300人以上の事業場に適用された非正規職保護法は一定の成果[13]を収めたが，法の施行を前にイーランド（韓国の大手スーパー）グループをはじめ一部の企業で法の趣旨に反して2年以上雇い続けた非正規職を正規職にするよりは解雇して，代替労働者を活用

するか外注化することで対応したため，深刻な労使紛争をもたらすなど社会的物議をかもしたところ，政府は2007年4月，労使政委員会傘下に「非正規職保護法後続対策委員会」を設けて事後的な補完策を論議してきている。とともに，非正規職問題の深刻性に鑑み，政府は，大統領の特別指示により，公共部門が率先して非正規職の労働条件の改善を模範的に実践して民間部門の非正規職雇用慣行を改善しようとする政策意思を誇示するために，2006年8月から公共部門の非正規職に対する特別対策を準備し，最終的には2007年7月に1万余の公共機関に勤めている非正規職20万6,500人の34.8％に当たる7万1,900人を正規職に転換するなど非正規職の処遇を改善する措置を断行した。

6．おわりに：非正規職問題の今後の展望

韓国では，経済危機を機に新自由主義的構造改革の嵐が吹き，労働部門に甚大な変化をもたらしながら労働両極化に陥り社会不平等と労使対立等の多くの問題を引き起こしている。新自由主義的構造改革により，韓国社会でもっとも深刻な打撃を受けた構成員集団はほかならぬ非正規職であるといえよう。実際，経済危機以降，経済改革過程を通じて労働両極化がますます深刻化していく中で，労働市場の周辺部に位置している非正規職が劣悪な賃金および福祉・不安定雇用・脱法的労務管理・社会的排除等で労働生活の質の悪化を経験しているのである（李秉勲［2004］；李秉勲［2003］；朴ジェキュ［2001］；李ヒャンスン［2001］）。経済危機を機に非正規職が急増し彼らに対する差別が是正されない背景には，企業の短期利益経営方式とそれによる正規職重視の内部労働市場の解体，政府主導の新自由主義的構造改革政策の推進，そして労働組合の脆弱な規制力等が横たわっていると要約できる。

過去数年の間，非正規職問題の深刻さが社会的に取り上げられて非正規職を保護するための政府の政策が進められた。特に，2006年11月，非正規職保護法が制定・施行され，労働組合も非正規職の組織化とともに差別的な処遇の改善のための代理交渉を展開している。その結果，非正規職問題が最近多少緩和・

改善する兆しを見せている。前掲図4-1のとおり，政府の公式統計によって労働界の集計によっても，非正規職割合が2004～05年までは増加したが，2006～07年の2年間で引き続き減少した点は注目に値する。また，2007年下半期に施行された非正規職保護法の波及効果がどのように現れるか明確にすることはまだ早いが，2007年3月に実施した経済活動人口調査付加調査で862万3千人と推計された期間制労働者の規模が2008年3月の付加調査では28万5千人が減少し833万8千人となった半面，正規職の規模が46万8千人増加したのは，同法の施行効果がある程度肯定的に作用した結果と判断される。ただし，同期間（2007年3月～2008年3月），臨時契約職労働者より劣悪な雇用条件にある用役労働者と呼出労働者がそれぞれ3万3千人と2万6千人増加した点，また，正規職対比非正規職賃金がもっと下がった点は，非正規職保護法の施行に伴う否定的な側面が現れているものといえる。言い換えれば，保護法の施行に伴い，相対的に有利な雇用条件にある期間制労働者の一部が正規職への転換という優遇[14]を受けた一方で，用役として外注化されたり短期の呼出労働者として代替されたりしてより不利な地位に転落した期間労働者もいたと分析される。

したがって，非正規職保護法の施行効果は，暫定的ではあるが，正規職化という肯定的な側面と用役外注化という否定的な側面が共存する方向に働くと予想される。特に，期間制労働者に対する制度的な規制は設けられているが，間接雇用に対する規制装置が整えられていない中，使用者側は既存の期間制労働者を戦略的に用役・下請・派遣等の間接雇用で代替・外注化しようとする労務管理方式を積極的に進めていくと予想されるので，今後，非正規職雇用形態の内部構成に少なからぬ変化が発生するとみられる。非正規職の全規模においては，最近の変化の動向から確認できるように，保護法の施行効果によるだけではなく他の先進国に比べて非正規職の濫用が行き過ぎたという批判的な共感が形成されて，緩やかな減少傾向を見せるか横ばいに推移しているとみられる。ところで，2007年末に当選し翌年2月に大統領となった李明博政府がより攻撃的な新自由主義的構造改革を推進して非正規職保護法の規制を緩めようとする動きを見せており，脱規制方向の制度改編が行われる場合，非正規職数が再び

増加に転ずることもありうる。それに加えて，最近の数年間，非正規職問題が労使紛争の中心イシューとして浮上したように，現在の政治的形勢や使用者側の対応で判断する限り，こうした劣悪な雇用条件が容易に改善するのは難しく既存の正規職組合員の保守化・協調主義化がさらに強まっていく可能性もある。また，労使関係の両極化構造が継続・深化していく中で，非正規職の労働運動が持続的に労使紛争や社会問題の中心的な要因となっていくと展望される。

【補論】最近の動向についての追加的な論議

図4-5でみられるように，2007年～09年の期間中，非正規職の働き口が継続的に減った。同期間中に，賃金労働者の働き口の増加が鈍化するとともに，正規職の働き口が減少する中，期間制雇用が2008年中盤以降増加の勢いを示す点は特異な現象であり注目に値する。非正規職の雇用の質は，正規職に比べて賃金やそのほかの労働条件の面で格差が拡大されている。しかし，彼らの社会的保護がそれほど改善されていない中，依然として彼らの絶対多数は社会的保護の死角地帯に置かれている。このように，過去2年間での非正規職の働き口の縮小と雇用の質の悪化に影響を及ぼす重要な要因としては，2008年の後半に発生した経済危機，李明博政府の新企業的雇用柔軟化政策の推進，そして2007年7月から施行された非正規職保護法の規制効果等が挙げられる（李秉勳[2009]）。事実，これらの要因は，過去2年間，韓国労働市場に複合的に作用しているので，要因の影響程度を厳密に割り出すことは容易ではない。ところが，最近，非正規職保護法の改正をめぐり，李ビョンヒ[2008]と金ユソン[2009]をはじめ，大多数の専門家はおおむね非正規職保護法が賃金労働者の働き口には否定的な影響を及ぼさないという実証分析の結果を提示している（殷スミ[2009]）。もちろん，非正規職保護法の施行により，期間制労働者が正規職または無期契約職に転換するとともに用役や呼出労働のようにより劣悪な非正規職の雇用形態に替わったことで，正規職との格差の拡大，また，非正規職の中でも雇用の質の両極化がもたらされた側面を看過してはならない。そ

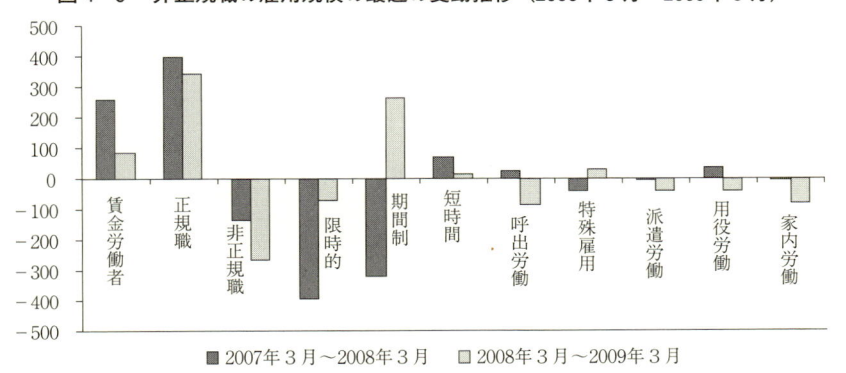

図4-5 非正規職の雇用規模の最近の変動推移（2006年8月～2009年3月）

（カテゴリ：賃金労働者、正規職、非正規職、限時的、期間制、短時間、呼出労働、特殊雇用、派遣労働、用役労働、家内労働）

■ 2007年3月～2008年3月　□ 2008年3月～2009年3月

して，賃金労働者の雇用の減少趨勢は，景気の動向，特に最近の経済危機と関係があると推論できる。こうした中で，李明博政府が労働市場の柔軟化を目指して親企業的な脱規制政策を推進したことが労働の両極化趨勢を深めて非正規職の雇用の質を大きく悪化させたとみることができる。実際，現政府は，期間制労働者の使用期間の延長または猶予を狙って非正規職保護法の規制緩和を進めていままで企業が減らしてきた期間制労働者を再び拡大しようとする動きを見せている。

このように，最近の経済危機，現政府の親企業的な脱規制政策の推進により，非正規職の労働権がさらに弱まり，労働の両極化という構造的な問題がより固定化して非正規職をめぐる社会的な不安定と対立が深刻化することが憂慮される。それだけに，非正規職の労働の社会権を確立し，特に雇用の質を悪化させる柔軟化・脱規制本位の政策基調を根本的に転換して彼らの人間的な尊厳を保障・保護する労働市場改革政策を推進しなければならない。

注
1) 韓国では，パートタイマー，契約社員，派遣社員等の非正規労働者を一括して「非正規職」と呼んでいる。また，正社員，正規労働者を「正規職」と呼んでいる。本章でもそれをそのまま用いて翻訳することにした（訳者）。

2) 韓国で非正規職は次のような5つの雇用形態を含むものとして使われている。(1)制限的雇用契約を結んで働く期間制または臨時契約職労働（いわゆる契約労働者），(2)法定労働時間である週当り40時間より少ない短時間労働またはパートタイム（いわゆるパートタイマー），(3)自分を雇った使用者とは別の使用者の事業体で派遣，用役，請負，下請の形態で働く間接雇用，(4)独立請負事業者として特定使用者のために従属的な事業契約を結んで働く特殊雇用形態，(5)使用者の作業空間で出勤しないで自分の家で働く家内労働または在宅勤労（telework）。
3) この調査項目では，常用労働者は，1年以上の雇用契約を結んで勤めている人，そして臨時労働者と日雇労働者は，それぞれ1〜12月と1月未満の限定的な雇用契約を結び働いている人をいう。
4) 統計庁の非正規職雇用形態に対する付加調査項目は，アメリカ労働統計庁（Bureau of Labor Statistics）の調査方式を参考にして設計された。2007年より同付加調査は3月と8月の年2回行われている。
5) 2002年5月，労使政委員会傘下「非正規労働者対策特別委員会」は，「非正規労働者の雇用形態の定義として，①限時的労働者または期間制労働者（日本の契約労働者），②短時間労働者（日本のパートタイマー），③派遣・用役・呼出等の形態で従事する労働者を対象に規定する」との合意文を発表した。政府は，この合意文を根拠に非正規労働者に対するより厳格な算定基準を適用している。ところが，2007年8月現在，308万2千人に達する長期臨時労働者集団の雇用条件をみると，正規職よりはそのほかの非正規職に近いことがわかる。実際，長期臨時労働者の月平均賃金（120万ウォン）は正規職（239万ウォン）の1/2に過ぎず，勤続期間と社会保険の適用率もそれぞれ1/4と1/3の水準に過ぎない。したがって，本章では，長期臨時労働者のこうした特性を考慮して労働界，特に金ユソン［2007］の集計方式に基づいて非正規職の範疇に含めて分析する。
6) このように，非正規職規模の推定において，政府側と労働界の集計結果が相当な違いを見せているのは，非正規職雇用形態として分類されない長期の臨時・日雇（2007年8月基準308万2千人）を含むか含まないかによるものである。
7) 類似の分析視点から，安ジュヨップほか［2002］は，正規・非正規職間の労働市場の分節性が経済危機の際の一時的な現象というより構造的な問題であることを明らかにしている。ただし，非正規職の研究の中では，リュウゼウ・金ゼホン［2000］のみが非正規職の仕事が正規職への移行のための架橋の機能をしているとの分析結果を出している。
8) 李秉勲［2007b］は，2007年経済活動人口調査付加調査から下の13の設問項目を総合して雇用の質の指数（Employment Quality Index, EQI）を算出して分析した。雇用の質の指数に含まれる13の項目のうち，低い時給に対してのみ，該当すればマ

イナス1点，該当しなければ0点を適用し，残りの12項目に対しては該当1点，該当しない0点を適用して合計することにより，その値が最高12点～最低マイナス1点に分布するようにしている。

範疇（項目数）	細部構成要素
法定労働基準(4)	退職金，時間外手当，有給休暇，雇用契約の作成
社会保険への加入(3)	国民年金，健康保険，雇用保険
雇用条件(6)	正規職，低い時給(－)，5年以上勤続，週休二日制，賞与，教育訓練

9) 丁イファン［2000］によれば，組織化には，自発的に非正規職の組織化を主導する核心人物の存在如何，構成員の不満程度，外部からの支援の可否，運動主体の連結網，ミクロ機会構造等が重要であると指摘される。
10) 民主労総は，2006年末までに計15.2億ウォンを募金したが，それを用いて組織活動家学校を2006年初めて運営しはじめ27人の活動家を輩出した。
11) 2008年現在，違法派遣または雇い止めに立ち向かってキリュン電子の非正規職労組は，おおよそ1,000日を超える長期闘争を行っており，KTX，イーランド，コスコムの非正規職労組もやはり数百日のストライキを続けている。
12) 民主労総は，1999年初めに労使政委員会が当時政府の構造改革に対する実質的な政策協議機構としての機能を果たしていないという問題を提起し脱退した。その後，労使政委員会を中心として進められた社会的対話には参加しなかった。労使政委員会に対する民主労総の拒否感を勘案し，政府と経済界は非正規職保護法等に対する政策協議を別の代表者機構で行うことに同意したのである。労使政代表者会議には，韓国労総・民主労総・経営者総協会・大韓商工会議所・労働部，そして労使政委員会の代表らが参加した。
13) 2007年7月，非正規職保護法の施行直後，労働部と一部のメディアにより実施された事業体調査では，回答企業の約2/3が既存の期間制労働者に対し2年以上を雇い続ける場合，無期契約に転換する意思があると表明したと報告されている。
14) ところで，非正規職保護法の施行を前後に期間制労働者を無期契約に転換する場合でも既存の正規職と同一の職級体系に含むよりは別の職群を新設して賃上げおよび職級昇進において多少不利な方式で経歴管理を行うことが明らかになり，いわゆる「中規職」の雇用形態が新たに登場したとの指摘も提起された。

参考文献

安ジュヨップ［2006］：「公共部門非正規勤労政策方向」『月刊労働レビュー』第21号，3～17頁。
安ジュヨップ・趙ジュンモ・南ゼリャン［2002］：『非正規労働の実態と政策課題

（Ⅱ）』韓国労働研究院。

安ジュヨップ・金東培・李シキュン［2003］:『非正規労働の実態と政策課題（Ⅲ）』韓国労働研究院。

安ジュヨップ・盧ヨンジン・朴ウソン・朴チャンイム・李ジュヒ・許ゼジュン［2001］:『非正規労働の実態と政策課題（Ⅰ）』韓国労働研究院。

朴ジェキュ［2001］:「新自由主義的経済政策と労働者の生活質の変化」『韓国社会学』35週(6), 79～104頁。

朴スンフップ・金ジュファン［2002］:「非正規労働者組織化運動の現況と展望」『非正規労働』8号, 19～70頁。

崔ジャンジップ［2005］:『危機に瀕した労働:韓国民主主義の脆弱な社会経済的基盤』フマニタス。

殷スミ［2007］:『非正規と韓国労使関係システムの変化（Ⅰ）』韓国労働研究院。

殷スミ［2008］:「非正規立法試行効果及び政策的対応方向」韓国労総政策討論会発表文。

殷スミ［2009］:「非正規職保護法の施行効果及び政策的対応方向」国会環境労働委員会政策諮問討論会発表文。

ハンジュン・ジャンジョン［2000］:「正規・非正規転換を中心にみた就業力と生涯過程」『労働経済論集』第23集, 33～53頁。

韓国労働研究院［2008］:『2008KLI 労働統計』。

全国金属連盟［2003］:『金属産業の下請労働者実態研究』。

丁イファン［2000］:「周辺労働者の組織化・動員化」『韓国社会学』34集, 981～1006頁。

金ユソン［2007］:「非正規職規模と実態」『労働社会』127号, 126～160頁。

金ユソン［2009］:「非正規職保護法の再改正効果」国家人権委員会主催『非正規職法改正に関する討論会』発表文。

権ヘザ［1996］:『非正規労働者実態と労働運動』韓国労総中央研究院。

李ビョンヒ［2003］:『非正規労働の権利侵害事例研究』韓国労総中央研究院（編）『非正規労働問題と労働組合』21～70頁。

李ビョンヒ［2007a］:「労働両極化と社会正義」『韓国社会』第7集1号, 145～172頁。

李ビョンヒ［2007b］:「労働市場両極化と産業別雇用構造」2007年韓国社会学会学術大会発表論文。

李ビョンヒ［2008］:「非正規職保護法施行1年の雇用効果」批判社会学会特別シンポジウム『仕事の維持, ワークシェアリング, 仕事の創出のための討論会』発表文。

李秉勲［2003］:『非正規労働の権利侵害事例研究』韓国労総中央研究院（編）『非正規労働問題と労働組合』21～70頁。

李秉勳［2004］:「韓国労働組合運動の連帯性危機」『アジア研究』118号, 65～89頁.
李秉勳［2007a］:「労働両極化と社会正義」『韓国社会』第7集1号, 145～172頁.
李秉勳［2007b］:「労働市場両極化と産業別雇用構造」, 2007年韓国社会学会学術大会発表論文.
李秉勳［2009］:「経済危機と非正規職の労働権」, 2009社会権シンポジウム発表論文.
李秉勳・金東培［2003］:「非正規人力活用に関する労組効果」『第1回KLI事業体パネル学術大会』発表論文.
李秉勳・金ユソン［2003］:「労働生活の質の両極化に関する研究」『経済と社会』第60号, 129～149頁.
李秉勳・金ユソン・劉マンヒ・印スボム［2002］:『国内企業福祉実態調査及び活性化のための政策法案研究』労働部受託研究報告書.
李秉勳・権ヘウォン［2008］:『世界化時代の労組組織化戦略研究』韓国労働研究院.
李ヒャンスン［2001］:「失業及び不完全雇用研究：新自由主義政策に対する批判」『談論201』101～132頁.
李ジョンソン［2002］:「韓国の新自由主義的構造改革と労働市場の変化」『韓国社会学』36集(3), 25～45頁.
李ヨンザ［2004］:「新自由主義労働市場と女性労働者性：労働の柔軟化に伴う女性労働者性の変化」『韓国女性学』第20巻(3), 99～136頁.
民主労働組合総連盟［2006］:「非正規職組織化現況と課題」内部資料.
南ゼリャン・金テギ［2000］:「非正規職, 架橋 (Bridge) か, 陥穽か」『労働経済論集』23巻(2), 85～105頁.
Tsui, A., H. Pearce, L. Porter, and J. Hite [1995]: "Choice of Employee-Organization Relationship: Influence of External and Internal Organizational Factors", *Research in Personnel and Human Resources Management*, Vol. 13, pp. 117-151.
Way, P. [1992]: "Staffing Strategies: Organizational Differences in the Use of Temporary Employment", *Industrial Relations Research Association 44th Annual Proceedings*, pp. 332-339.
劉ギチョル［2001］:「非定形勤労者の実態」2001年労働経済学会学術セミナー発表論文.
リュウゼウ・金ゼホン［2000］:「近年における常用職の比重変化の様相と要因」, 第2回韓国労働パネル学術大会発表論文.

第Ⅱ部 事　例

第5章　K銀行の成果主義
――人事制度との拮抗を中心に――

禹　宗杬

1．はじめに

　本章は，韓国を代表するK銀行の事例を素材として，近年韓国銀行業において推し進められてきた成果主義の現状をグローバリゼーションとの関連で考察し，その特質を明らかにする。
　1980年代以降，銀行業をめぐる経営環境は世界的に大きく変化した。一方ではM&Aの波が押し寄せ，他方では規制緩和の動きが世界中で強まった[1]。その結果，従来，比較的に官僚的であった銀行業の人事管理は，そのスタイルを一変した。同時に，相対的に安定的であった銀行業の雇用慣行も，劇的な変化を遂げた。頻繁な雇用調整で銀行職場はもはや安定的なものではなくなった。成果給の導入で既存報酬体系の有した「年功的」な性格も急速に薄まった。教育訓練においてもいわゆるゼネラリスト本位からスペシャリスト本位へシフトし，なおコア人材に訓練を集中させる差別化が進んだ[2]。
　世界的に共通のこのような現象が，韓国においても，殊に1997年の経済危機以降顕著に現れた。BIS規準[3]の達成如何で明暗が分かれるなかで[4]，銀行は以前のシェア拡大から収益性重視へと経営戦略を急速に旋回した。むろん，国策銀行の民営化（後述）や資本自由化[5]などにより，この転換はある程度予想されてはいた。それが，1997年33行あった銀行数が2004年19行へとドラスティックに減少するなかで，いわゆるアメリカンスタンダードの伝播として具体化

されたのである。

　収益性重視への戦略転換は組織の変化をもたらした。社外取締役の役割を強化した形での取締役会の再編，顧客別の事業本部制の導入，リスク管理の集権化を通した営業店権限の縮小，営業店の顧客別差別化，「高付加価値」顧客専用のPB（Private Banking）の強化，支援業務のコールセンターへの集中，マニュアル業務のアウトソーシングなどがそれである[6]。そして，戦略と組織の変化は人事管理の変化をもたらした。非正規雇用の増加に代表される雇用形態の多様化[7]，成果重視の報酬体系の導入[8]などがそれである。

　こうしてみると，戦略が組織を規定し，さらに戦略と組織が人事管理を規定するという力学が，韓国でも例外なしに貫かれているようにみえる。すなわち，「戦略→人事管理」のグローバルな次元での貫徹＝収斂というストーリである。しかし，収斂仮説に対しては反論も少なくない[9]。国ごとの固有性が働くゆえ，簡単には収斂しないという主張である。この際，制度の強靭性がその固有性を支える土台となる[10]。

　本章は，これらの議論をふまえ，単線的な収斂仮説では現状の把握が難しいとの立場に立ち，従来からの人事制度の強靭性が「戦略→人事管理」の展開を制約し，それがグローバリゼーションの流れのなかにあっても韓国銀行業に固有の特質をもたらしていることを実証しようとするものである。この際，焦点は成果主義に合わせる。それは一つには，成果主義こそ雇用多様化とともに近年の人事管理の変化を代表するものであるという理由による。そして二つには，にもかかわらず，銀行の内部事情へのアプローチが困難なため，雇用多様化に比して成果主義に関する実証はきわめて少ないという理由による。なお，実証の方法はケーススタディによる。問題の性質上定量的分析が難しいうえ，特質の析出はケースの丹念な観察によるしかないと思うからである。

　ここで問題関心を少し敷衍しよう。経済危機以後広く導入された「新人事制度」については，従業員間の競争をあおるものであるという解釈が一般的であった。たとえば，「新人事制度の経営戦略は，コース別雇用管理のみならず，包括的な意味で人事考課の強化，職級と職位の分離，経歴開発制度等によって

内部労働市場の競争をあおって，組織の中核部分については少数精鋭体制を作り，それ以外の人力はいつでも解雇が可能な臨時職や，パートタイム，派遣労働者を使用するということにある」[11]のごとくである。しかし，肝心の「内部労働市場の競争」がどのように推し進められ，その手段である成果主義管理がどのように行われているかに関しては，何も明らかになっていないのである。

　問題の所在を明確にするために，成果主義をめぐる労使の最近の攻防を垣間見てみよう[12]。2007年末，本章が対象とするK銀行の経営側（以下，経営と略す）は，「2008年成果管理方向および営業店KPI」と称する文書を各営業店宛に発送した。その要点は，営業店成果評価のなかに職員一人当り営業収益を取り入れる一方，評価方式を相対評価に転換するということであった（その意味については後述）。これに対し，全国金融産業労働組合K銀行支部（以下，組合と略す）は，次のように異議を唱えた。第一に，個人ごとの営業収益の評価は，営業店別労働力構成の問題が解消できていないいまの段階では時期尚早であり，労働強度の強化につながりかねない。第二に，相対評価の導入は，店舗間の競争をさらに激化させる一方，評価結果の正規分布化により職員の成果給を減少しかねない。

　この攻防から二つのことが確認できる。一つは，職員一人当り営業収益が争点になっていることからわかるように，組織単位の評価と個人単位の評価が拮抗する段階にあり，いまだ個人ごとの成果評価が定着していないことである。もう一つは，にもかかわらず，その評価結果が個々人の成果給に影響を及ぼすメカニズムが働いていることである。すなわち，成果と報酬が妙な形で結合されているのである。この妙な結合の仕組みを解き明かすことが問題究明のキーといえよう。よって，課題は次のように集約される。一つは，成果管理の実態を把握すること。二つは，人事制度の現状を分析し，それが成果管理を制約する仕組みを理解すること。三つは，成果管理と人事制度の拮抗がどの辺で落ち着いているかを解明することである。以下，2節で成果管理の実態を，3節で人事制度の現状とその成果管理への制約を分析し，「おわりに」で両者がどの辺で決着をつけているかを中心に，韓国銀行業の特質を検討する。資料は，主

に労使の刊行した文献と内部資料に依拠し，労使への聞き取りをもってそれを補完した。

2．成果管理の実態

(1) K銀行の組織

　K銀行は韓国の代表的な都市銀行の一つであり，成果主義をもっとも体系的な形で導入している銀行の一つである。K銀行は2001年，旧K銀行と旧J銀行との統合で生まれた[13]。前身の旧K銀行は，1963年に庶民のための国策銀行として設立され，1995年に民営化された。経済危機後の1998年，「構造調整」の対象になったDD銀行を資産負債引受（P&A）方式で受け取り，なおJ信用銀行と合併して規模を拡大した。一方，旧J銀行は，1967年に住宅資金供給を主な目的とする国策銀行として設立され，経済危機後の1998年に同じくDN銀行を資産負債引受方式で受け取り，銀行再編の流れのなかで「勝ち組」の一員となった。この勝ち組2行のさらなる合併で資産規模最大手のK銀行が誕生したのである。2008年3月現在，従業員は2万6,500人弱で，そのうち正規従業員が1万8,000人，契約社員が8,500人弱である。契約社員のなかでは女性が約7,000人で大部分を占める[14]。

　K銀行の組織から検討を始めよう。K銀行は基本的に「本部組織」，「営業支援本部」，「営業店およびセンター」の3段階組織からなっている[15]。「本部組織」が全国組織，「営業支援本部」が地域組織，「営業店およびセンター」が現場組織に当たる。

　まず，本部組織をみると，本部組織は2008年現在，13グループ・14本部・61部で構成される。13グループは具体的には，営業グループⅠ，営業グループⅡ，マーケティンググループ，投資金融・海外事業グループ，信用カード事業グループ，信託・基金事業グループ，資金市場グループ，与信グループ，財務管理グループ，戦略グループ，HRグループ，電算情報グループ，業務支援グルー

プである。そのうち営業グループⅠ・Ⅱ，投資金融・海外事業グループ，信用カード事業グループなどはライン部門である。一方，戦略グループ，HRグループ，電算情報グループなどは典型的なスタッフ部門である。各グループは担当の副頭取がそれを率いる。副頭取は原則1年単位で採用される。後述する「KPI」の成果評価によって契約更新如何が決定される。なお，「本部」はグループの下に設置される。営業グループⅠを例に取り上げると，営業本部，PB事業本部，個人営業支援本部，企業営業支援本部がその下に設けられている。「部」はグループ直属あるいは本部の下に設置される。たとえば営業本部の場合，個人営業企画部，個人営業推進部Ⅰ，企業金融部がその下に設けられている。

ところで，2004年にK銀行の本部組織は9グループ・4本部・65チームの体制であった。それが2007年には16グループ・14本部・1局83部5室に膨れ上がった。本部所属の職員数（ただし，正規だけ）も2005年2月末の2,900人強から2007年6月末の3,300人弱へと増えた。12％強の増加率である。同期間，K銀行全体の正規職員増加率は4.7％であった[16]。はじめにて指摘した事業本部制の導入と管理の集権化が着実に進んだのがわかる。ただし，2007年12月に職制を改編し，現行の13グループ・14本部・61部に本部組織を多少縮小した。主には企業金融グループとPB事業グループを廃止し，個人営業グループに統合して，管轄地域を基準に「営業グループⅠ」と「営業グループⅡ」に再編した。そもそもK銀行はその顧客層の多数が「庶民」であるゆえ，既存の顧客別事業本部制の行き過ぎを修正し，実情に合わせた措置であったといえよう。

地域組織の「営業支援本部」は，営業グループⅠおよび営業グループⅡの傘下に設けられ，個人営業店と企業金融店の支援および管理の役目を担う。すなわち，それ自体営業活動をするのではなく，傘下の営業店の営業活動を督励するのが営業支援本部の主な機能である。主にソウルをカバーする営業グループⅠの下に12の個人営業支援本部と3の企業営業支援本部が設けられている。ソウル以外の地域をカバーする営業グループⅡの下には18の個人営業支援本部が設けられている。一つの営業支援本部はおおむね30～40カ所の営業店を管轄す

る。

　地域組織も以前に比べればその数が増えた。2004年に16の「地域本部」体制であったのが，2007年の「個人営業支援本部30＋企業営業支援本部4」の体制を経て，現行のものになったのである[17]。管理スパンの縮小を通して管理の密度を高めようとした措置であったといえる。留意すべきは，「地域本部」から「営業支援本部」になるにつれ，「本部長」の権限が弱化されたことである。従来の地域本部長は，所管地域内の全営業店に対する予算権と人事権を有していた。管内での営業店の配置と営業店への予算配分を行うと同時に，管内営業店所属の職員に対して人事考課と昇進を実施できる権限を握っていたのである。反面，新たな営業支援本部長は，管内営業店の配置を行い，営業店へ予算を配分する権限をもたない。成果主義管理において営業支援本部が，営業店に対する「アメ」の機能は吸い上げられ，「ムチ」の機能だけを果たしているといわれる所以である[18]。ただし，営業支援本部は依然として「地域本部」と俗称されており，本章でも殊にことわらない限り，これを踏襲する。

　末端組織の「営業店」は一線の営業活動の拠点である。業務内容によって個人営業店，企業金融店，PBセンターに分けられる。この際，「PB」が富裕層相手の営業活動を意味するのはいうまでもない。K銀行ではこれらの三つの業態をそれぞれ「チャンネル」と呼ぶ。後述するように，成果管理はチャンネルごとに行われる。2006年現在，営業店の数は全国で1,048カ所である。そのうち個人営業店は，2007年12月現在，全国で982カ所である。

(2)　成果管理の実態

　では，成果管理の実態をみよう[19]。K銀行の成果管理のツールはKPI（Key Performance Indicators）である。Balanced Scorecard[20]の応用と見ることのできるこのツールは，旧J銀行がINGグループと戦略的提携を結んだときに，マッキンゼー（Mckinsey & Company）のコンサルティングで導入が進められたとされる。

　興味深いのは，K銀行のKPIが基本的に組織を対象とすることである。すなわち，事業グループ，本部，部署，地域本部，店舗などあらゆる組織が原則

的に成果管理の対象となる。ここから二つの論点が提起される。一つは，その成果が目に見えにくいグループ・部署の評価はどのように行えるかということである。この問題は，KPIを「計量KPI」と「非計量KPI」とに分け，「非計量KPI」を精緻化して適用することによって解決し得るというのが，K銀行の考え方である。もう一つは，個人は成果管理の対象としないかということである。今のところ，その設計が難しく，労働組合の反対もあるため，個人にまでは広げないというのが，K銀行の考え方である。これについては再び論じる。

K銀行において成果管理は基本的に，①ビジョンおよび戦略の樹立，②経営計画の作成，③成果管理基準・KPI開発，④目標配分，⑤レビュー，⑥評価および補償のプロセスに沿って行われる。ここでは①と②は割愛し，③の成果管理基準とKPI開発からみることにする。

成果管理基準とKPI開発

まず，KPI開発の主体をみると，各事業グループのKPIとその配点は戦略グループが，各事業グループ所属本部部署のKPI設定と変更は各事業グループの所管部署が（ただし，戦略グループと協議），各チャネルのKPI設定と変更は戦略グループとチャネルを管轄する事業グループが共同で行う。この際，戦略グループは，全行の経営戦略と事業計画を考慮し，各事業グループのKPIと配点を立案することになっており，各事業グループと本部部署は，それぞれ戦略Map作成を通して，グループ・部署ごとの価値創出の内部プロセスを明確にし，その価値創出目標をKPIに反映することになっている。なお，財務管理グループは，事業グループ別の成果契約書締結を担当し，事業グループごとの目標配分・実績管理・評価業務を担う。

KPI開発以降の目標管理を含め，成果管理の主体と対象をまとめると，表5-1のようになる。経営戦略を成果管理に具体化する責務を「戦略グループ」という別途組織に任していること，「成果契約書」という形式を媒介として各級レベルの「長」にドライブをかけていることが興味深い。留意すべきは，1年ごとの成果契約が「短期業績主義」をもたらす可能性である[21]。これについ

表5-1 成果管理の主体と対象

成果管理の単位 (評価対象)	成果管理の 実行主体	主な内容
各事業グループ	戦略グループ 財務管理グループ	事業グループ別 KPI および配点作成（戦略グループ） 細部評価基準作成・目標設定・成果契約書締結（財務管理グループ） チャネル別目標総額設定
事業グループに 属する本部・本 部部署	事業グループ	本部・本部部署 KPI 設定と目標配分 (ただし、戦略グループと協議)
チャネル	チャネルを管轄する事業グループ	チャネルごとの総合業績評価基準作成・目標設定・目標配分・評価を遂行 (ただし、戦略グループおよび財務管理グループとの合意が必要)

出典：注19)。

ては後述する。

　次に，KPI 開発の流れをみよう。ここではチャンネル KPI に焦点を合わせる。チャンネル KPI こそ，一線の営業店まで貫く成果管理のコアだからである。2008年度 KPI の場合，まず，前年の2007年5月に本店戦略グループの主管のもと，戦略企画部・財務管理部・個人営業企画部・企業金融部・個人地域本部・企業地域本部の担当者が集まり，成果管理 TFT を組織した。ここで成果管理の方向と営業店 KPI の基本設計を行い，9月に入って地域本部長と営業店長を対象に成果管理全般に関する改善事項をインタビューした。それをふまえ，同月，上記の成果管理 TFT と商品所管部署の実務者が集まり，2007年度の改善課題と2008年度の方向性に関して認識の共有をはかりながら，チャネルごとの KPI 方向を設計した。これを受けて10月，個人営業と企業金融別に地域本部と商品所管部署ごとの成果管理担当者が集まり，チャネルごとの成果管理ワークショップを開いた。11月，実務者会議と部署長会議を通して，各チャネル所管部署・商品所管部署・営業店 KPI 関連部署間の調整を行いながら，成果管理方向と営業店 KPI 案に関する意見を集約した。12月，これをふまえ，副頭取会議で案を確定し，全行の執行機関である経営協議会[22]に報告した[23]。

通常，ここでの議決で実施が決定される。

　問題は，KPIの意思決定プロセスがトップダウンになりがちで，一般職員とのコミュニケーションが十分でないことである。たとえば，地域本部長と営業店長を対象に行った「成果管理受容度調査」によると，2006年には対象者の約30％だけが目標配分の手続きに満足していると答えている。2007年にはより悪化し，対象者の20％強だけが満足感を示した。なお，地域本部と商品所管部署ごとの成果管理担当者が集まり，1回のワークショップを開いたとしても，その内容が一般職員にまで行き渡るとは限らない。経営側が，これからの課題として「内部コミュニケーション活性化」と「現場中心教育プログラム運営」を掲げている所以である。

　では，最終案の内容をみよう。最終案は，2007年度の成果管理に対する反省のうえに立てられた。貸出利ざやの縮小など全般的な収益性の下落や，個人預金の不足など全般的な資金調達の困難が，反省の主眼点である。これに対処するため，2008年度成果管理の基本方向は，「収益性とコスト管理の強化」および「収益基盤の拡充と将来の成長動力への支援」に定められた。2008年度KPI案を，個人営業店を例に取り上げてその概要を示せば，表5-2の通りとなる。

　個人営業店KPIの主な項目は「財務価値」，「顧客部門」，「学習成長」，「プロセスその他」である。2008年度案の場合，合計1,000点のうち，それぞれ745点，145点，20点，90点の比重である。4項目で構成されてはいるものの，財務価値の比重が圧倒的であることがわかる。財務価値はさらに収益性460点，健全性65点，基盤拡充220点で構成される。収益性の比重が大きく，財務価値の6割を占める。ただし，他行との競争が激化して預金額が縮小している現状を反映し，2007年度に比べれば収益性の比重が若干減り（2007年度490点→2008年度460点），基盤拡充の比重が増えた（2007年度200点→2008年度220点）。この傾向は基盤拡充の中身にも示され，貸出総額増加実績の比重が減る代わりに（125点→80点），預金総額増加実績の比重が増大している（75点→120点）。なお，「退職年金増加実績」（20点）を新たに評価指標に組み入れたのも，資金

表 5-2　2008年度個人営業店 KPI（案）

		2007年度		2008年度（案）	
		KPI 名	配点	KPI 名	配点
財務価値	収益性	営業利益	240	営業利益	200
				職員一人当り営業利益	40
		非利子収益増大	250	非利子収益増大	220
	健全性	家計貸出延滞管理実績	40	家計貸出延滞管理実績	35
		SOHO 貸出延滞管理実績	25	SOHO 貸出延滞管理実績	30
	基盤拡充	貸出総額増加実績	125	貸出総額増加実績	80
		預金総額増加実績	75	預金総額増加実績	120
				退職年金増加実績	20
顧客部門		優良顧客増加実績	60	優良顧客管理実績	40
		顧客当り賞品群増加実績	50	顧客当り賞品群増加実績	75
		顧客満足度	30	顧客満足度	30
		DM 住所整備率	5		
学習成長		職員育成	20	職員育成	20
プロセスその他		検査および内部統制	−100〜+5	検査および内部統制	−100〜+5
		苦情	−30〜+3		
		協力マーケティング	+10	協力マーケティング	+20
		経営懸案指標	70	経営懸案指標	90
合計		15個指標	990	15個指標	1000

出典：表 5-1 と同じ。

調達に向けたインセンティブを強化すると同時に，「将来の成長動力」となり得る市場を先占するためといえる[24]。

　企業金融店 KPI も基本的には同じ方向で設計された。2007年度は「財務価値」790点（その内訳は収益性350点，健全性100点，基盤拡充340点），「顧客部門」140点，「学習成長」20点，「プロセスその他」50点であった。それが2008年度においては「財務価値」790点（その内訳は収益性360点，健全性70点，基盤拡充360点），「顧客部門」120点，「学習成長」20点，「プロセスその他」70点に変わった。大きな変化ではないが，基盤拡充の比重が少し増える形で成果目標が設定されているのがわかる。

留意すべきは，2008年度KPI案が営業店間の相対評価をより意図していることである。表5-2に戻ると，収益性の柱の一つである営業利益において，2007年度は単に240点であったものが，2008年度は「営業利益」200点と「職員一人当り営業収益」40点とに分解されている。これは企業金融店でも同じで，2007年度の「営業利益270点」が，2008年度では「営業利益230点＋新規貸出利ざや改善度50点」に変わっている。このように「職員一人当り営業収益」（個人営業店）と「新規貸出利ざや改善度」（企業金融店）を新たに設けたのは，従来のKPIが目標対実績の絶対的評価に傾いていたことを見直し，これらの指標を活用しながら営業店間の相対評価をより強化するためである。ほかに，預金総額増加実績および退職年金増加実績も2008年度より相対評価の対象となった。

このような個人評価および相対評価の強化に組合が反発していることはすでに述べた通りである。興味深いのは，経営側の対応である。組合の異議申し立てに対し，経営は次のように答えている。「職員一人当り営業収益は，実は従前の職員一人当り配分目標概念を引き継いだもので，いまの段階での修正提案は，正規職員は1（ただし新入社員あるいは再配置社員はその加重値を下げる），契約職員は0.5の加重値を与え，なお現状と実績改善を別々に評価するということである」[25]。ここから二つの重要な事実を読み取ることができる。一つは，「職員一人当り営業収益」が，成果主義を個人レベルにまで浸透させるために新たに開発した指標というよりは，従前のやり方を踏襲あるいは応用したものにすぎないということである。もう一つは，成果主義管理を適用されない契約職員が「0.5」とカウントされている点でわかるように，「職員一人当り」という指標は，職員一人一人を評価対象とするという意味ではなく，あくまでも「職員一人当り×職員数＝営業店」という意味での，基本的には組織を評価するツールとなっているということである。

よって，現実の問題は一人一人の成果を飛び越え，営業店における配置と要員に突き当たる。ここで配置問題とは，高年齢のL2・L3（後述）職級者の配置換え，あるいは本部職員の現場へのジョブ・ローテーションを意味する。こ

れらの人々は高年齢であるがゆえに，または現場になれないがゆえに，一人当たりの生産性が落ちかねない。したがって，これらの人々が自店へ配置されるのを誰も歓迎しない可能性が出てくるのである。一方，要員問題とは，営業店における若年層の構成比と，職員の絶対数を意味する。部・店長の立場からは比較的に若くて働き盛りの層が多ければ多いほど，職員の絶対数が少なければ少ないほど，自部・店の生産性が高くなるゆえ，他部・店より有利な要員構成・要員数にこだわる可能性が高いのである。とまれ，ジョブ・ローテーションが当然という環境のもとにあって，「生産性＝アウトプット／インプット」の向上をアウトプットの増大よりインプットの選別／抑制に求めてしまっては，部・店長の短期的な業績と，部・店の長期的な成長とが衝突する蓋然性は高くなるといえよう。

目標配分

では，冒頭で述べたプロセス④「目標配分」に移ろう。上記のように設計された営業店KPIが，具体的な成果目標として個々の営業店にどのようにブレイクダウンされるかの問題である。まず，配分の流れをみると，年度末の経営協議会で実施が決定された営業店KPIは，直ちにすべての部・店に通知される。そして，年度初めの1月，成果目標の振り分けが行われる。これは，(a)本店財務管理部がチャネルごとに成果目標を配分する，(b)これを受けて各チャネルの所管部署が地域本部ごとに成果目標を配分する，(c)これを受けて各地域本部が営業店ごとに成果目標を配分する，という順に行われる。この際，地域本部は，各営業店の従来の実績と成長率，そして営業店の職員数を考慮して成果目標を定める。ただし，非常に不利な立地条件など「特異事項」は勘案する。

配分された目標に異議のある営業店は異議申立を行い，2月上旬までは営業店ごとの成果目標が確定する。営業店ごとの配分と確定は，通常「実務者会議」(「実務者ワークショップ」ともいわれる)を通して行われる。地域本部からは所管部署の担当者が，各営業店からは成果管理を担当する次長または課長が参加する。営業店の担当者は営業店の事情をふまえ，成果目標に関する意見

表5-3 「成果契約」の締結

被評価者	評価者	締結方法
事業グループ副頭取 事業グループ所属以外の本部長・部署長	頭取	互いに成果契約書を作成
事業グループ所属本部長 地域本部長	事業グループ副頭取	互いに成果契約書を作成
検査本部長	常勤監査委員	互いに成果契約書を作成
本部部署長（部・室・局）	事業グループ副頭取	互いに成果契約書を作成
営業店長	地域本部長	チャネル別「総合業績評価基準」によるKPIおよび目標設定を以て成果契約に代える

注：事業グループ所属以外の本部長・部署長は，海外事業本部，遵法監視人，秘書室，理事会事務局などである。
出典：表5-1と同じ。

を述べる。しかし，その反映の程度は大きくないというのが現場の大まかな見解である。つまり，地域本部より降りてきた目標がそのまま通るのが普通とされる。

次に，目標配分の手続きをみると，本店→事業グループ→地域本部→営業店にブレイクダウンされる成果目標は，基本的に各段階における「成果契約」という形をもって具体化される。その内訳を表したのは表5-3である。このように結ばれた成果契約は，その達成如何を被評価者の地位と連動させることによって，強制力を発揮することになる。たとえば地域本部長は，基本的に任期が2年であるが，所属する事業グループ副頭取と取り結んだ成果契約の達成度が芳しくない場合は，1年で任期が切れることもあり得る。あるいは任期は維持されたとしても，その年の実績によって年俸がカットされる[26]。営業店においても，営業店長は実績が悪い場合，年俸がカットされるか，後述する「後線役」に降格される。こうして毎年更新される成果契約は，目標達成に向けて組織の努力を引き出す強力なツールとなる。

ここで検討すべき一つの問題は，地域本部である。すでにふれたように，地域本部は独自の権限をそれほどもたない。にもかかわらず，管内営業店の実績の「和」によってその評価が決まる位置におかれる。よって，「ムチ」だけで

営業店にドライブをかける可能性が高くなる。現にこの問題は労使間の争点となり，「地域本部KPI評価の廃止如何」が労使共同の特別委員会で議論されるはこびとなった[27]。ちなみに，「職員満足にかかわる事項をKPIに取り入れること」も特別委員会で同時に取り扱われることになる。

レビュー

　以上をふまえ，プロセス⑤「レビュー」に移ると，与えられた年間の成果目標は月単位と四半期単位でチェックされる。レビューの対象と周期および内容をまとめたのが，表5-4である。目標に向けたチェックは，チャンネルを管轄する事業グループの場合，基本的に実績モニタリング→ビジネス・レビュー→成果管理レビューのプロセスで行われる。月単位で実績をモニタリングしながら，四半期ごとに「経営計画⇔ビジネス現況⇔対応策」を主に検討する「ビジネス・レビュー」と，「成果目標⇔目標達成度⇔改善策」を主に検討する「成果管理レビュー」を通して，目標達成を促すことになる。

　このプロセスに合わせて，地域本部以下では次のようにチェックがなされる。まず，日常的な情報のやりとりが行われる。毎日，地域本部が営業店に流す実績値が16個，各営業店が地域本部に報告する実績値が10個といわれる[28]。次に，この情報に基づき，実績のよくない場合の指導が行われる。地域本部レベルでは，主要KPIに即して，たとえば「非利子収益増大」という目標に問題があるとすれば，「カード不振店対策会議」を開く。場合によっては当該営業店に不振の理由と改善策を問う「報告書」を提出させる。全般的な実績が芳しくない時は地域本部長が営業店を直接訪問し，改善を督励するケースもある。営業店レベルでは，地域本部より降りてくる日単位の実績表に基づき，毎週（主に月曜日）「責任者会議」（営業店長以下，各チーム長が集まる）を開き，店舗の実績を点検しながら主な取引先の情報を交換し，改善策を練ることになる。

　ただし，ここで問題が生じる。KPIは最終的にはその照準を営業店に定める。ゆえに，実績向上如何も不振の責任もそのほとんどが営業店長の一身にのしかかることになる。実際，有能な営業店長を担いだ職員は，自分の能力・努

第5章　K銀行の成果主義　161

表5-4　レビューの対象・周期・内容

	実績モニタリング	ビジネス・レビュー	成果管理レビュー
対象	Non-Business グループを除いた事業グループ	事業グループ（頭取へ報告あるいは財務管理グループと協議）	事業グループ・チャンネル・本部部署
周期	毎月	四半期	四半期
内容	Financial Summary Dash Board KPI 実績	与えられた経営計画の正確性・適合性を検討。 グループごとの成果および改善対策。	四半期決算をふまえ、目標対比達成度を評価。 目標達成の阻害要因の把握と対応策の作成。

出典：表5-1と同じ。

力がそのレベルに相応しくない場合でも、他店より相当程度よい成果報酬を受け取ることになる（後述）。反面、有能さに欠ける営業店長は、後線役への降格などペナルティに脅かされ、成果達成のために部下職員を駆り立てる誘惑にとらわれがちである。よって、運わるくそのもとに配置された職員は、やる気を失い、ただ我慢の何年を送るしかない境遇におかれる。現に、「一部営業店長の場合、渉外など固有の業務に力を入れる代わりに、一日中営業店に座り込み、職員の監視とドライブに没頭する」という報告がなされている[29]。

評価および補償

それでは、成果管理プロセス⑥の「評価および補償」をみることにしよう。評価は、「KPI目標－達成率－得点－等級」という仕組みで行われる。KPI目標は、原則的に「従来の最高実績×1.2」として与えられる。目標は通常、年間を通じて達成すべきものとして与えられるが、その評価周期は指標によって多少異なる。営業店KPIを例に取り上げ、主な指標と評価周期とをクロスさせたのが表5-5である（KPIごとの配点については前掲表5-2を参照）。「健全性」または「顧客／プロセスその他」のようにコンスタントな管理が必要な指標は、四半期あるいは半期ごとに評価するが、収益性と基盤拡充のように総額が重要な指標は年度の終わりに一括して評価するという仕組みである。ただし、目標遂行の時期的な偏りを避けるため、上半期得点（「得点」に関し

表5-5　営業店KPIの主な指標と評価周期

	1四半期	2四半期	3四半期	4四半期
収益性	上半期得点10%→			
	年間得点90%→			
健全性	四半期得点25%	四半期得点25%	四半期得点25%	四半期得点25%
基盤拡充	上半期得点10%→			
	年間得点90%→			
顧客/プロセスその他	上半期得点50%		下半期得点50%	

出典：表5-1と同じ。

ては後述）を10%の範囲で評価している。

　与えられた目標と達成した実績との比率が「達成率」である。達成率は，主なKPI指標によって，その評価程度が若干異なるように設計されている。チャンネルを中心にみると，収益性の場合，「営業利益」は30～120%，「非利子収益」は0～120%である。一方，健全性は30～100%，基盤拡充は30～120%である。目標自体が「従来の最高実績×1.2」で与えられるゆえ，健全性は目標達成だけでよく，ほかは目標を20%も超過して達成すればそれで充分という考え方である。なお，当該年度の目標達成率が高い場合，それに準拠して次年度の目標値が設定されるため，次年度以降の目標達成如何を危惧して，営業店によっては当該年度の達成率を一定程度以内に抑えようとする動きが出かねない。これに対処する方法の一つとして，KPI指標別目標の160%を超過した分に対しては，その一定率を次年度目標より差し引くことにしている。

　この達成率にKPI配点をかけたのが「得点」である。つまり「KPI別得点＝KPI指標別達成率×KPI指標別配点」である。ただし，達成率が100%を超過した場合と100%以下の場合とでは，その計算方式が異なる。達成率100%以下の区間では，1%当り1点で計算するのに対し，それを越えた区間に対しては1%当り0.33点の比率で計算する。超過達成分に対して割引が行われるのである。

　このKPI指標別得点を評価単位ごとに全部足したのが，その評価単位の

「総合得点」である。そして，この総合得点を原則絶対評価方式によってランクづけたのが「等級」である。KPI 目標を完全に達成した際の総合得点を100として，その80％水準を達成したものが「G 等級」となり，それを基準として S・A・G・C・D の 5 段階評価が行われる。具体的には80％以上87.5％未満が G 等級，87.5％以上95％未満が A 等級，95％以上が S 等級，80％未満70％以上が C 等級，そして70％未満が D 等級である。

ただし，等級の決定においては相対評価の原理も働く。それは二つのルートによる。一つは，前述した通り，「職員一人当り営業収益」，「新規貸出利ざや改善度」，「預金総額増加実績」および「退職年金増加実績」などは当初より評価単位間の相対評価が予定されていることである。もう一つは，下位単位（たとえば本部・部署）の評価結果の平均値が直近上位単位（たとえばグループ）の評価結果と異なった場合は，それを直近上位単位の評価結果と合致するように調整することである。なお，同レベルの評価単位間にメリハリをつけるために，評価者が一定の範囲内で評価等級を調整できるようにしている。たとえば，各事業グループについては頭取が配点の「＋－15％」の範囲内でそれらの評価等級を調整でき，グループ所属の本部・部署については担当の副頭取が配点の「＋－10％」の範囲内でそれらの評価等級を調整できる。

一方，主なラインである個人営業店，企業金融店，PB センターなど各チャンネルの評価等級は，当該年度の全行の経営目標達成如何と連動して，その等級が調整されることになっている。全行が目標を達成した場合には，営業店の等級比率は取り立てて調整しない。ただし，C および D 等級がそれぞれ20％を超過した場合は，それを20％以内に制限する。全行が目標を達成しているわけだから，底上げをはかるという意味である。反対に，全行が目標を達成できなかった場合は，それぞれ20％を超過した営業店の S・A・C・D 等級は各20％以内に制限され，G 等級を中心に分布が調整される。全行の目標未達成という事態に合わせて上位等級の比率を一定程度以内に抑えるという意図である。

検討すべきは，店舗の立地等を考慮した場合，最初から営業店間の有利・不利が存在し得ることである。これを勘案しない評価は，その説得力を失いかね

ない。この問題は，現実には「成果評価群」の設定という方法で解決が試みられている[30]。「成果評価群」は次のようなプロセスで設けられる。まず，すべての営業店を「地域」によって「首都圏」と「地方」に大分類する。次に，「営業規模指数」によって，首都圏を6個のグループ，地方を5個のグループに分類する。次に，「営業与件指数」によって，各グループを首都圏は「上」，「中」，「下」の三つのグループ，地方は「上」と「下」の二つのグループに分類する。総じて，首都圏18群（＝営業規模6×営業与件3），地方10群（＝営業規模5×営業与件2），合計28群に分類するのである。なお，新設店舗2群，「環境劣悪店舗」2群は別途に分類する。この際，営業規模指数は「営業収益規模指数45％＋主要資産負債規模指数30％＋非利子収益規模指数25％」で測定される。営業与件指数は「地域本部長および営業店長の営業与件評価指数40％＋立地環境指数25％＋KPI総合得点率指数30％＋開店以降の経過月数5％」で測定される。

　このようなカテゴリの設定が，評価の公正さの確保に寄与するのは間違いない。組合が留保付きではあるものの，相対評価の長所を一部認めているのもそのためである[31]。しかし，「成果評価群」の設定で解決されるほど問題は簡単でない。ポイントは，「従来の最高実績×1.2」としてKPI目標が与えられるところにある。スタートラインの違いが認められたとしても，120％超過達成に向けた有利・不利は依然残る。立地など営業与件の良い営業店ほど目標達成の可能性が高くなるのである。したがって，自分の意思によらない職場配置で生じる実績の格差に，多くの職員が苛立ちと不満をおぼえるのは自然といえる。この問題を解決しない限り，公平性はなかなか確保できないのが現実である。

　評価結果は人事，報酬，褒賞にそれぞれ反映される。人事においては，すでにふれたように，成果契約書を締結した各組織単位の長の任期と昇・降格に直接かかわる。単位組織の長を除いた職員の場合はその昇格と昇進に深くかかわる。たとえば職級L3・L4（後述）の場合，昇格のための総合評価に成果評価が70％の比率で反映される。なお，昇進においても成果評価の結果は昇進基準の重要な要素となる。報酬においては成果給，そのなかでも変動成果給に直接

反映される。成果評価の結果により一線の営業店長の場合は通常賃金の300〜900％，チーム員の場合は400〜800％の範囲内で変動成果給がそれぞれ支払われる。その差は少なくないといえよう。褒賞においては，たとえば本部・部署所属職員の場合，評価結果が上位20％以内で総合得点がＡ等級以上の部署は「頭取表彰」を受ける。この褒賞は名誉になるだけでなく，個人評価において当人の成果評価点数に「満点の５％」が加算されるなど，人事にもつながる仕組みとなっている。ただし，成果と人事との関連の程度はまだ限定的である。具体的にみよう。

3．人事制度の現状

(1) 資格と昇進／降格

資格と昇進

　Ｋ銀行の掲げる人事管理の原則は，「成果主義文化の確立」，「職員の価値極大化」，「組織と個人の調和」である[32]。ここでは「成果主義文化」がどの程度「確立」されているかを，主に昇進および報酬制度との関連で検討する。それを通して，「成果主義」のはずの人事制度が，どのように成果管理を制約しているかを考察するのが課題である。ところで，Ｋ銀行は職員を「一般職員」，「専門職員」，「特定職員」に区分して管理している。以下，一般職員すなわち通常の正規職員に限って検討する。

　Ｋ銀行における人事管理の骨格は「職級」である。職級は「職務遂行と関連して求められる力量段階」と定義される。日本の資格に当たるといえよう。一方「職務」とは「個人が遂行するに適切な形で割り当てられた業務と，その業務遂行に当たっての義務と権利の集合」をいう。日常的な人事管理は職級に即して行われる。職務は「職務給」と関連して意味を有するにすぎない（後述）。

　一般職員の職級は「L1」，「L2」，「L3」，「L4」の４つに分けられる。以前は６級〜１級の６ランクであったが，2001年の両銀行の統合を契機として「５・

表 5-6 職級別力量段階

職級	力量段階
L1	職務役割の学習および制限的範囲内での業務遂行
L2	専門力量の蓄積および独立的な問題解決力量の保有
L3	専門力量の完成および単位組織リーダーシップ承継力量の保有
L4	戦略的リーダーシップによるビジョンの提示および経営リーダーシップ承継力量の保有

出典：注32)。

「6級→L1」,「4級→L2」,「3級→L3」,「1・2級→L4」にそれぞれ移行した。これに関しては若干の説明が要る。統合当時,旧K銀行は基本的に職位に対応した6段階の職級構造を有していた。「主任→係長→代理→課長→次長→支店長」がそれである。これを,統合後行われた「新人事報酬統合」(2002年12月)を契機として,旧J銀行の職級構造にならい,4段階に改定したのである。改定の要点は,職位と職級を分離し,職級中心にランクを定めると同時に,職位の意味を弱め,「チーム制」を強化するということであった。L1・L2は職位を離れ「チーム員」となり,その分,組織の編成替えが自由に出来るようになったのである。世界的な組織フラット化の流れに乗った措置であったといえよう。L1→L4の順に上がる職級別力量段階を示せば,表5-6の通りになる。日本の職能資格の定義に類似した,オーソドックスな概念設定をしていることがわかる。

　この職級の上がることを「昇格」という。昇格は,直下位職級の職員のうち「昇格資格最小要件」を備えた者を対象に,所定の審査に基づいて行う。昇格資格最小要件は,①L1は入行後4年,L2は当該職級昇格後4年,L3は当該職級昇格後3年を経過し,②当該職級期間のうち営業店勤務を最小1年以上行い,③上位の職級に必要な研修課程を履修することである。審査は,「総合評価」の結果を中心に,各事業グループ副頭取および地域本部長の推薦意見,職務経歴,賞罰事項,特別功績あるいは職務資格等の人事資料を総合的に考慮して実施する。

　ここで評価に目を転ずると,昇格審査の中心となる総合評価は「力量評価」と「成果評価」で構成され,毎年6月末と12月末を基準に行われる。力量評価

は，最近4年間（ただし，L3は3年間）の力量評価取得点数を算術平均することで得られる。成果評価は，当該職級期間中（ただし，L1は最近4年間）の成果評価取得点数を算術平均することで得られる。力量評価と成果評価の反映比率は職級によって異なる。L4とL3は「力量評価30％＋成果評価70％」，L2は「力量評価50％＋成果評価50％」，L1は「力量評価60％＋成果評価40％」の比重で評価される。こうして，昇格資格最小要件を備えた者のなかから，総合評価の得点順位が上位20％以内に入る者をもって「昇格候補者プール」を構成し，この候補者を対象に上記の諸人事資料を総合的に考慮した最終審査を行って職格者を決めるのである。評価の詳細に関しては後でまたふれる。

　昇格は，モデル的には最速でL1→L2に4年，L2→L3に4年，L3→L4に3年かかるようになっているが，実際はL1→L2に8〜10年，L2→L3に8〜10年，L3→L4に6〜8年程度かかるとされる。昇格と組織単位との関連性をみると，L1→L2およびL2→L3の昇格は各事業グループの権限で行う。L3→L4，つまり部・店長級への昇格は本店がかかわる。具体的には，各事業グループより推薦された昇格対象者名簿をもとに，本店HRグループ（すなわち人事部）が定員の3倍数まで昇格予定者を絞る。そのなかから地域本部が順位を決め，それを考慮しながら各事業グループ，たとえば普通の営業店所属の職員であれば営業グループⅠあるいは営業グループⅡが人選を最終的に決定する。このプロセスにおいて，人脈など錯綜する人間関係が昇格に相当程度影響を及ぼすことが，たびたび問題点として指摘される。

降格と「後線補任」

　一方，日本のポストに当たる「職位」は「職務を担当する者の業務組織上の地位」と定義される。一般職員の場合，その職位は大きく「チーム員級」，「チーム長級」，「部・店長級」の3つに分けられる。チーム員級は「チーム員，別定，開設準備委員，専門役，後線役」など，チーム長級は「単位組織内の小チームの長，副頭取直属の小チームの長」などで，部・店長級は「部・店長，開設準備委員長，調査役」などである。一つ留意すべきは，このような職位と対

内外の呼称との関係である。部・店長級およびチーム長級の職員は，自分の職級にかかわらず，当該職位あるいは職務をそのまま呼称として使うことになる。チーム員級の職員は，自分の職級にしたがい，L1は代理あるいは係長，L2は課長あるいは次長，そしてL3とL4は先任次長の呼称を使い得る。この際，原則的に代理は入行後4年以上の者に，そして次長はL2昇格後4年以上経過した者に付与される。なお，銀行は他業種に比して昇進が遅いゆえ，対外的なバランスをとるために，L3以上のチーム長の場合，「副支店長」，「副部長」，「副センター長」などの呼称を使えるようにしている。

　職級と職位との関係をみると，規則のうえでは「職員は職務遂行力量段階によって次の職位に任じられる。L1はチーム員，L2～L4は単位組織の長，チーム長，あるいはチーム員」と，大まかな対応関係しか定められていない。しかし，現実ではより細かい対応が行われている。前述の呼称の意味を含めると，L1は平の行員および代理，L2は課長級，L3は次長級，L4は支店長級の職位・職務に任じられるのが通常である。この職位が上がるのが，狭い意味での「昇進」となる。昇進は，「当該分野の職務経歴と職務力量，リーダーシップ力量，当該職務遂行の意思，事業グループ副頭取と地域本部長の推薦意見，および各種評価結果」を考慮して，「当該職務の任用資格要件にもっとも適合した者」を対象に行うこととなっている。

　職位において殊に説明を要するのは，チーム員の中に含まれている「後線役」である[33]。「後線役」は「授与信関連の渉外業務および所属長指定の特定業務を遂行する者」として定義される。ただし，それは業務上の定義にすぎず，実際は業績不振による左遷者＝降格者である。後線役は段階的に「業務推進役」と「相談役」とに分けられる。前者は「業績不振，諸評価不良，その他の事由で後線配置が必要となった者」である。後者は「業務推進役のうち，さらに実績不振あるいは諸評価不良の者」である。「相談役」でなお業務実績が不良な場合は1年以内の「待機」を命じられる。そして，待機期間が終わった後でも何かしらの職位が与えられない場合は「（命令）休職」となる。つまり，業績不振を事由として，通常の職位→業務推進役→相談役→待機→休職（→免

職[34]) という下降異動が生じるのである。この際，報酬水準は通常の職位を100％とした場合，業務推進役81％，相談役63％，待機43％，休職17％となる（ただし，2006年現在）。相当程度の賃金削減であることが分かる。

むろん，業績を改善することによって，「休職」から遡って「通常の職位」にまで復活できる道は用意されている。しかし，その道は平坦でない。むしろシビアなほうである。後線役は四半期ごとに評価を受け，連続した2期の評価結果によって次期の処遇が決められる。評価基準の110％以上の実績を収めれば，職位は上がり，現職に復帰できる。基準の66％以上の実績であれば，現状のままである。それ以下の実績であれば，さらに一段階降格される。留意すべきは評価基準である。後線役は「一線」から退けられたがゆえに，チーム・レベルの実績目標は与えられない。代わりに，個人レベルの目標が与えられる。原則的に個人が開拓した新規口座と手数料収入だけが実績と認められる。では，「100％の実績」とは何を意味するのか。簡単にいえばそれは，評価期間中に稼いだ収益がその期間中に本人に支払われた報酬総額と同等になることである。こうしてドライに計算し，自分の受け取る報酬より10％上回る金を稼いだ者だけを現職に復帰させることになっているのである。後線役への降格，あるいはそれに対する恐怖が，尋常でないストレスをもたらし得ることがよくわかる。

この問題においてもポイントはやはり「部・店長」である。後線役への降格者は，懲戒事由による者を除けば，大きく「部・店長級後線補任職員」と「チーム員級後線補任職員」とに分けられる。このうち後者の「チーム員級」は実際にはあまり意味を有しない。2005年の段階で労使が「これからは労組の同意なしに後線補任の発令をすることはできない」と合意しているからである[35]。通常，チーム員級は組合員身分であり，労組が彼らの後線補任にやすやすと同意するはずがない以上，その降格は実際には防がれているとみて差し支えない。よって，争点はおのずと前者の部・店長級の後線補任問題に絞られる。すでにみた通り，成果管理は部・店長を結節点としていた。そのうえ，部・店長級がキャリアの決定的な分岐点（さらなる昇進か，そのままでの退職か，後線役への降格か）になっていることに照らせば，部・店長級にのしかかる重圧感は想

像に難くない。

　この重圧のため，現場で様々な問題が生じていることはすでにみた。第一線の職員＝組合員に対する実績向上ドライブ・過重労働の原因が「部・店長級後線補任制度」にあるととらえた組合は，彼らが非組合員の身分であるにもかかわらず，後線補任制度の廃止を機会あるたびに要求した[36]。これに対して経営は，後線補任制度の廃止が成果管理の効率性を害するという理由で，その存続を強く求めた[37]。なかなか妥協点を見出せなかった両者は，一応「部・店長総合評価制度を新たに設けて成果評価と人事評価を総合的に考慮する，初任の部・店長は3年間後線補任対象より除外する，後線補任基準は最小1年前までに公知する」ことに合意した[38]。しかし，これで問題解決の目途がつくわけではない。後線補任問題は2007年末，労使が「賃金ピーク制」に合意することでようやく解決の端緒についた。「53，54歳の部・店長後線補任対象者は後線補任と賃金ピーク制のいずれかを選択することができる」と規定することで，対象者が名誉ある賃金カットを選択し，代わりに雇用保障を得られるようにしたのである[39]。

　ちなみに，職員の部署間異動と部署内配置についてみると，部署間異動は「同一部・店内での勤務期間，職務経歴，適性，能力，勤務成績等」を考慮して行うとされている。実態としては，主に5年以上同一部・店内に勤務した者を対象に行われる。定期異動の時期がくると，対象者に一応希望部・店のリストを出させる。しかし，希望通りにはなかなかいかないのが現実である。経営は，店舗ごとの男女間の構成比，同一学校出身者の比率，出勤および退勤時間[40]，職員間の人間関係などを考慮して発令を出す。なお，部署内配置は「キャリア開発経路にしたがって職員を循環配置し，所定の教育を履修しあるいは職務資格を取得した者には，関連業務の職務を与え事務を分担させる」原則で行うとされる。

(2) 報　酬

「基本年俸」

　では，賃金制度はどのようになっているのであろうか。K銀行の賃金は次のように構成される[41]。

　　賃金＝基本年俸＋成果年俸＋法定手当
　　基本年俸＝基本給＋資格給＋職務給＋厚生給
　　成果年俸＝基本成果給＋利益配分制＋インセンティブ
　　法定手当＝時間外勤務手当＋年次休暇手当

　このような賃金体系は，現実的には統合の影響によるものである。そもそも旧K銀行は単一号俸制に基づく比較的シンプルな賃金体系を有していた。それに対し，旧J銀行は号俸制＋集団成果給制を採用していた。それが，統合をきっかけに旧J銀行の賃金制度を取り入れる形で整備されたのである。ただし，両行とも長い期間年功的な号俸制を採用してきており，以下にみるように，その影響は現在でも根強く残っている。

　賃金項目のうち，基本年俸は基本給に当たる。基本給は「基本的な役割遂行のために支払われる報酬」と定義される。表5-7でみるように，15の等級ごとに定額で決められる。等級間の間差がほぼ等しく，上位等級のほうに進んでも差は開かない。通常，上位等級に進めば進むほど間差が大きくなる，日本など諸外国の例とは対照的である。従来の単一号俸制の痕跡といえよう。各等級へのランクづけは基本的に学歴と勤続年数による。最下位の1等級の1年次が高校卒の初任等級である。2年制短期大学卒は1等級3年次に，4年制大学卒は2等級2年次にそれぞれ格づけられる。上位等級への昇給は原則3年ごとに行われる。勤続年数だけでほぼ自動的に昇給する[42]。人事考課によって昇給に差をつけること[43]はまだ行われていない。これもまた深く刻まれた年功制の痕跡といえる。なお，資格給は，上述した「職級」ごとの定額給である。その内

表5-7　K銀行の基本給表（2007年末現在）

（単位：ウォン）

等級	金額	等級	金額
1	670,000	9	1,650,000
2	760,000	10	1,780,000
3	860,000	11	1,910,000
4	980,000	12	2,020,000
5	1,120,000	13	2,120,000
6	1,250,000	14	2,230,000
7	1,380,000	15	2,330,000
8	1,520,000		

出典：注41）。

表5-8　K銀行の資格給表
（2007年末現在）

（単位：ウォン）

職級	金額
L4	830,000
L3	680,000
L2	530,000
L1	320,000

出典：表5-7と同じ。

訳は表5-8のとおりである。基本給と同じく，資格給においても職級間の間差は比較的均一である。否，あえていえば，下層のL1→L2がもっとも大きい。従来のオーソドックスな年功制の規定力がどの程度強いかをよく表している。

　一方，職務給は「職務価値と個人の力量に対する報酬」と定義される。職務給は大きく「部・店長級」，「チーム長およびチーム員級」，「後線役」に分けてそのテーブルが定められている。部・店長級は，たとえば支店長の場合，各種計数・顧客数・従業員数など，主に店舗規模によって4つのランクに分けられ，1,700,000ウォンから2,150,000ウォンまでを支払われる。本部の部署長またはその他部・店長は4つのランクに分けられ，1,850,000～2,300,000ウォンを支払われる。チーム長およびチーム員級の職務給は，表5-9のとおりである。「電算職務」と「一般職務」とに分けられ，一応職級とは分離して定められた職務等級（J1～J5）によって定額を支給される。

表5-9　K銀行のチーム長およびチーム員級の職務給表（2007年末現在）

（単位：千ウォン）

	J1	J2	J3	J4	J5
電算職務	500	680	850	1030	1150
一般職務	470	620	770	930	1050

出典：表5-7と同じ。

　留意すべきは，この職務等級が，大まかなランクづけに基づいて定められており，範囲職務給のように細かい昇給を前提とするものでないことである。よって，通常のチーム長あるいはチーム員は，類似したレベルの同僚と全く変わらない職務給を受け取ることになる。名称は職務給であるものの，実態は資格給に近いものといえよう。ちなみに後線役の場合は，業務推進役が5つのランクで100,000～800,000ウォン，相談役が五つのランクで50,000～400,000ウォンである。なお，厚生給は，一般職員全員に一括して昼食代として200,000ウォン，通勤費として200,000ウォンを支給し（ともに2007年末現在），福祉年金として各人の個人年金信託口座に通常賃金[44]の15％を積み立てる。

　総じて，「基本給＋資格給＋職務給＋厚生給」で構成される基本年俸は，同期入社の者であればほぼ同額を受け取る仕組みになっているといえる。もし差が出てくるとすれば，それは昇進年次にズレが生じ，その結果資格給・職務給に格差が生まれることによる。ここからいくつか論点を引き出すことができる。第一に，もし職員間の「競争」を刺激しようとするなら，それは「成果年俸」によるしかないこと。第二に，一般職員の長期的なインセンティブはほぼ昇進に絞られており，その意味では昇進こそ職員間の長期間にわたる「競争」を刺激できる有効な手段であること。第三に，にもかかわらず，年功的な秩序が強固で，それが職場および企業の安定性を保っている側面を有している以上，むやみにその秩序を破壊するわけにはいかないことである。これらを念頭におきながら検討を進めよう。

表 5-10　K銀行の基本成果給支給率表（2007年末現在）

(単位：%)

		定率成果給	変動成果給				
			D	C	B	A	S
本部部署	部長	100	400	500	600	700	800
	チーム員	100	500	550	600	650	700
その他の部・店	部・店長	100	300	450	600	750	900
	チーム員	100	400	500	600	700	800

出典：表5-7と同じ。

「成果年俸」

　成果年俸は「基本成果給＋利益配分制＋インセンティブ」で構成される。そのうちもっとも大きな比重を占めるのは基本成果給である。それは「単位組織および個人の成果と連動して差をつけて支払われる報酬」と定義される。しかし，実際はほぼ「単位組織」の成果だけで決められる。いまだ「個人」の成果を本格的に評価する作業は行われていないからである。よって，単位組織（その多数は営業店）の成果によって，その組織に属するほぼ全員が同じ倍率の基本成果給を受け取ることになる。これについてはまた論じる。

　ところで，基本成果給は定率成果給と変動成果給とで構成される。その支給率は表5-10のとおりである。定率成果給は，全職員に一括して通常賃金の100％を旧正月と中秋節に50％ずつ支給する。変動成果給は，通常賃金の600％を基準として，前年度の成果評価の結果により，営業店のチーム員であれば「S等級800％」から「D等級400％」まで差等支給する。営業店長の場合，その幅は900〜300％でさらに大きい。変動成果給は4分され，2・5・8・11月にそれぞれ支給される。一方，利益配分制（Profit Sharing）は，銀行が一定水準以上の当期純利益を出した際に，その一定比率を，予め決まった配分基準により職員に配分することである。なお，インセンティブとは，実績の優れた職員に別途支払う報酬をいう。

表 5-11　力量水準評価における分布規制

	S等級 (95点超過)	A＋等級 (95〜90点)	A等級 (90〜85点)	B＋等級 (85〜80点)	B等級 (80点以下)
評価等級の 累積分布	10%	25%	40%	60%	100%

出典：注45)。

(3) 人事考課

「力量評価」

　では，最後にヒトに対する評価制度をみよう。K銀行の場合，人事考課は「個人評価」と呼ばれる[45]。その評価結果は，昇格・昇進・報酬・キャリア開発・異動配置・教育訓練に広く活用される。個人評価は大きく「力量評価」と「成果評価」とに分けられる。前者は「業務遂行に必要なコア力量を評価するもの」と定義され，後者は「業務遂行の結果の業務成果を評価するもの」と定義される。なお，力量評価は再び「業務成果を達成するために職員が習得・開発すべき知識，技術および行動特性の保有水準を評価する力量水準評価」と「力量開発努力を評価する力量開発評価」とに分けられる。力量開発評価は，たとえば昇格においては，力量評価全体の20％程度の比重で反映される。ここでは力量水準評価を中心に検討する。

　力量水準評価は，「基本力量」，「リーダーシップ力量」および「職務力量」を主な評価項目とする。評価は年に2回，すなわち当該年度の7月初めと翌年度の1月初めに行われる。7月の評価が1月より6月までを，翌年1月の評価が7月より12月までをその評価対象とする。評価は，2段階で行われる。まずは，評価項目ごとに絶対評価で「S等級：10点」から「D等級：6点」まで点数をつける。次は，それらを合算したものを「S等級：95点超過」から「D等級：65点以下」まで7等級（S・A＋・A・B＋・B・C・D）にランクづける。この際，評価対象者の評価等級が上位等級に偏らないように，表5-11のような分布規制をかける。評価者の心遣いでむやみにS等級・A＋等級などが

増えることを防ぐためである。ただし，B等級以上で累積分布が100％に達すればよい（すなわちCおよびD等級はなくともよい）わけだから，それほど厳しい規制とはいえない[46]。

力量水準評価には上司による上記の評価のほか，「力量評価結果の信頼性と妥当性を補完する一方，評価対象者のリーダーシップ向上など自己啓発を導き，組織活性化をはかる」ため，「自己評価」，「リーダーシップ評価」，「同僚評価」をも付け加えられる。この際，リーダーシップ評価とは，部下職員が上司を評価することをいい，同僚評価とあわせていわゆる多面的評価を構成する。自己評価は前述した定期の力量評価の直前に，リーダーシップ評価と同僚評価は毎年4月と10月に行う。

「成果評価」

成果評価は，具体的には「銀行全体，事業グループおよび部・店の事業計画目標と当人の担当業務ごとのミッションと関連して定められた成果目標の達成度あるいは寄与度を評価すること」と定義される。この際，「成果目標」の定め方に留意する必要がある。部・店長の場合は「当該部・店KPIあるいは部・店目標」がそのまま当人の成果目標となる。一般職員の場合は「部・店KPIあるいは部・店目標」と「評価対象者のコア業務」に基づいて成果目標が設定される。問題は，一応「評価対象者のコア業務」が取り上げられてはいるものの，成果目標はあくまで「チーム単位で設定するのを原則とする」と明記されていることである。つまり，成果目標は個人単位にまでブレイクダウンされないのである。

成果管理を徹底化し，それを個々人の報酬体系と結びつけて「成果主義文化」を確立するためには，成果目標を個人単位にまでブレイクダウンする必要がある。現に，K銀行も部・店目標を小チームおよび個人KPI目標に分解し，担当職務別コア業務を中心に個人KPIを設定する構想を有していた。具体的には，個人別にKPI目標を設定させ，MBO（Management by Objective）方式による絶対評価で目標対比達成度あるいは寄与度を評価した後，それに分布

規制をかけて相対的に評価するということである。

　しかし，2006年の段階で個人別目標付与は猶予された。まずは，個人評価制度を軟着陸させる必要があるというのがその理由であった。よって，チーム（小チーム／職務）単位目標の付与が過渡期の課題となった。具体的にはチーム長が，部・店の重点推進業務のなかでチーム単位に配分され付与されたコア業務課題に沿ってチーム目標を提示し，これを部・店長が承認することで，目標を設定することである。これは個人営業店であれば，オンラインチーム，商品販売チーム，企業顧客チーム，VIPチームごとに目標を設定することを意味した。チーム長がチーム目標を設定すると，それは自動的にチームに所属する個々人の目標となる。こうして「チーム」は，営業店ごとに落とされた企業目標を個人にまで行き渡らせるパイプ的役割を期待されたのである。

　けれど，結論を先取りしていえば，この試みは中途半端に終わった。成果年俸のところでもふれたように，成果を評価する単位は営業店が基本で，所属員全員が営業店ごとに同一評価を受けているのが現実である。少なくとも成果評価においてチーム単位はその存在意義を認められずにいるのである。では，経営側の試みが挫折したのはなぜであろうか。その理由は二点に求められる。一つは，そもそも「チーム」という単位が，成果管理の単位たり得ないかもしれないということである。たとえば，個人営業店のオンラインチーム，商品販売チームなどはせいぜい5～6人で構成されるのが一般的である。分業の単位としてはともかく，自律的な目標管理の単位としては人員数，その構成，チームのなし得る権限などにおいて適切でない側面が多々ある[47]。いまだ営業店の仕事が完全な「分離方式」[48]になっておらず，チーム間に顧客の引渡しが頻繁に行われているのも，チームごとの目標管理を難しくさせる要因である。顧客引渡しの現状を承認すれば，チーム間の競争はその意味が色あせるし，チーム間の競争を駆り立てれば，顧客引渡しの慣行は壊れてしまうからである。この意味ではチーム単位の目標管理は，経営の判断ミスによるものであったといえる。

　もう一つは，人事制度からくる制約である。成果主義を浸透させるためには，チーム単位など中途半端な媒介を経ずに，成果に沿って個人を直接評価する方

表 5-12　個人評価の仕組み

確認者	地域本部長	事業グループ長（副頭取）	本店 HR グループ副頭取
2 次評価者	部・店長	地域本部長	事業グループ長（副頭取）
1 次評価者	チーム長	部・店長	地域本部長
被評価者	チーム員	チーム長	部・店長

注：HR グループは、人事考課の結果だけでなく、非公式の各種監査の結果、行内の評判などをも考慮し、昇格候補者プールから対象者を適正倍数に絞る。
出典：聞き取りにより作成。

案を導入するのが王道であろう。しかし、すでに検討したように、個人の評価と個人の報酬を直接結びつける土壌は存在しなかった。半世紀を越える年功制の慣行がそれを許容しないのである。勤続年数を重ねると一律に「自然昇給」する世界のなかに、いきなり個人差を持ち込むのは、至難のわざといわざるを得ない。ともすれば経営は、個人評価に踏み切れない理由として、「組合の強い反対」を前面に出す傾向がある。むろん、組合が反対するのは事実である。しかし、それだけが理由とは限らない。経営も、代案なしに職場・企業秩序の根幹にふれたとき、それがもたらす反作用を承知しているから、個人評価に踏み切れないとみるべきであろう。この意味ではチーム単位の目標管理は、制約条件を知ったうえでの経営側の妥協策であったといえる。以下、個人の成果評価においては、所属組織の評価結果が基本的に使われるということを前提に議論を進める。

評価プロセス

全体的な評価のプロセスをみよう。力量評価と成果評価を合わせて個人評価は基本的に、評価項目・目標の設定→業務指導および中間面接→最終評価の順で行われる。この際、最終評価はさらに自己評価→評価面接および評価者評価→確認評価の順で進められる。評価は、項目ごとの評価点数を合算し、最終的には合計点数によって「S 等級（95点超過）」、「A＋等級（95～90点）」、「A 等級（90～85点）」、「B＋等級（85～80点）」、「B 等級（80～75点）」、「C 等級（75～65点）」、「D 等級（65点以下）」の7つにランクづけられる。このランクに基づいて昇格等が行われることは、すでにみた通りである。

評価者は，原則，直属の上司がそれに当たる。チーム員であれば，チーム長が「1次評価者」，部・店長が「2次評価者」となる。2次評価者は1次評価の結果を調整・評価する。なお，評価者の直上位職責者が「確認者」となって，評価結果の適正性，公正性および評価単位間の衡平性を確認し，必要ならば再評価を命ずるか調整を行う。なお，評価単位間のバランスを維持する必要がある場合や，絶対評価結果を相対分布化する必要がある場合，あるいは部・店の成果評価結果と連携して成果評価結果を調整する必要がある場合，HRグループ副頭取は，評価結果を個別的にまたは一括して調整することができる[49]。これを図示すれば，表5-12のようになる。

4．おわりに

　要約は省き，K銀行の成果主義の特質をまとめよう。そのもっとも著しい特徴は，部・店長のリーダーシップに依存するところが大きいことである。これは「戦略→人事制度」のストーリーが想定するように，成果管理上の戦略的・組織的要求からもたらされた結果ではない。むしろ戦略的・組織的には，意思決定プロセスが集権化された結果，部・店長の権限が以前より相当程度弱化されているのが現実である。よって，部・店長への依存は，ほかの角度より説明されなければならない。安定的な事業運営を営むという経営の観点からみた際，それは次のように説明できるのではないか。

　まずは，成果管理の現実的な限界を認めたことである。希望としては個人にまで成果主義を浸透させたい。そのためにも個人の成果と個人の報酬とを何とかして結びつけたい。しかし，それができる基盤はいまのところ用意されていない。査定による昇給格差を一回も経験したことのない従業員が，成果による給与格差を全面的に受け止められるなど，ありえないことなのである。であれば，以前より現場管理の主軸として機能してきた部・店長の管理機能を媒介として，成果主義の浸透をはかったほうが現実的な選択となる。

　次は，従来の慣行の有効性を認識したことである。確かに，いまの現場は，

成果をめぐって個々人が競争を繰り広げられる環境にはなっていない。長い間維持されてきた年功制のためである。しかし，相対的に安定的で高水準の労働条件に引かれて優秀な人材が集まってきたのも事実である。一部有能さに欠ける者があるとしても，部・店長の多くは長期的な競争を括りぬけて昇進してきた連中である。何よりも，彼らは一線で働く部下職員の気持ちを知り，動機付与のできる存在である。バラバラな個人のやる気よりは，しっかりしたチームワークが成果の達成に有利に働くかもしれない。

つまり，一方では成果管理の限界を認め，他方では慣行の有効性を認識したがゆえに，K銀行の経営は中途半端な成果主義を採用したと解釈することができるのである。むろん，経営が最初からこれらを考え，戦略と組織を練ってきたというのではない。チーム単位目標管理のところで検討したように，経営にも試行錯誤はあった。おそらく当初はチーム単位目標管理でうまくいくだろうと判断を誤っていた可能性が高い。ただし，現在になって，ある種の均衡点に落ち着いているのも事実である。留意すべきは，これらすべての試行錯誤の背後に，人事制度からの制約が絶え間なく働いていたことである。制度の規定力，すなわち「人事制度→組織・戦略」というストーリの意味を遺憾なく示しているといえよう。

ただし，K銀行の成果主義が個性を有するものとして完全に落ち着いた，というにはまだ早い。それなりの効率性は確保できたとしても，管理や制度を支えるもう一つの軸である公平性においては，ままならぬ問題を抱えているからである。一線で働く職員の観点からすれば，自分の意思と能力によらない変数で，自分の報酬とキャリアが決まってしまう状況は，何をしても改善しなければならない。にもかかわらず，部・店長への依存がもたらすこの問題を是正できる手立ては，いまのところ見当たらないのが現実である。公平性の問題を考慮に入れた際，K銀行の成果主義がどのような進路をたどるかを展望し，その可能性と限界を検討するのが，今後の重要な課題の一つとなる。

一方，本章は，K銀行の事例をもって韓国銀行業を代表させる前提に立って，議論を進めてきた。現に，成果主義の流れとその特質において，韓国の銀行業

が相当程度の共通性を示しているのは否めない。シンプルな年功的秩序の規定性という点では，産業を越えた共通性さえある程度主張できる。査定による昇給格差をあまり経験していないことは，韓国を特質づける重要な要素の一つだからである。しかし，産業間においてはいうまでもなく，銀行間においてもなお差異は相当程度存在する。どこまでを「韓国の固有性」と特定できるか，それを究明するのも，残された課題の一つといわざるを得ない。

注

*) 本章は，「韓国銀行業の成果主義の現状と特質——K銀行の事例を中心に——」『社会科学論集』第125号，2008年9月を修正加筆したものである。原稿の作成に当たってはK銀行の労使より多大なご協力をいただいた。いちいちご氏名は列挙しないが，ここに記して心より感謝の御礼を申し上げたい。

1) 金融産業におけるM&Aの動きが雇用に及ぼした影響については，ILO［2001］を参照。
2) 1980～90年代にOECD諸国で生じた銀行業の組織と人事の変化に関しては，Regini, M., J. Kitay and M. Baethge (eds.)［1999］を参照。
3) BIS規準とは，BIS (Bank for International Settlements：国際決済銀行) が事務局となっているバーゼル銀行監督委員会が取りまとめた国際的統一規準である。それによる規制には第一次規制と第二次規制がある。BIS第一次規制は，銀行の自己資本がリスク・アセット総額の8％以上であることを求めている。
4) 経済危機最中の1998年6月，BIS比率6％未満の同和銀行，大同銀行，東南銀行，京畿銀行，忠清銀行の5行が営業停止に追い込まれ，やがて「優良銀行」に吸収された。
5) 1996年，韓国政府は外国銀行と外国証券会社の韓国現地法人の設立を許可する方針を固めた（ただし，実施は1998年より）。
6) これらの変化に関しては，金東培 (Kim, Dong-Bae)［2004］が詳しい。
7) これに関しては，金東煥，禹宗杬 (Kim, Dong-Hwan & Woo, Jong-Won)［2005］，朴昌明 (Pak, Chang-Myoung)［2002］，ジョン・サンギル，ベク・ユンジョン (Jeon, Sang-Gil & Baek, Yun-Jeong)［1999］および金載久 (Kim, Jae-Gu)［1999］を参照。
8) これに関しては，朴ウソン，ユ・ギュチャン，金ビョンヨン (Pak, U-Seong, Yu, Gyu-Chang & Kim, Beong-Yeon)［1999］を参照。なお，経済危機を契機とした韓

国企業の人事管理の変化については，朴ウソン，盧ヨンジン（Pak, U-Seong & Noh, Yong-Jin）［2001］を参照。韓国企業における成果主義的な人事管理は，製造業・サービス業を問わず，経済危機に対応する過程において急速かつ広範に進んだ。

9) さしあたり，Hall, Peter A. and David Soskice (eds.)［2001］と Whitley, Richard［1999］を参照。

10) 制度の強靭性に関しては多くの研究があるが，さしあたり Jacoby, Sanford M.［2005］を参照。一方，Jacoby が国ごとの固有性に重きを置くのに対し，Kats, H. C. and Owen Darbishire［2000］は国の範囲を超える，産業ごとの特質を重視する。

11) 朴昌明（Pak, Chang-Myoung）［2004］，176頁。もとは，李チャンスン（Lee, Chang-Sun）［1998］「組織の柔軟化と組織構成員の周辺化」（韓国語）『慶熙大企業経営研究』第5号（12月），128頁。

12) 以下，その概要は，全国金融産業労働組合K銀行支部『K労組』（韓国語），第430号，2008年1月9日による。

13) 統合の過程とその意味に関しては，金融監督委員会・金融監督院［2000］および金サンジョ（Kim, Sang-Jo）［2000］を参照。なお，この時期，銀行業の構造調整に関する労使政委員会の役割については，宣ハンスン（Seon, Han-Seong）［2000］を参照。

14) K銀行の2008年度第1四半期の「分期報告書」（韓国語）による。（韓国）金融監督院の「電子公示システム」で閲覧した（http://dart.fss.or.kr/）。

15) 以下，組織の現状に関しては，K銀行「職制および業務分掌規程」（韓国語）による。

16) 本部組織の，2004・2005年度との比較は，全国金融産業労働組合K銀行支部『政策ブリピン』（韓国語），第33号，2007年8月14日による。

17) 同上。

18) 同上。

19) 以下は，特にことわらない限り，K銀行「2008年度成果管理基準」（韓国語）とK銀行「2008年成果管理方向と営業店KPI」（韓国語）および聞き取りによる。

20) Balanced Scorecard に関しては，Kaplan, Robert S. and David P. Norton［1992］を参照。

21) 「短期業績主義」のほか，組合は，KPI設計における年ごとの変動が大きく，一貫性と予測可能性を低めているのを問題にしている。全国金融産業労働組合K銀行支部『K労組』（韓国語），第458号，2008年3月10日。

22) 頭取，取締役の副頭取，執行役員の副頭取全員で構成され，業務計画の作成・変更，予備日の使用と繰越などを決定する機関。

23) 個人営業，企業金融，PBセンターなどいわゆるチャンネルを管轄する事業グル

ープは，銀行の主力ラインであり，評価の対象者も多いゆえ，そのKPI案は経営協議会に報告され，ここで議決する手続きをとっている。
24) ここで世界的な経済危機を経験した後の2009年度の個人営業店KPIについて簡単にふれておこう。2009年度のそれは，「財務価値」，「顧客部門」，「学習成長」，「プロセスその他」の順にそれぞれ740点，110点，20点，130点，合計1,000点で構成される。2008年度に比べ，「顧客部門」の比重が減り，「プロセスその他」の比重が増えているのがわかる。それは「プロセスその他」に含まれる「経営懸案指標」（＝「経営懸案推進実績」）の点数が90から130に増大したためである。従業員の危機対応への積極的な取り組みを促す姿勢を示しているといえる。より大きな変化は「財務価値」の内訳に生じている。2008年度は収益性460点，健全性65点，基盤拡充220点の構成であったが，2009年度にはそれが収益性340点，健全性100点，基盤拡充300点の構成へと変わった。具体的には第一に，2008年度に重視された「職員一人当り営業収益」（40点）という指標が廃止された。第二に，「非利子収益増大」（220点）という指標が「収益性」項目から削除される代わりに，「商品POOL（カード・外国為替・中小企業支援実績・信託）」（130点）という指標が「基盤拡大」項目に新たに設けられた。総じて，経済危機の影響で守る体制に転換するなか，収益性よりは健全性と基盤拡充に重点が置かれるようになったといえよう。
25) 全国金融産業労働組合K銀行支部『K労組』（韓国語），第435号，2008年1月30日。
26) 通常，実績が悪い時は，年俸が20％程度カットされるといわれる。
27) 全国金融産業労働組合K銀行支部『政策ブリピン』（韓国語），第43号，2008年1月23日。
28) 前掲，全国金融産業労働組合K銀行支部『政策ブリピン』（韓国語），第33号。
29) 全国金融産業労働組合K銀行支部『K労組』（韓国語），第378号，2007年6月22日。
30) 成果評価群に関しては，K銀行「2008年個人営業店KPI成果評価群設定（案）」（韓国語）による。
31) 前掲，全国金融産業労働組合K銀行支部『K労組』（韓国語），第430号。
32) 以下，特にことわらない限り，人事制度の骨格に関してはK銀行「人事規程」（韓国語），K銀行「人事運営指針」（韓国語）および聞き取りによる。
33) 以下，後線役に関しては，K銀行「後線補任職員実績評価基準改善施行」（韓国語）2006年をも参照。
34) 休職期間が満了した後でも復職の命令が出されない場合，あるいは休職の期間延長の許可が出されない場合は「当然免職」となる。現実的には「待機」の辞令を受け取る前の段階で希望退職等の措置がとられるのが普通である。

35) 全国金融産業労働組合K銀行支部『K労組』(韓国語),第321号,2007年1月30日。
36) 全国金融産業労働組合K銀行支部『K労組』(韓国語),第312号,2007年1月2日。
37) 全国金融産業労働組合K銀行支部『K労組』(韓国語),第288号,2006年9月21日。
38) 同上。
39) 全国金融産業労働組合K銀行支部『K労組』(韓国語),第413号,2007年10月18日。
40) 銀行業務には時間外勤務を要するものが多く,これをこなせるかどうかが異動の目安の一つとなる。
41) 以下,賃金制度に関しては特にことわらない限り,K銀行「報酬・退職金規程」(韓国語),K銀行「報酬・退職金運営指針」(韓国語)および聞き取りによる。
42) これは「自然昇給」と呼ばれる。
43) これは「考課昇給」と呼ばれる。
44) 通常賃金は,毎月支払われる基本給,資格給,職務給を足したもの。
45) 以下,人事考課に関しては特にことわらない限り,K銀行「個人評価指針」(韓国語)と聞き取りによる。
46) ちなみに,日本の能力評価にあたる「力量評価」に,経営はそれほど相対評価を取り入れようとはしない。相対評価が強調されるのは「成果評価」においてであり,それも現状では組織単位間の相対評価が中心となっている。
47) 非正規雇用の増大とともにチーム員のなかで比正規職員の占める比重は増えており,なおその比重がチーム間に異なるゆえ,チーム単位で実績を管理し,それをチーム同士で競わせるのは,さらに難しくなる。
48) 「統合方式」と「分離方式」に関しては,前掲 Regini, M., J. Kitay and M. Baethge (eds.) [1999] を参照。
49) ここで本店人事部の機能について簡単にふれておくと,人事業務の企画および統制,人材のグループ間異動の実施,従業員の昇格と営業店長昇進の実施および調整が主なものと要約できる。

参考文献

金融監督委員会・金融監督院 [2000]:「K・J銀行の営業正常化推進現況」(韓国語)。
Hall, Peter A. and David Soskice (eds.) [2001]: *Varieties of Capitalism: The Institutional Foundations of Comparative Advantage*, Oxford University Press.
Jacoby, Sanford M. [2005]: *The Embedded Corporation: Corporate Governance and*

Employment Relations in Japan and the United States, Princeton University Press.
ジョン・サンギル，ベク・ユンジョン（Jeon, Sang-Gil & Baek, Yun-Jeong）［1999］：「IMF 体制の下でのわが国銀行業従事者の雇用不安の原因：概念的フレームワーク」（韓国語），『Hanyang Business Review』第11号，1999年12月。
ILO［2001］: *The Employment Impact of Mergers and Acquisitions in the Banking and Financial Services Sector*, Geneva, 5-9 February.
Kaplan, Robert S. and David P. Norton［1992］: "The Balanced Scorecard: Measures That Drive Performance", *Harvard Business Review*, January–February.
Kats, H. C. and Owen Darbishire［2000］: *Converging Divergences: Worldwide Changes in Employment Systems*, Ithaca: Cornell University Press.
金東培（Kim, Dong-Bae）［2004］：「銀行の人的資源管理体系」，安ジュウヨップ（Ahn, Joo-Yeop）ほか『経済危機前後金融産業と労働』（韓国語）韓国労働研究院。
金東煥，禹宗杭（Kim, Dong-Hwan & Woo, Jong-Won）［2005］：『金融労働者転職支援体系構築方案』（韓国語）労使政委員会。
金載久（Kim, Jae-Gu）［1999］：『金融業の人事管理の変化と女性人力開発方案』（韓国語）韓国労働研究院。
金サンジョ（Kim, Sang-Jo）［2000］：「最近の金融市場の動向と第二次金融構造調整」（韓国語），『産業労働研究』第6巻第2号，2000年12月。
朴昌明（Pak, Chang-Myoung）［2004］：「韓国の金融改革とデュアリズム――銀行業を中心に：1998～2002――」，同著『韓国の企業社会と労使関係』ミネルヴァ書房。
朴昌明（Pak, Chang-Myoung）［2002］：「韓国における銀行の雇用柔軟化戦略と雇用の不安定化」，『金融労働調査時報』630号。
朴ウソン，盧ヨンジン（Pak, U-Seong & Noh, Yong-Jin）［2001］：『経済危機以降の人的資源管理および労使関係の変化』（韓国語）労働研究院。
朴ウソン，ユギュチャン，金ビョンヨン（Pak, U-Seong, Yu, Gyu-Chang & Kim, Beong-Yeon）［1999］：『銀行産業の年俸制導入方案』（韓国語）韓国労働研究院。
宣ハンスン（Seon, Han-Seong）［2000］：「労使政委員会の金融大妥協の役割と成功要因」（韓国語）労使政委員会。
Regini, M., J. Kitay and M. Baethge (eds.)［1999］: *From Tellers to Sellers: Changing Employment Relations in Banks*, Cambridge: MIT Press.
Whitley, Richard［1999］: *Divergent Capitalisms: The Social Structuring and Change of Business Systems*, Oxford University Press.

第6章　現代自動車の雇用管理・作業組織・組合行動

周　武鉉

1．問題提起

　大まかにいって韓国自動車産業では1987年まで労使関係といわれる条件や制度が存在しなかった。自分の労働条件を改善するために，労働者は使用者以前にまず国家の反労働者的な法律と対抗しなければならなかったからである。この時期は「労政関係（labor state relation）」だけが存在し，企業と労働者との間の近代的な集団的労使関係は存在しなかったといえる。

　1987年の労働者大闘争を契機として，集団的労使関係が成立する。ただし，1987年から1997年までの間，労使関係のイシューは，賃上げや労働条件の改善だけでなく，社会の様々な問題に及んだ。この時期，韓国労働運動や社会運動を率いた組織が自動車産業の労働組合であった。しかし，1998年の金融危機以降，大企業正規労働者が雇用不安に直面するなかで，労働組合は雇用の安定化と賃上げのみを求める戦闘的実利主義（militant business unionism）または疑似戦闘主義（pseudo militant unionism）路線に転換することとなる。特に自動車産業の大企業労働組合が「組織利己主義」に埋没し，社会的連帯を事実上放棄する状況を作り出している。

　金融危機以降，韓国自動車産業においては大量解雇と国外生産増大が進められ，正規労働者の雇用不安と非正規労働者の急増が労使関係上のもっとも重要なイシューとして浮上した。現代-起亜自動車グループの場合も，国外生産量

の増大による正規労働者の雇用不安が労使関係の安定性を脅かす要因となっている。現在，韓国の自動車メーカーは例外なく，国外生産拡大および組立工場の国外移転に対する労働組合の強い反対をなんとか解決しなければならない困難な状況に直面している。特に中国自動車産業が低賃金や低費用に基づいて急速な成長を成し遂げ，韓国メーカーに激しい価格競争を強いている中，労働者の雇用不安はつのるばかりである。金融危機に端を発した大量の整理解雇は，労使の間に不信感を強め，労働者をして短期主義に走らせる傾向をもたらした。結果，実利主義が労働組合の重要な行動パターンとなり，戦闘主義的労働組合運動は事実上賃上げなど短期的利益や雇用安定化の追求に傾斜してしまっている。1987年の労働者大闘争以降おおよそ10年にわたって労働組合の組織結束力によって維持されてきた内部労働市場の基本的な慣行や制度が，1998年の金融危機をきっかけとして変化したのである。

以上をふまえ，本章では，現代自動車の雇用問題と労使関係を中心に分析する。現代自動車は，韓国自動車産業における産業成長戦略や労使関係のパターンセッターとしての役割を果たしてきた。それゆえ，現代自動車の雇用問題と労使関係を分析するのは，現在の韓国自動車産業の抱える労働問題全般を理解するための近道となる。とりわけ，金融危機以降，現代自動車に生じた内部労働市場と作業組織の変化を観察するのは，韓国労使関係の現在を見据え，今後を展望するうえでの重要な手がかりとなる。たとえば，現代自動車は1998年の金融危機による生産台数や販売台数の減少のために雇用調整を実施し，1万人の従業員を解雇した。起亜自動車や大宇自動車も，危機後すぐではなかったが，同じく雇用調整や所有構造および事業構造の調整を行った。結果，大量の労働者が職場を失い，これが労働運動や市民運動の主要なイシューと発展して，一大社会的問題となった（金基元［2004］）。

こうした問題意識に基づいて，以下，第2節では韓国自動車産業の雇用問題と労使関係を理解するのに必要な分析方法を提示し，研究仮説を設定する。第3節では韓国自動車産業の雇用問題の原因と現状を，自動車メーカーの成長戦略，資本と労働組合の労使関係戦略，二重的＝差別的雇用構造という3つの側

第6章　現代自動車の雇用管理・作業組織・組合行動　　189

面から分析する。第4節では作業組織と労使関係を，作業組織の特性，作業場労使関係，3者間雇用関係と代理交渉体制の側面から解明する。第5節では要約と結論として，韓国自動車産業における雇用問題と労使関係の将来を簡単に展望する。

2．内部労働市場と雇用関係

(1) 雇用関係の内部化と外部化

　本章では，内部労働市場の視点から雇用関係の内部化と外部化を区別する。内部労働市場は，企業が官僚制的な労務管理によって労働者の賃金，職務配置，経歴形成や昇進などを管理し，外部労働市場との競争と変動から保護を受ける[1]。内部労働市場での新規採用は，企業別労働市場の最下層の入職口（job entry point）を通じて行われ，上級の欠員（empty job）は企業内部の正規労働力によって補充される。内部労働市場への参入や退出は実際には制限されており，外部労働市場は内部労働市場での賃金競争や昇進などに対して漠然とした影響を与えるに過ぎない。そして，商品市場の需要変動や労働市場の変化に対して柔軟に対応するために，労働力が水平的あるいは垂直的に移動される。雇用関係の内部化（internalization）は，内部労働市場の官僚制的労務管理が形成される中，外部労働市場からの参入障壁が強化されて雇用関係の安定化が深まる過程と見ることができる。

　雇用関係の外部化（externalization）は，内部労働市場の官僚制的な労務管理によって外部労働市場から保護される「伝統的」な雇用関係の弱化を意味する。それは，企業内部の人的資源と雇用慣行を管理するために，短期の契約的な雇用関係が形成されることである（Capelli [2000]）。このような市場媒介的な雇用関係（market mediated employment relation）は，労働生涯インセンティブの弱化，長期雇用と高賃金との関係の弱化，非正規労働者の増大と正規労働者の雇用不安，企業の成果によって決められる個人の賃金や報酬の比重の

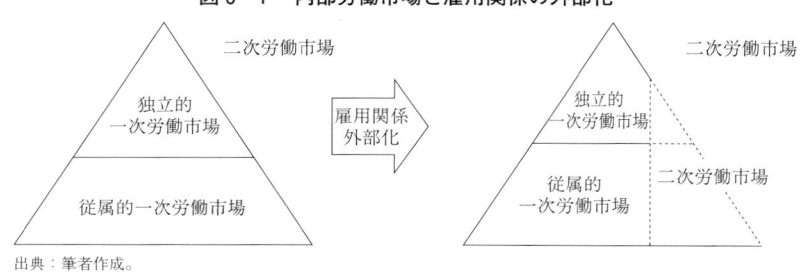

図6-1 内部労働市場と雇用関係の外部化

出典:筆者作成。

増大，年功序列型賃金システムの弱化，正規労働者の職務先任権の弱化などとして特徴づけられる。

　1998年金融危機以降，資本による労働市場の数量的な柔軟化と雇用関係の外部化が進むにつれ，1987年以降労働組合の組織結束力によって形成された内部労働市場の分割や分断（segmentation）が加速化している。韓国自動車産業で企業別内部労働市場が形成されたのは，1987年労働者大闘争以降，労働組合運動の発展と企業別労働組合の組織的結束力の強化と緊密に関連していた。一般的に労働組合は外部労働市場の競争的な影響力から雇用と高賃金を守り，労働力支出をコントロールする規則や手続きに立ち入って発言する傾向を有する。しかし，金融危機以降の国家や企業による労働市場の柔軟化と自由化は，内部労働市場と外部労働市場との壁を低め，内部労働市場の分割と解体を制度化させている。結果，内部労働市場の独立的な一次部門と従属的な一次部門が細分化し，従属的な一次部門が二次労働市場へ編入される複雑な重層的雇用関係が形成される（図6-1参照）。すなわち，従来の競争的な二次労働市場の低い賃金やよくない職務が，いまや一次労働市場へなだれ込んでいるのである。たとえば，構内下請企業（あるいは，労働者用役会社）の非正規労働力が内部労働市場を侵食しつつあり，それを含む3者間の雇用関係が個別企業単位で形成されている。

　雇用関係の外部化は，短期間雇用と期間制労働者の雇用，間接雇用の増大によってより深刻化している。間接雇用は，労働者-雇用主という「2者間（bilateral）の雇用関係」（直接雇用）とは異なる，労働者-法律的雇用主-実際雇用主という「3者間（triangular）雇用関係」である（Kalleberg, Reskin and Hudson［2000］）。すなわち，間接雇用は，「労働者を指揮命令して就業させる使用者」と「労働者」との間に第三者が介在する雇用形態であり，派遣労働や業務請負などがそれに該当する。これは，同じ企業の中で非正規労働者の短期雇用と低賃金が制度化・合法化され，「多層的-差別的雇用関係」が形成されるモメンタムとして作用する。3者間雇用関係は，構内下請非正規労働者の組織化と交渉力を根本的に制約させ，内部労働市場の分割と分断を固着化させる制度的な要素なのである。急進派分断労働市場の視点からいうと，間接雇用は「構内下請非正規労働者の階級的資源を合法的に排除させ，全体労働者階級を『分割支配』する資本や企業の労働統制方式」である。

　雇用関係の外部化は，内部労働市場の数量的柔軟性と直接関わる定量的側面だけでなく，作業組織の職務や労働過程の一部が既存の正規労働者の代わりに非正規労働者や構内下請企業に移転させられることを含む。たとえば，既存の正規労働者が担当した難しい仕事は非正規労働者に任せられ，正規労働者は以前よりやさしい職務を担当する。そのために非正規労働者の熟練はますます高くなっていくが，正規労働者の熟練は停滞し，生産過程の中で有していたその主導性を失う。総じて，内部労働市場の外部化は，独立的一次労働市場と従属的一次労働市場の開放により数量的柔軟性がますます高まる量的な側面と，既存の正規労働者の仕事や作業が非正規労働者に移転させられる質的な側面とに分けて見ることができる。

(2)　分析仮説と研究方向

　一般的に労働者は，企業の非正規労働力の活用に対して反対する。そして，企業との間に「契約期間を定めない雇用関係（open ended contract）」がそのまま維持すると信ずる。労働組合や労働者は資本の数量的柔軟性に反対し，新しい雇用関係の形成に否定的な態度をとるのである。労働組合の主要な活動は組織労働者の職務改善や雇用安定であり（Freeman and Medoff［1984］），労

働組合は，組織労働者の競争者として労働市場を分断化させる外部化された労働力の活用に反対する（Houseman［2001］）。

一般的に正規組織労働者の集団的交渉行為は，企業の非正規労働力の活用に対して構造的な影響を及ぼすといわれる。ただし，その方向に関しては意見が分かれる。大きくいえば，労働組合が非正規労働力の増大の原因として作用するという見方と，労働組合が非正規労働力の活用に抑制要因として機能するという見方である。前者は，たとえば，雇用調整の柔軟性あるいは労務費用の節約のために，非労組企業よりも労組企業において非正規労働力がより多く活用されるという主張である。とりわけ経営者が既存の労使関係を否定的に評価するほど，非正規労働力の雇用増加は顕著といわれる。なお，内部者労働市場（insiders labor market）の利益だけを追求する大企業労働組合のスタンスが，非正規労働者の外部者労働市場を拡大させる要因として作用するという主張もある。

非正規労働力の活用は，内部労働市場の組織的特性や労使関係の集団的交渉パターンによって多様な形態をとる（Davis-Bake and Uzzi［1993］；Uzzi and Barsness［1998］；Hudson［2001］；Houseman［2001］；Olsen and Kalleberg［2004］）。非正規労働力の活用による雇用関係の外部化は，正規組織労働者の雇用不安の原因として作用し，労働組合の権力資源を弱体化させる。とりわけ韓国自動車産業における非正規労働者の急増には，大企業の生産職労働組合が主導する対立的労使関係と戦闘的組合主義路線を弱めようとする意図が働いている。内部労働市場の硬直性と相対的高賃金を解体させて景気変動に柔軟に適応するため，非正規労働力の数量的柔軟性を活用しているのである。一方，正規労働者と労働組合の場合は，内部労働市場での自分の雇用安定や労働強度の緩和という集団的な利益のために，雇用関係の外部化に対して反対しないケースが多い。

雇用問題は，商品市場の競争構造や労働市場の組織的特性，労使関係の集団的交渉パターンなどによって規定される。雇用関係の外部化は，労働市場構造（独立的一次労働市場や従属的一次労働市場）と特定国家の社会制度的脈絡

第6章　現代自動車の雇用管理・作業組織・組合行動　193

(social contexts) によって規制され，経営者と労働組合あるいは労働者の戦略的選択によって決められる。したがって，雇用問題は，基本的には企業や資本の利益追求や労務費用の節約という経営戦略によって起きるが，二次的には労働組合や労働者の集団的な利益を実現する団体交渉の過程によって生ずるととらえられる。ここでは，こうした分析仮説に基づき，現代自動車における雇用問題が企業の成長戦略，労使関係，作業組織の特性，作業場労使関係（labor relation of workplace）の諸要因によって発生したことを明らかにする。

3．雇用問題の現状と原因：雇用関係の外部化

(1) 外向的成長戦略と雇用不安

図6-2のとおり，韓国自動車産業の生産規模は，1998年金融危機をきっかけとして一時期減少したが，1999年から再び拡大に転じた。現代自動車と起亜自動車の生産台数は1999年から増え，大宇自動車のそれは金融危機当時では横ばいであったが，2000～02年に生産量が下落したのち，2003年から少しずつ回復している。2004年から2007年まで大宇自動車の生産量が年平均20％以上急増した結果，韓国自動車産業の全生産規模は400万台を超過した。しかし，2008年にはグローバル経済危機による世界経済の落ち込みのため，380万台水準にまで減少している。全体的に2000年代における韓国自動車産業の生産動向はGM大宇自動車の生産量に左右される現象がみられる。そのなかで現代自動車の生産量シェアは，2002年に54.1％ともっとも高かったが，その後次第に減少し，2008年には43.7％にとどまっている。にもかかわらず，現代-起亜自動車グループは，韓国自動車の全生産量の70％以上を占めており，自動車市場の独寡占構造を形成する主要な要因となっている。

図6-3は，韓国自動車市場における国内企業の市場占有率（外国産自動車市場は除外）を示している。ここで注目されるのは，現代自動車の市場占有率が常に50％程度に維持されていることである。そして大宇自動車の市場占有率

図6-2　韓国自動車産業の生産規模

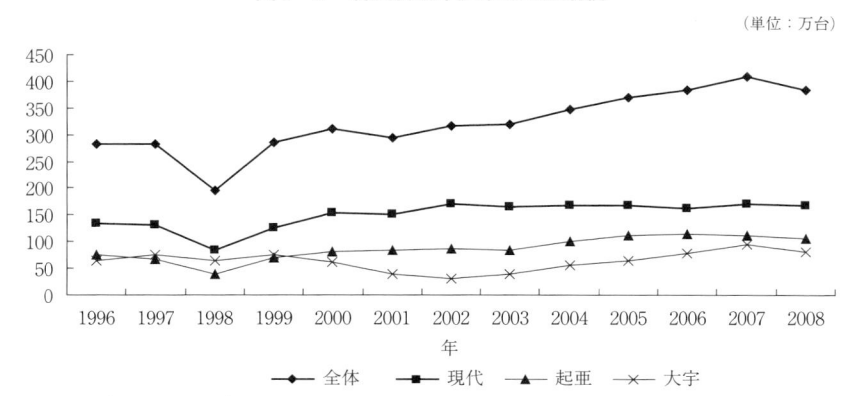

(単位：万台)

出典：韓国自動車工業協会『韓国の自動車産業』2009年。

図6-3　韓国の主要自動車メーカーの国内市場占有率

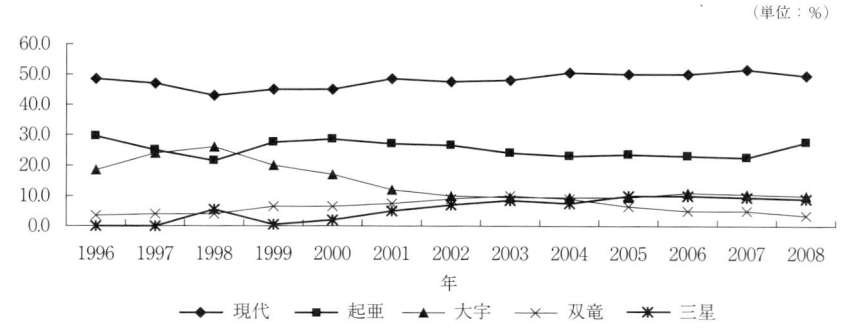

(単位：％)

出典：図6-2と同じ。

は金融危機時26.2％であったが，1999年から急激に下がり，2002年では9.9％までに落ち込んでその状態が続いている。他方，三星自動車は市場占有率を引き上げ続けている。現代-起亜グループの市場占有率は72～77％の範囲で上下している。図6-2と図6-3を総合してみると，現代-起亜グループが生産や販売で常にトップを占めている。特に，2004年からは現代自動車が国内市場の販売量の50％以上を占めている。一方，起亜自動車の市場占有率は，2000年28％から2007年23％まで下がったが，2008年に再び27％に回復している。

図6-4 現代-起亜自動車グループの内需・輸出規模

(単位:千台)

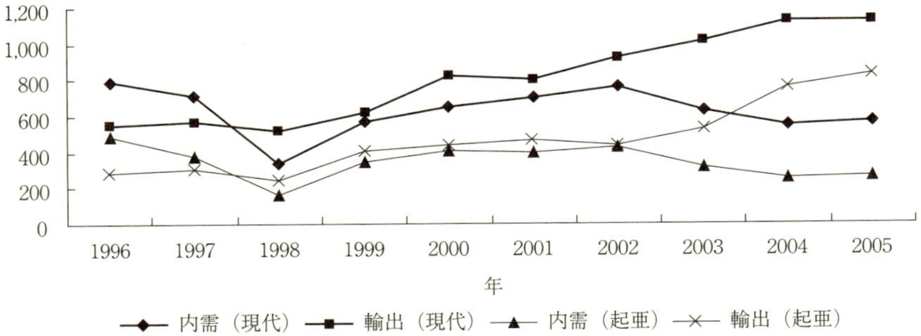

―◆― 内需（現代） ―■― 輸出（現代） ―▲― 内需（起亜） ―×― 輸出（起亜）

出典：韓国自動車工業協会『韓国の自動車産業』2006年。

　金融危機を機に現代-起亜自動車グループの内需-輸出比重は変わり，輸出が内需より上位に立つようになった。金融危機によって国内需要が下がった時にも（両社の統合以前の）現代自動車と起亜自動車の輸出規模は落ちないでそれ以前と同様の水準で維持した。そして，2000年からは内需と輸出の格差がいっそう拡大している。

　図6-4が示すとおり，1998年金融危機以降，現代-起亜自動車グループの販売戦略において内需市場より輸出市場を重視しなければならない理由が生じた。金融危機をきっかけとして国内市場の成長可能性に対して懐疑をいだき始めたのである。そのような認識に基づき，現代-起亜自動車グループは輸出指向的市場戦略（export oriented market strategy）を強化した。結果，輸出量が内需量を大幅に上回るようになった。こうした輸出指向的成長戦略は，既存の「低賃金-長時間-高強度」労働による価格競争力を維持しようとする経営戦略である。

　表6-1のように，現代自動車の国内生産と国外生産は，2002年から国内生産のシェアが少しずつ下がる一方，国外生産のシェアが徐々に増え始めた。輸出指向的市場戦略は，国外生産を増大させるバネとなる。国外生産の増加は国内生産を縮小させ，雇用と労使関係を不安定にするかもしれないという見方が労働組合側から提起されている。現代自動車の追求するGT5戦略によって，

表6-1 現代自動車の国内生産と国外生産

(単位：千台)

	2001年	2002年	2003年	2004年	2005年	2006年	2007年	2008年
国内生産	1,513	1,702	1,646	1,673	1,681	1,618	1,707	1,673
インド	150	150	150	250	250	302	339	486
トルコ	60	60	60	60	60	61	90	82
中国	50	200	200	280	330	290	231	300
アメリカ						237	251	300

出典：社内資料。

2010年の国外生産シェアは全生産量（689万台）の41.9％を占めるようになると予測されている。1998年雇用調整以降，正規組織労働者の雇用不安や短期主義的行動が増えており，現代自動車は国外生産拡大や工場の国外移転に反対する労働組合と労使問題を解決しなければならない困難に直面している。世界自動車市場におけるGMやFordの占有率の減少と危機は，トヨタや現代自動車などに絶好の機会を提供している。ただし，現代自動車の場合，輸出量の増大を含めて国外生産の拡大を指向するきわめて外向的な成長戦略をとっており，労働組合は正規労働者の雇用不安を危惧している。

(2) 「実利的」組合主義と雇用関係の「外部化」

現代自動車は，金融危機以降，国内自動車市場における需要の急減に対応するために整理解雇や希望退職などあらゆる手段を講じて雇用調整を実施した。その過程で整理解雇の範囲や対象をめぐって労使間の熾烈な対立が展開された。現代自動車の労使は，1960年末に初めて乗用車を組み立てて以来，持続的な成長を経験しており，突然の金融危機が訪れて国内需要の減少が生じた際，それにどう対応できるか，その方法と過程を学習するチャンスがなかった。この時期，はたして雇用調整を実施すべき必然的な理由があるかという疑問が提起された。しかし，企業は金融危機による経営危機に対応するため，雇用調整をしなければならないと主張し，整理解雇の対象者であることを個々の労働者に通報した。しかも，現代自動車の雇用調整は，「労使政委員会で合意された整理解雇を実質化しようとする資本集団と，整理解雇を死文化しようとする労働集

第6章　現代自動車の雇用管理・作業組織・組合行動

図6-5　現代自動車の従業員と組合員の推移

（単位：人）

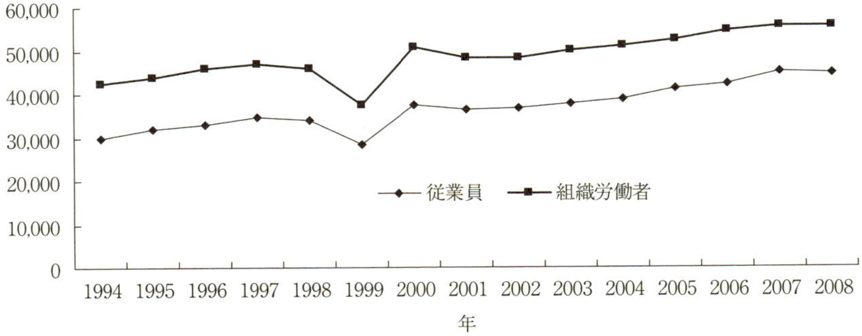

出典：労働組合資料。

団の間の代理闘争の性格」も帯びていた。労働組合は，雇用調整を実施しなくても金融危機を充分に克服することができるのに，会社が雇用調整を強行するのは労働組合を弱体化させて労働運動を破壊しようとする意図であると主張した。

　図6-5は，現代自動車の従業員と組織労働者の推移を示したものである。これによって，1998年雇用調整の「真実性」を見出すことができる。1999年の従業員と組合員の数はそれぞれ37,533人と28,256人で，前年度の45,970人と34,122人に比べ8,437人と5,866人の減少となった。1999年の従業員や組合員の数だけを見ると，雇用調整の効果は明らかである。しかし，2000年の従業員と組合員の数を見ると，現代自動車がなぜそこまで熾烈な労使対立を起こしながら雇用調整を実施したか，よくわからない。すなわち，2000年の従業員や組合員の数はそれぞれ50,840人と37,689人で，1997年の47,060人と34,829人に比べて3,780人と2,860人の増員となっているのである。したがって，1998年の雇用調整は整理解雇だけが唯一の目的ではないと推測される。1998年の雇用調整は，内部労働市場の数量的柔軟性や雇用関係の外部化だけを目的としたわけではなく，労使関係の管理や労働組合の穏健化を指向したと見ることができる。現に，1998年の雇用調整は，労使関係の変化と内部労働市場の外部化を促すきっかけ

となった。

　2000年6月，現代自動車の経営者と労働組合は非正規労働力の活用範囲や正規組織労働者の雇用安定のための「完全雇用保障合意書」を締結した。この合意書の主要内容は，数量的柔軟性のために全体従業員の16.9%の枠内で非正規労働者を活用することに労働組合が同意したことである。会社と労働組合は，「完全雇用保障合意書」において正規労働者の雇用安定のための三大原則を作成した。それは，「事前情報提供の原則」，「労使共同決定の原則」，「完全雇用保障の原則」である。合意の結果，会社は従業員全体の16.9%の範囲で非正規労働者を自由に活用することができるようになった。正規組織労働者は内部労働市場の非競争的・硬直的性格を強化することができたものの，雇用関係の外部化を明文化し容認する団体協約に同意を与えたのである。

　少し詳しく見よう。事前情報提供の原則は，「会社は，事業の譲渡，売却，分割，M&A，分社，企業併合などを含める構造調整全体，人員の変動，生産量の変動などによる人員の再配置，自動化や新技術の導入による人員の変動など，雇用問題を起こしうる経営計画については，労働組合にその都度通報して協議を進める。ただし，組合は，会社が別途要求した場合，構造調整や経営政策などに対する機密維持に共同責任を持つ」ということである。労使共同決定の原則は，「会社が予め提供した情報に依拠し雇用に関する事項を検討した組合は，意見を提示し，会社はこれを受け入れる。ただし，意見の不一致が生じた場合は，雇用に関連した部分については組合の意見を優先的に考慮し，事業と新車種の開発については会社の意見を優先的に考慮する。そして，余剰人員の仕事確保については労使が共同に決める」ということである。完全雇用保障の原則は，「会社は，人間尊重の経営方針によって完全雇用保障を前提に経営を行い，組合は，会社の維持と発展のために生産および品質向上，顧客満足のために努力する」ということである。

　「完全雇用合意」は，正規労働者の数量的硬直性を維持するために，労働組合が，構内下請非正規労働者の数量的柔軟性を会社に譲歩した協約である。これにより，企業別内部労働市場の外部化と雇用関係の外部化が合法的・制度的

装置として作動し始めたとみることができる。企業は，自動車市場の需要変動に伴う労働力活用上の数量的柔軟性を確保することができた。労働組合も，非正規労働者という労働市場の緩衝装置（buffer）に依拠し，正規組織労働者の雇用安定を獲得することができた。金融危機以降，雇用調整をめぐって熾烈な罷業闘争を展開し，拘束など多様な犠牲を経験した労働組合は，正規労働者の雇用安定と「韓国労働運動の主力の維持」という名目のもと，「実利的」組合主義に路線を転換したといえよう。

「完全雇用合意」は，正規組織労働者の雇用安定の代わりに非正規労働者の活用を認め，外部労働市場の競争原理を内部労働市場へ引き入れる手段となった。企業は，内部労働市場の従属的一次労働市場を非正規労働者と正規労働者とに分割して支配するテコとしてそれを活用した。結果，現代自動車では3者間雇用関係が形成された。現代自動車と正規組織労働者という2者間雇用関係のほか，「構内下請会社という法的雇用主—労務管理や作業指示を行う実際雇用主として現代自動車—正規労働者と同じ作業をする非正規労働者」という3者間雇用関係が複雑に入れ込むようになったのである。現代自動車は，金融危機以降雇用不安を懸念する正規労働者を「完全雇用合意」へ引き込み，非正規労働力の数量的柔軟性を活用するだけでなく，複雑な雇用関係に基づいて正規労働者と非正規労働者を「分割支配」することに成功したといえよう。

(3) 二重的・差別的雇用構造の形成

金融危機以降韓国自動車産業では，非正規労働者の内部労働市場への浸透によって，二重的労働市場の構造化・制度化が進行している。それによって，企業のなかでは二重的・差別的雇用構造が固着化しつつある。表6-2は，韓国自動車産業において非正規労働者が2001年から2005年まで持続的に増加していることを示す。図6-6は，現代自動車における非正規労働者の工場別推移を示したものであるが，2000年から2004年まで非正規労働者が増え続けているのがわかる。2005年に初めてそれが減少し，8,817人となった。

表6-3により，正規労働者と非正規労働者の賃金格差を見ると，時給にお

表6-2　韓国自動車産業における雇用形態別の就業者規模

(単位：千人)

	2001年	2002年	2003年	2004年	2005年
正規労働力	293	299	275	285	284
非正規労働力	19	24	25	32	30
雇用主	7	11	8	11	7
自営業者	8	3	2	3	1
無給家族従事者	2	1	1	3	0
全体	328	338	311	334	322

出典：韓国雇用情報院（KEIS）「産業別・職業別雇用構造調査」各年度。

図6-6　現代自動車における非正規労働者の工場別の推移

(単位：人)

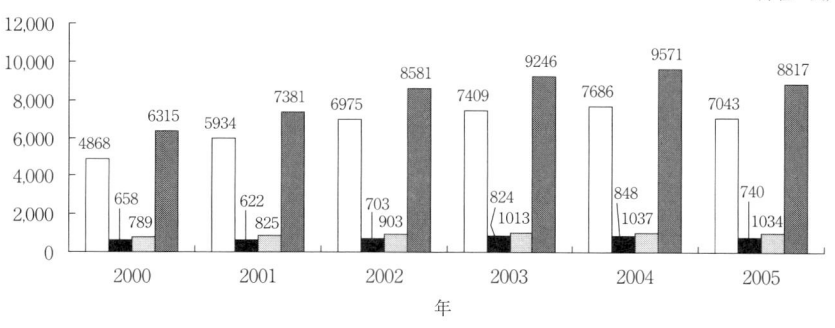

年	蔚山工場	全州工場	牙山工場	全体
2000	4868	658	789	6315
2001	5934	622	825	7381
2002	6975	703	903	8581
2003	7409	824	1013	9246
2004	7686	848	1037	9571
2005	7043	740	1034	8817

出典：社内資料。

表6-3　現代自動車の正規労働者-非正規労働者の賃金比較（2006年基準）

(単位：韓国ウォン)

	正規労働者(A)	正規労働者(B)	非正規労働者(C)	C/A(%)	C/B(%)
	14.9年	2年	平均2.8年		
時給	5,950	4,440	3,570		
基本給	1,427,884	1,065,541	856,770	60	80
通常賃金	1,658,386	1,176,074	872,359	53	74
平均賃金	3,952,757	2,838,385	1,877,007	47	66
労務費用	4,921,832	3,578,946	2,353,409	48	66

注：労務費用というのは，会社側が労働に対する報酬として支払う，賃金を含めるすべての費用である。
出典：労働組合資料。

図6-7　現代自動車の生産職労働者の勤続年数別平均年齢および人員数（2006年基準）

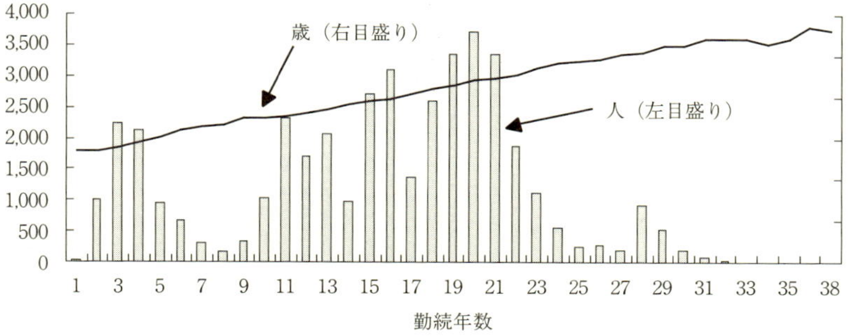

出典：労働組合資料。

いては同一勤続年数基準で正規労働者(B)と非正規労働者(C)はそれぞれ4,440ウォンと3,570ウォンで，大きな差はみられない。しかし，平均賃金においては，非正規労働者の賃金水準は正規労働者の66％に過ぎないことがわかる。会社側も，労務費用が正規労働者に比べて66％に過ぎないから，生産過程において同じ仕事のできる非正規労働者をより使おうとするのである。なお，会社は，景気変動にしたがって自由に解雇できる非正規労働者の数量的柔軟性に魅力をおぼえている。問題は，正規労働者と同じ仕事を担う非正規労働者に対して，差別的な賃金と労働条件が提供されているということである。

　非正規労働者と違って，正規労働者は内部労働市場の一般的な利益を享受している。たとえば，図6-7は，内部労働市場の長期雇用慣行が安定的に維持されており，勤続年数が30年程度にわたる正規労働者の定年もおおむね保障されていることを示す。図6-8も，内部労働市場の年功給という慣行が維持されていることを示す。

　二重的・差別的雇用構造は対立的労使関係の「実利的」組合主義と密接に関わっている。正規組織労働者が非正規労働力を雇用安定のバッファーとして認識する限り，二重的・差別的雇用構造が改善される可能性はない。以前は対立的労使関係に基づく「戦闘的」組合主義であったが，それが，金融危機以降深刻な雇用調整を経験した組織労働者の雇用安定期待心理に追随した結果，雇用

図6-8　現代自動車の生産職労働者の勤続年数別賃金カーブ

(単位：韓国千ウォン)

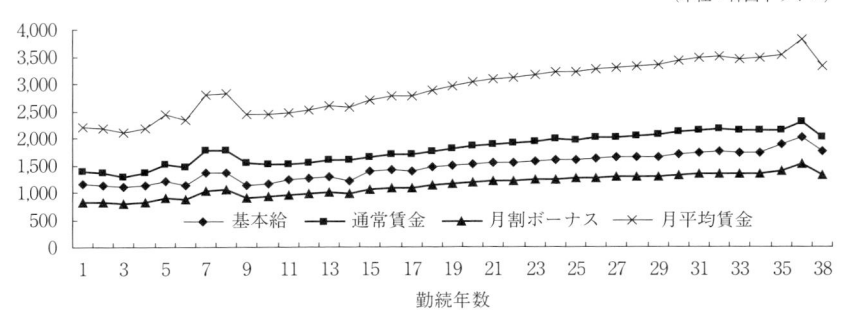

◆ 基本給　■ 通常賃金　▲ 月割ボーナス　✕ 月平均賃金

出典：労働組合資料。

問題に対しては「談合的」労使関係のもとでの「実利的」組合主義に変わったといえる。

4．作業組織と雇用関係

(1) 非フォード主義的作業組織と労使関係[2]

　1987年労働者大闘争以降，現代自動車労働組合は，作業組織の性格変化に決定的な影響を及ぼした。労働者は，労働組合の組織結束力を基盤として，作業者間の作業負担の均等化をはかるために，自律的ジョブ・ローテーションあるいは作業交代を実施したのである。自律的ジョブ・ローテーションの目的は，工程間調整を通じた相互協調により，職務の単調さから脱皮するとともに，単純反復作業によって生じる膝関節・腰ディスクなどの身体的異常を防止し，労災患者を減らすものであったが，同時に品質向上，多技能化による柔軟な人員配置なども目指すものであった。1990年代初めから行われるようになったジョブ・ローテーションは，当初は，新参労働者が古参労働者に比べて自分たちの作業がきつく，難しくかつ危険だと反発したことに始まった。会社は，作業負担の不平等に伴う生産性低下を解消し，M/H配分（Man/Hour配分：工場お

よび工程における要員数の調整——訳者）に伴う作業者間の対立を克服する手段として，作業者の自律的ジョブ・ローテーションを認めた。自律的ジョブ・ローテーションは，作業負担の均等化を志向する作業者と労働組合の職務平等主義が作業場のなかで実現された結果だと見ることができる（周武鉉［2004］）。

　ここで，現代自動車の作業組織の形成過程を簡単にまとめると，次のようになる。1960年代後半フォード主義を導入して，1980年代には一応フォード主義を確立した。ただし，1990年代にリーン生産方式を導入し，一方で「柔軟な自働化」を進めることにより，非フォード主義が形成された。この非フォード主義作業組織は，従来のフォード主義作業組織と労使関係との妥協のなかで作り上げられた自律的革新と学習効果の産物であった。こうしてみると，「作業場の生産の政治」によって形成された非フォード主義作業組織は，既存のフォード主義から抜け出た部分的創造という混合化過程で進化したものだったといえる（周武鉉［2004］）。

　筆者のこれまでの研究によると，現代自動車では作業場労使関係が，作業組織や熟練形成にもっとも大きな役割を果たした。特に作業場労使関係を主導した労組代議員や（労働組合の公式的代表機関ではない）小委員は，自律的ジョブ・ローテーションの管理や運営，新車種を導入するときのM/Hの分配や管理，公式的組織としての組合が直接関与しない生産現場の問題を解決してきた。自律的ジョブ・ローテーションは，会社の教育訓練プログラムと体系的に結合されたものではなかったが，低位多機能労働力の熟練形成に決定的な作用をしたとみることができる。

　2006年に筆者が現代自動車で実施した調査によると，個別作業者の勤続年数別作業工程数と多機能化水準において重要な特徴が見出された。まず，図6-9に見るように，生産職労働者は勤続年数が高くなればなるほど，作業チーム（作業班あるいは作業組）のなかで成し遂げる仕事の量と工程数が減少している。ただし，これには解釈上の主意が必要である。個別労働者が直接担当する作業工程の難易度および熟練度に対して正確な情報を持たないなかで，「絶対的に量的な」作業工程だけを見た結果だからである。にもかかわらず，図6-

図6-9 現代自動車における勤続年数別の遂行可能作業工程数

(単位：個)

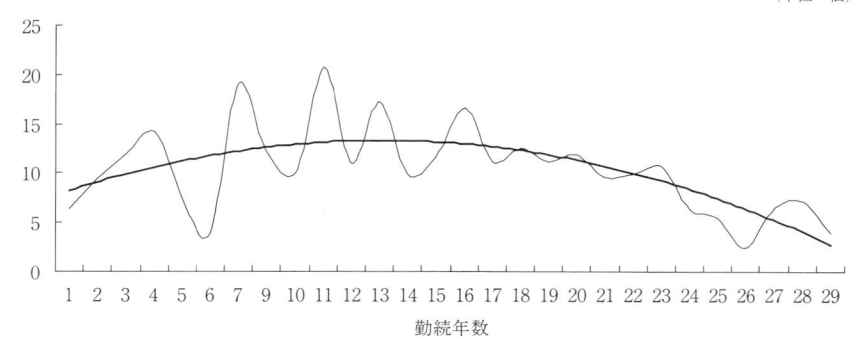

注：1）勤続年数8年目は，該当するデータが失われている。
　　2）太い線は，勤続年数に基づく二次方程式によって引き出された，趨勢を示すものである。
出典：筆者作成。

図6-10 現代自動車における勤続年数別の多機能化水準

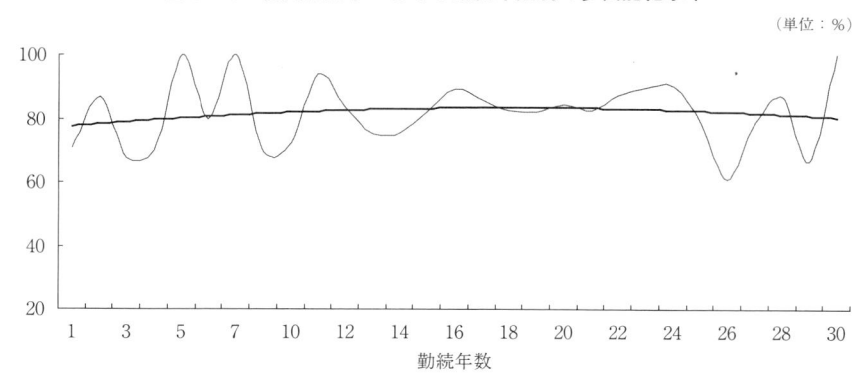

(単位：%)

注：1）多機能化指数＝個別作業者の遂行可能作業工程の数／作業班あるいは作業チームの全体作業工程の数。
　　2）勤続年数8年目は，該当するデータが失われている。
　　3）太い線は，勤続年数の増加に伴う多機能化レベルの趨勢を，二次方程式を利用して引き出したものである。
出典：筆者作成。

9は，作業組織において職務先任権（job seniority）が強く働いているという重要な情報を提供してくれる。これは作業者の観点からは有利な側面があるが，企業の立場からは「長期勤続―相対的高賃金―相対的低生産性」と見える可能性がある。図6-10は，平均的な生産職労働者の多機能化水準を勤続年数別に

見たものである。これは，現代自動車において労働者は入社後1～2年で熟練を形成すると，退職するまで熟練上昇が起こらないことを意味する。図6-10のカーブは，一般的に予想する熟練カーブ（skill curve）とは異なる。このような現象が起こるのは，いままで現代自動車が勤続年数と職務を連結する体系的教育訓練制度と賃金制度を開発しなかったためである。

図6-9と図6-10は，企業や労働組合にとってそれぞれ異なる意味を有する。企業にとっては，図6-8で見たように，勤続年数によって右上がりする賃金カーブが負担となる。そのために，会社は長期勤続の労働者を早く解雇したいと考える。一方，長期勤続の労働者は，自分たちの熟練水準あるいは多能化水準と比べて賃金水準を省みた際，雇用不安を抱くこととなる。特に1998年雇用調整の経験は，従来雇用不安を一度も考えたことがなかった労働者たちに，労働組合の組織結束力や組織団結力が唯一の頼りではないことを悟らせた。今まで筆者の行ってきた調査によると，最近労働者のなかで広がっている短期主義的行動は，単に1998年雇用調整の及ぼした影響ではない。このように生産過程で起きる心理的不安が雇用不安を煽っているのである。

(2) 「労働排除的」自動化と配置転換

現代自動車は，作業工程の自動化に対する持続的な投資を通じて，生産を増大し，品質水準を引き上げようとする。現に，持続的投資の過程で生産技術の自動化水準は上昇してきた。問題は，生産技術の自動化が作業者の技術や熟練および労働の人間化にどのような影響を及ぼしているかである。2006年に筆者も参加して行った調査のなかで興味深い事実が発見された。

図6-11は，作業工程の自動化によって生じた作業者の作業範囲の変化と自由裁量などの変化を指数で示したものである。最近5年間作業工程で起きた自動化を指数化すると，2006年現在0.43で，低いものではない。これは，現代自動車が最近5年間生産設備の自動化に持続的な投資を行ってきたことを表す。これに対し，生産設備の自動化による作業範囲指数は非常に低い数値となっており，作業工程の自動化が個別作業者の作業範囲にほとんど影響しなかったこ

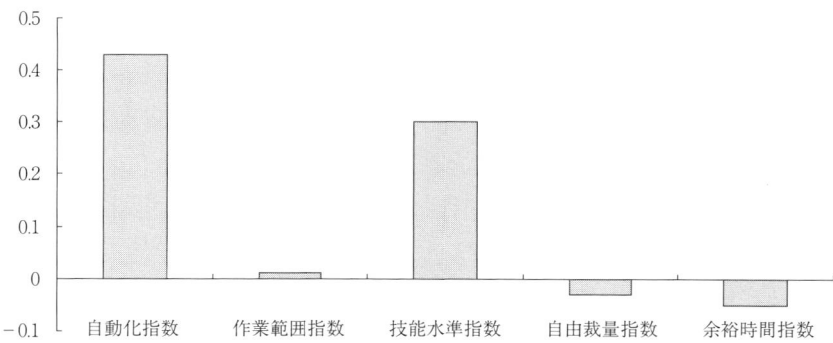

図 6-11 現代自動車の自動化および職務の変化指数

[グラフ: 自動化指数 ≈ 0.43, 作業範囲指数 ≈ 0.01, 技能水準指数 ≈ 0.30, 自由裁量指数 ≈ -0.04, 余裕時間指数 ≈ -0.05]

注:1) 自動化指数は，自動化レベルの上昇を1，自動化レベルの下落を-1，自動化レベルの変化なしを0とした際の数値である。
　　2) 作業範囲指数は，作業工程の自動化による作業範囲の拡大を1，作業範囲の縮小を-1，作業範囲の変化なしを0とした際の数値である。
　　3) 技能水準指数，自由裁量指数，余裕時間指数も上記と同じ方法で計算された。
出典:筆者作成。

とを示唆する。このように自動化が進んだにもかかわらず作業範囲の変化が起こらなかったのは，対立的労使関係に基づく作業場労使関係の「実利的」ないし「談合的」組合主義が作用したためと思われる。つまり，現場で自動化が実施され作業者の作業範囲が広がるようになると，必ずや作業場単位での交渉が必要となり，その結果作業範囲はあまり拡大されることなく維持されたのである。

ところで，技能水準指数は0.3で，作業工程の自動化が個別作業者の熟練水準向上にはポジティブな効果をもたらしている。他方，自由裁量指数と余裕時間指数はそれぞれ-0.04と-0.05で，作業工程の自動化が暗黙的な熟練（tacit skill）あるいは自律性（autonomy）にはネガティブな影響を及ぼしている。つまり，作業工程の自動化は個別作業者の技能水準は高めたものの，余裕時間と自由裁量の余地はむしろ狭め，全体的には労働強度を増加させる結果となっている。総じて，現代自動車における生産設備の自動化は，労働の人間化（humanization of work）にはあまり寄与せず，効率性向上の手段としてだけ使われる傾向があり，基本的に「労働排除的」な自動化という特徴を持ってい

図6-12　現代自動車の労働者が配置転換に反対する理由（組合員対象のアンケート）

(単位：%)

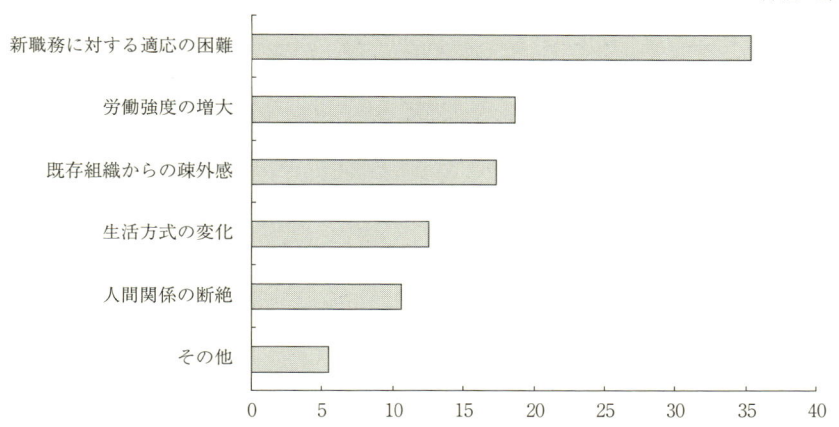

- 新職務に対する適応の困難　約35
- 労働強度の増大　約19
- 既存組織からの疎外感　約17
- 生活方式の変化　約12
- 人間関係の断絶　約10
- その他　約5

出典：筆者作成。

るといえる。

　現代自動車における作業場労使関係は，企業側は「労働排除的」自動化戦略を追求し，労働組合や労働者は自発的生産参加や機能的柔軟性にネガティブに対応するとまとめられる。通常，会社側は生産職労働者がいつも配置転換に反対するから，内部労働市場の柔軟性が低いと主張してきた。図6-12は，生産職労働者が配置転換に反対する理由を示したものである。現に，金融危機以前は労働者が工場間の配置転換に反対する場合が多かった。しかし，筆者の行った最近の調査によると，金融危機以降は雇用不安のために部署間や工場間の移動が活発になっている。韓国の自動車産業において会社が柔軟に労働者を移動させることが難しいのは，基本的には作業場で組合の代議員あるいは小委員と交渉しなければならないと定めた団体協約の手続きのためである。それゆえ，現代自動車においても作業場は，対立的労使関係のもとでの「戦闘的・実利的・談合的組合主義」が複雑に作用している。たとえば，新車種を導入する時，労働組合はM/Hを交渉しながら労働強度問題の解決をはかる。その際，非正規労働者の投入によって正規労働者自身の作業負担を解消する実利的・談合的

表6-4 現代自動車で罷業実態の推移

	1996年	1997年	1998年	1999年	2000年	2001年	2002年	2003年	2004年
全面罷業（日）	15	—	36	—	6	1	—	2	2
部分罷業（回）	5	—	—	15	6	12	6	28	3
目的			雇用調整	賃金／団協	大宇自動車問題／賃金	賃金／団協	労働法／賃金	賃金／団協	賃金／派遣法

注：団協とは，労働協約を意味する。
出典：現代自動車労使関係改善専門家委員会「現代自動車の労使関係，診断と代案」。

な戦略を選択する傾向がある。結果，正規組織労働者の担当してきた仕事や職務が自然に非正規労働者に流れ，正規組織労働者が自分の利己主義的な目的で非正規労働力を増大させる現象が生じているのである。これは，労働組合や組織労働者が自身の戦闘力を利用して会社側と談合する典型的な例ということができる。

(3) 「長時間労働—相対的高賃金」

金融危機以降，韓国自動車産業で起きたもっとも主要な変化は労使関係である。表6-4は，現代自動車労働組合の全面罷業と部分罷業の実態を示したものである。これから現代自動車労働組合の罷業水準とその目的を読み取ることができる。雇用調整に反対した1998年の全面罷業を除くと，近年労働組合はあまり全面罷業を実施しなかったことがわかる。その代わりに労働組合は，特に2001年から2004年までに典型的に見られるように，要所で部分罷業を活用する戦術をとっている。これは，従来の対立的労使関係のもとでの「戦闘的」組合主義が，「実利的」組合主義に変化していることを表している。

対立的労使関係のもとでの実利的組合主義は短期主義と談合主義をもたらした。1998年の雇用調整を経験したのち，正規労働者は労働組合も企業も信頼しなくなり，もっぱら正規の賃上げなど自身の利益に集中する傾向が一般化した。自動車産業でも大企業労組が集団的利己主義へ方向を変えたのであり，現段階での韓国労働運動の危機は，自動車産業の企業別労組に見られるように，連帯性の危機と社会的役割の脆弱さに起因しているといえる。なお，進歩的な労働運動の視点より連帯賃金政策および労働者賃金基金のような社会民主主義的政

図6-13 現代自動車の月平均労働時間（組合員対象のアンケート）

(単位：人，%)

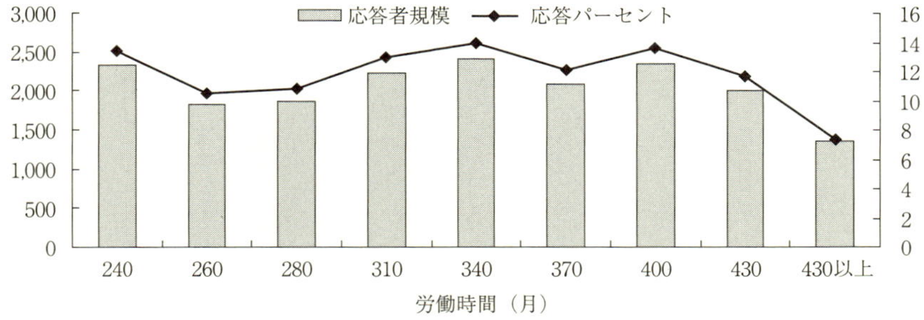

注：所定労働時間以上のオーバータイムは実際労働時間の150～200％で計算している。
出典：現代自動車労働組合「団体交渉委員の資料集」2006年。

策にアプローチできなかった限界も指摘しなければならない。このように企業別労働組合体制を最近まで維持してきた自動車労組に対し，産業別労働組合の役割を要求すること自体が無理かもしれない。

「実利的」労働組合主義は，長時間労働を通じた相対的な高賃金の獲得という短期主義的な態度を生み出した。図6-13で見るように，韓国自動車産業の労働者は「長時間労働―相対的高賃金」というジレンマに陥っている。月平均労働時間400時間以上の労働者が33％で，2004年現在の年間平均実労働時間は2,602時間である。このような長時間労働は世界的にもまれに見るケースである。これは，当面の生産量確保という会社側の短期主義的な利益戦略と密接に関わっている。一方，金融危機以降は労働者側においても，「雇用が維持されている間，お金を儲けておこう」という短期主義的な態度が一般化している。このような状況のもとで労働者は，生産量の縮小，乗用車の需要減少，労働時間の短縮，生産稼働率の低下などをすなわち雇用不安をもたらす要因と見なすようになっている。

留意すべきは，金融危機が問題を深刻化させたが，問題の根源はより深いところにあるということである。それは，作業者の賃金形態が時間給で，長時間労働は相対的高賃金を獲得するほぼ唯一の方法であり，労働者は高賃金のためなら徹夜や休日勤務もかまわないという態度をとっていることである。会社も

生産量の確保と賃金柔軟性のために長時間労働を活用する戦略をとっている。こうして労使の選択が重なり合うなか，労働組合や労働者は単位時間当りの労働強度を引き下げる政策を追求し，会社は単位時間当りの生産性を引き上げようと様々な工夫をしているのが現状といえる。

5．結　論

　この章では，金融危機以降10年間にわたって韓国自動車産業に生じた雇用問題の推移と労使関係の変化を分析してきた。なかんずく現代自動車の雇用問題と労使関係に焦点を当てたのは，現代自動車が韓国自動車産の成長戦略と労使関係のパターンセッターとしての役割を果たしてきたからである。

　金融危機以降，現代-起亜自動車グループは輸出指向的市場戦略を強化し，内需より輸出を大幅に増やした。この輸出指向的成長戦略は，既存の「低賃金-長時間-高強度」労働による価格競争力を維持しようとする経営戦略である。これに対しては，労働組合から国外生産の比重増大が雇用と労使関係の不安定をもたらしかねないという指摘がなされている。

　現代自動車は，金融危機以降雇用に不安をおぼえた正規労働者を「完全雇用合意」へ引き込み，非正規労働力の数量的柔軟性を活用することができただけでなく，複雑な雇用関係に基づいて正規労働者と非正規労働者を「分割支配」することに成功した。この二重的・差別的雇用構造は，対立的労使関係のもとでの「実利的」組合主義と密接に関わっている。一般的に正規労働者は非正規労働者を自分の雇用安定のバッファーとして認識する。以前の「戦闘的」組合主義は，金融危機以降深刻な雇用調整を経験するなかで，雇用安定を求める組織労働者の期待心理に追随し，雇用問題に対して「実利的」な組合主義に変貌したのである。

　1998年の雇用調整で9,500人もの労働者が退職したことは，労使間の不信を深めた。そして，この経験は，労働組合の組織結束力や組織団結力が唯一のものではないとする認識を労働者側にもたらした。この認識は，生産過程での

「生産量の低下」や「労働時間の短縮」がすぐ雇用に影響するかもしれないという心理的不安につながっている。一方，自動車産業で生産職労働者の賃金形態は基本的に時間給であり，労働者は賃金収入を高めるために長時間労働を収容している。これらの要因が相互作用した結果，金融危機以降，「実利的」労働組合主義は，長時間労働を通じた相対的な高賃金の獲得という短期主義的な行動様式を生み出した。従来戦闘的であった労働運動は，いまや実利的・短期的な利益追求行動に移行しているのである。

「実利的」組合主義は，韓国労働運動の「危機」として突き進んでいる。最近，自動車産業の企業別労働組合は産業別労組に転換した。しかし，それが，真の産業別労働組合の活動，たとえば，社会民主主義的な労働組合が提起した社会的連帯や活動を実現することができるかどうか，疑問なしとはいえない。

注
1) 内部労働市場は，効率賃金理論（Shapiro and Stiglitz [1984]），企業特殊的熟練理論（Koike [1988]），労働生涯インセンティブ理論（Lazear [1981] [1995a] [1995b]）などによって説明されている。
2) ここでも現代自動車の作業組織を中心に分析を行う。

参考文献

Cappelli, Peter [2000]: "Market-Mediated Employment: Historical Context", in Margaret M. Blair and Thomas Kochan (eds.), *The New Relationship: Human Capital in The American Corporation*, Brookings.

Davis-Bake, Alison and Brain Uzzi [1993]: "Determinants of Employment Externalization: A study of Temporary Workers and Independent Contractors", *Administrative Science Quarterly*, Vol. 38, June.

Doeringer, Peter and Michael Piore [1971]: *Internal Labor Markets and Manpower Analysis*, Sharpe.

Freeman, Richard and James Medoff [1984]: *What Do Unions Do?*, New York: Basic Books.

Houseman, Susan [2001]: "Why Employers Use Flexible Staffing Arrangements: Evidence From an Establishment Survey", *Industrial and Labor Relations Review*,

Vol. 55, No. 1.
Hudson, Ken [2001]: "The Disposable Worker", *Monthly Review*, Vol. 52, No. 11.
周武鉉 [2004]:「混合型非フォード主義作業組織の形成と進化」『大原社会問題研究所雑誌』553号。
Kalleberg, Arne, Barbara F. Reskin, and Ken Hudson [2000]: "Bad Jobs in America: Standard and Nonstandard Employment Relations and Job Quality in the United States", *American Sociological Review*, Vol. 65, April.
金基元 [2004]:「韓国自動車産業の構造調整をめぐる争点」『大原社会問題研究所雑誌』552号。
Koike, Kazuo [1988]: *Understanding Industrial Relations in Modern Japan*, Macmillan.
Lazear, Edward [1981]: "Agency, Earning Profile, Productivity, and Hours Restrictions", *American Economic Review*, Vol. 71, No. 4.
Lazear, Edward [1995a]: "A Job-Based Analysis of Labor Markets", *The American Economic Review*, Vol. 35, No. 2.
Lazear, Edward [1995b]: *Personnel Economics*, The MIT Press.
Magdoff, Fred and Harry Magdoff [2004]: "Disposable Workers: Today's Reserve Army of Labor", *Monthly Review*, Vol. 55, No. 11.
Olsen, Karen and Arne Kalleberg [2004]: "Non-standard Work in Two Different Employment Regimes: Norway and the United States", *Work, Employment and Society*, Vol. 18, No. 2.
Polivka, Anne [1996a]: "Contingent and Alternative Work Arrangements, Defined", *Monthly Labor Review*, Vol. 119, No. 10.
Polivka, Anne [1996b]: "A Profile of Contingent Workers", *Monthly Labor Review*, Vol. 119, No. 10.
Polivka, Anne [1996c]: "Into Contingent and Alternative Employment: by Choice", *Monthly Labor Review*, Vol. 119, No. 10.
Shapiro, Carl and Joseph Stiglitz [1984]: "Involuntary Unemployment as a Worker Discipline Device", *The American Economic Review*, Vol. 74, No. 3.
Uzzi, Brian and Zoe Barsness [1998]: "Contingent Employment in British Establishments: Organizational Determinants of the Use of Fixed-Term Hires and Part-Time Workers", *Social Forces*, Vol. 76, No. 3.

第7章　LG電子の経営理念と作業場革新
　　　　　――家電工場を中心に――

裵　圭植

1．問題提起

　韓国の国内製造業が人件費の上昇，労使紛争，中国の追い上げ，労働力不足や柔軟性の欠如など様々な問題に遭い，危機的な状況に追い込まれている。国産の製品は，国内人件費の15％水準である中国との価格競争にさらされている。技術と熟練水準の低い製品・部品は中国製品と競争するのがますます難しくなっている。とはいえ，直ちに研究開発に多額の投資をして，デザインと品質で競争できるほどの高級品を生産するだけの能力はない。2000年代に入っても大規模事業所の労使紛争，労組の硬直した態度と高い人件費のために，大企業は国内で投資しようという意欲を示していない。中小企業は，輸出や内需向けの受注を確保していながらも労働力不足のために生産ができない。このような状況の中で，製造業の多くの企業は，国内での事業をあきらめ，中国やベトナム等東南アジアに現地工場を造ったか移転を考慮している[1]。海外進出した企業は，国際化の経験を蓄積して人件費等で若干余裕が生じたものの，社会間接資本の未整備，労働力の低い質や熟練水準，言語や官僚腐敗等の問題，部品供給問題，現地企業との競争等の問題で困難を極めている。
　韓国国内に残った企業は，これから重要な戦略的選択の岐路にある。技術革新によって高品質で競争できる道を開拓するか，それとも海外進出によって安くて柔軟な労働力を活用して国内で失った競争力を補い事業を続けていくかの

選択に迫られている。前者の場合は，研究開発能力の確保，労使の信頼と協力，現場労働者の自発性と高い生産性，絶え間ない教育訓練による熟練の向上等を通じて人件費の割高を克服することが求められる。後者の場合にも相当な研究開発能力，国際化と現地化，意思疎通，信頼の構築，市場開拓等の課題を解決していかなければならない。

　前者を選択したのが，LG電子の昌原工場であり，きわめて貴重な事例である。LG電子という一会社レベルはもちろんのこと，LGグループレベルでも「革新のメッカ」と呼ばれる昌原第1工場と第2工場は，上記のような様々な難関にどううまく対応できるかを明らかにしてくれる重要な事例である。昌原工場は，韓国型作業場の革新と内部人的資源開発の代表的な事例であったが，1990年代初期はOEM方式で海外巨大電子メーカーの製品を委託生産してきた無名のLG電子（旧金星社）工場であった。が，2000年代に入って，日本のソニー，パナソニック，東芝等の世界的な電子電機メーカーを追い抜き世界で第3位の家電メーカーに成長した。LG電子の昌原工場で起きた労使関係の転換，多様な作業場の革新，人的資源開発は，韓国製造業が自らをどう変革し質的な高度化を図って国内市場はもちろんのこと，世界市場で品質とデザインで競争を勝ち抜き成長していくことができるかを示してくれる。

　それだけではなく，LG電子は，国内での作業場の革新と人的資源開発の成功体験を土台に，インド，中国などブリックス（BRICs），ヨーロッパ市場等海外での市場開拓，海外現地工場でも非常に成功を収めた企業として知られている。

　日本にはトヨタ自動車が創り出したリーン（lean）生産方式がある。LG電子の昌原工場で創り出した作業場革新はまだ体系的，制度的といえるレベルまで発展したわけではないが，韓国型作業場革新のモデルとして開発されていく可能性がある。日本のリーン生産方式が日本製造業の競争力を一段階高めて日本を製造業大国にしたように，韓国では韓国型高成果作業システムを開発・普及することによって，韓国の製造業をグレードアップさせて成長の基盤にし，ディーセントワーク（decent jobs）を守り育てていくように努力しなければな

らない。

　1987年と1989年，当時LG電子の前身であった金星社で36日間の大規模ストライキが起きた以降，LG電子昌原工場で作業場革新と人的資源開発はなぜ成功したのであろうか。LG電子は労使関係にどのような考え方でアプローチし，労組は会社の考え方にどう応じたのか。また，労使間の不信はどう克服されたのか。LG電子の成功は，外国の優良企業の作業場革新をベンチマーキングすることで可能となったのか，それともLG電子が独自に開発した作業場革新モデルの成果であるのか。LG電子昌原工場の作業場革新と人的資源開発は，日本のトヨタ自動車のリーン生産方式にたとえることができるのか。LG電子の作業場革新と人的資源開発モデルは，国内製造業の他社に移転可能であるか。そうであれば学ぶところがどこにあるのか。LG電子昌原工場の作業場革新と人的資源開発モデルが韓国の労使関係論と作業組織論に与える理論的インプリケーションは何か。本章は，このような多様な政策的，理論的な質問に対して答えるため，LG電子昌原工場を事例に取り上げ分析するものである。

2．韓国の電子産業とLG電子の概要

(1) 電子産業

　1960～70年代，韓国政府は，電子産業を戦略産業として位置づけた。それにより，電子産業には集中的な投資が行われた。規模の経済性を活かそうとして大企業が重点的に育成された。その過程で三星電子，LG電子（旧金星社）等の大企業が生まれた。こうした大企業は，国内電子産業を支配する寡占的な産業構造を持つようになった。国内電子産業は，当初の家電産業を中心に電子部品産業，産業用電子産業，デジタルメディアとデジタル情報通信産業へと拡張・発展し高度化してきている。

　現在，韓国の電子産業は，情報通信機器（パソコン，コンピューター関連製品および携帯電話機），家電機器（カメラ，テレビ，冷蔵庫，エアコン，照明，

表 7-1　電子産業の主要製品群

家電機器	
カラーテレビ	LCD TV, PDP TV
主要白物家電	冷蔵庫, エアコン, 洗濯機, 掃除機, 電子レンジ, 照明機器, 暖房機器, その他家電
映像機器	ビデオ, カメラ, VCR
音響機器	スピーカー, コムロノント, 音響機器, 音響機器部品
情報通信機器	
情報機器	PC, プリンター, モニター, コンピューター部品, 補助記憶装置
無線通信機器	携帯電話機, 無線通信機器・部品
産業用機器	電子応用機器, 計測制御分析機
電子部品	半導体, コンデンサー, PCB, 2次電池, LCD

出典：LG電子［2008］『事業報告書』。

暖房, 音響, 映像機器), 産業用機器（応用機器, 計測制御分析機), 電子部品（半導体, コンデンサー, PCB, 2次電池, LCD）等で構成されている。

　韓国の電子産業がどのような特徴を持っているのか, それを見てみよう。まず, 第一に, 電子産業は, 1960年代末から1970年代初めにかけて労働集約的な製品を作ったが, その後, 資本集約度の高い製品を作るようになった。特に, 携帯電話, 半導体, 情報通信, マルチメディア, LCDの製造は, 電子産業を高付加価値産業に切り替えるのに革新的な役割を果たした。それだけではなく, 冷蔵庫, 洗濯機, テレビという製品の分野でも機能が多くて知識技術集約度の高い製品を新たに開発した。それにより, こうした分野で製品の種類は多くなった。

　第二に, 顧客の好き嫌い, 流行, 支払能力, 気候, 年齢, 宗教等に合わせて多品種少量生産を行うので, 製品のサイクルが非常に短い。たとえば, 昌原工場のエアコン工場には12の生産ラインがあるが, そこで生産される製品数は1年間約1,700種, 詳細モデルでは3,300種あまりである。各製品は, 研究開発を通じて絶え間なく進化・発展していくとともに, 新しくて便利な機能が追加されるか複合化されていく。製品のサイクル短縮により新製品で高付加価値のある製品開発と先端分野への投資増大で研究開発投資がますます拡がっている。

そのため，電子産業の競争の核心要素は，先端新技術の開発，原価および生産性の革新を通じた価格および品質，マーケティング力である。これらの要素で優位にたつかどうかが大変重要である。

　第三に，電子産業，特に家電分野の国際競争は非常に激しく，国際市場が激変するので，持続的に独占を維持していくことがかなり難しい。電子産業，その中でも家電分野の場合，相対的に労働集約的であり，キャッチアップが比較的容易であるので，中国を含めた新生工業国が価格競争力を基に猛スピードで追いついてもいる。また，市場の激しい変化と新しい革新的技術と顧客の多様な嗜好，そして家電業種の多様な国際分業と供給ラインによって，熾烈な価格競争と品質競争が起こり，市場を支配した企業がある日突然弱者に転落することもありうる。初期に大規模設備投資の負担が高いなどの理由で，企業が同業界に参入するハードルは高い。しかし，最近では中国等賃金の低い国で電子産業が急成長しているため，製品の価格帯が中・低レベルの市場では，商品価格が急速に下がっている。ソニーを含めた日本の家電メーカーが過去の名声を失い苦戦を強いられていることと中国のハイエル（Haier），メキシコのマベ（Mabe），トルコのアルセリック（Arcelik）等新興工業国の大企業がグローバル化に挑戦していることも[2]，市場の熾烈な競争を物語っている。

　2006年，韓国は，デジタル電子の完成品貿易で総計222億ドルの黒字を記録した。図7-1に見られるように，中国との間では1億ドルの赤字，日本との間では7億ドルの赤字を出した。しかし，デジタル電子部品では，同年，総計192億ドルの黒字を記録したが，中国には78億ドルの黒字，日本には約27億ドルの赤字を出した。日本は，中国との間でデジタル電子の分野で計108億ドルの黒字，そのうち完成品分野で約75億ドルの赤字，電子部品で約184億ドルの黒字を記録した。東アジア電子産業では，日本・中国・韓国の3国の間にダイナミックで緊密な貿易と分業関係が形成・発展してきた。

　韓国電子情報通信産業振興会［2009］によれば，2008年度電子産業は，輸出が1,237億ドルと，1999年515ドルに比べて9年間2.4倍増加し全輸出（4,220億ドル）の29.3％を占めるが，電子製品の輸入は715億ドルとなり，522億ドルの

図7-1　日中韓三国間電子産業の貿易関係（2006年末現在）

（単位：億ドル）

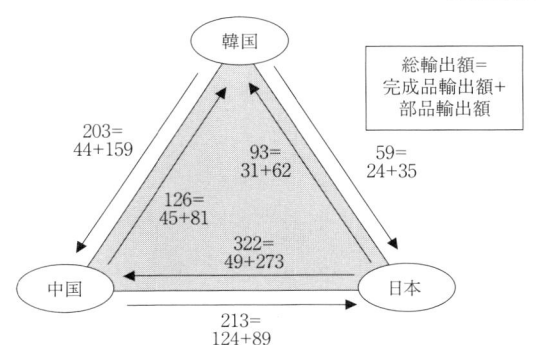

```
                    韓国
                   /    \
          203=    /      \   59=
          44+159 /  93=   \  24+35
                / 31+62    \
               /            \
          126=/              \
          45+81\   322=      /
                \  49+273   /
                 \         /
                中国━━━━━日本
                    213=
                    124+89
```

総輸出額＝完成品輸出額＋部品輸出額

出典：韓国電子情報通信産業振興会［2007］『デジタル電子主要品目市場動向分析2007年第2四半期』。

表7-2　韓国企業が高いマーケットシェアを占める主要製品（2008年）

順位	D Ram	携帯電話機	LCD TV
1	三星電子（31％）	Nokia（29.8％, フィンランド）	三星電子（20.0％）
2	Hynix（19.2％, 韓国）	三星電子（16.7％）	LG電子（10.2％）
3	LPD Memory（15.8％, 日本）	LG電子（8.6％）	Sharp（9.1％）
4	Micron（10.2％, 米国）	Motorola（8.5％, 米国）	Sony（8.2％）
5	キモンダ（9.7％, ドイツ）	Sony-Ericsson（8.2％, 日本）	Phillips（7.7％, オランダ）

出典：Hoovers［2008］. KOTRA『2009年世界電子産業市場の再編と韓国企業の機会』で再引用。なお，『朝鮮日報』2009年2月20日も参照。

貿易黒字を記録している。デジタル家電製品では，輸出が129億ドル，輸入が49億ドルと約80億ドルの貿易黒字となった。

電子産業の雇用は，60万人余りと製造業雇用の19.4％を占めている。電子産業は，輸出と雇用の面で韓国経済に大きな寄与をしている。世界電子市場で一流と評される韓国の電子製品数は，2001年9から2005年32に増加し，韓国企業のマーケットシェアも次第に増加した。

2008年，10億ドル以上輸出した主要電子製品の品目としては，携帯電話機（221億ドル）と無線通信機器部品（114億ドル），半導体（328億ドル），平面ディスプレー（184億ドル），コンピューター（107億ドル）とその部品（23億ドル），カラーテレビ（57億ドル），モニター（41億ドル），冷蔵庫（19億ドル），

表7-3 主要国別輸出市場の変化

(単位:億ドル)

輸出市場	1990年	1995年	2000年	2005年	2008年
米国	57.0 (33.0%)	134.3 (31.2%)	190.4 (28.6%)	144.7 (14.1%)	168.0 (13.6%)
EU	34.1 (9.8%)	74.9 (17.4%)	111.3 (16.7%)	174.1 (16.9%)	(17.6%)*
日本	22.6 (13.1%)	49.3 (11.4%)	73.0 (11.0%)	77.8 (7.6%)	78.6 (6.4%)
中国	1.0 (0.6%)	7.1 (1.6%)	37.8 (5.7%)	217.5 (21.2%)	331.8 (26.8%)

注:*印のEU統計は2007年上半期統計。
出典:韓国電子情報通信産業振興会『輸出入統計』各年度。

表7-4 携帯電話機を含むデジタル家電製品の生産,輸出,内需の実績

(単位:内需・生産は10億ウォン,輸出は百万ドル)

	2004			2006			2008		
	生産	輸出	内需	生産	輸出	内需	生産	輸出	内需
携帯電話機/部品	27891/—	18721/4918	5960/—	29880/8478	16799/8106	5303/—	31572/12168	22096/11449	6572/4394
デジタルTVと部品*	4473	1598	2410	9877	6734	5769	13710	6252	6549
冷蔵庫	3375	1408	1670	4360	1732	2760	4869	1863	3047
洗濯機	1906	732	922	1589	577	1041	1456	577	884
エアコン	1577	1331	1462	2197	621	1640	2059	312	1821
その他	—	—	—	8812	4890	7797	8643	3895	7905

注:*LCD,PDP Displayとカラーテレビ部品まで合わせたものである。
出典:韓国電子情報通信産業振興会『四半期別デジタル電子主要品目の市場動向分析』各年から再構成。

エアコンを含む家庭用回轉機器等(13億ドル)がある(表7-2を参照)。

表7-3に見られるように,主要市場としては中国が2000～08年の間に8.8倍急成長した一方で,アメリカと日本の比重が相対的に大きく縮小した。同表にはないが,中国への迂回輸出の通路である香港への輸出は2008年に105億ドル,米国への間接的輸出通路であるメキシコへの輸出は2008年に60億ドルと,韓国電子製品の市場の中で中国市場と米国市場の比重は表7-3の数値よりもっと大きいといえる。

表7-4に見られるように,電子製品の中で特に携帯電話機と部品は生産と輸出で急成長している。2004年には28兆ウォンの生産額(ただし,部品を除く),236億ドルの輸出,6兆ウォンの内需(ただし,部品を除く)であったが,

2008年には44兆ウォンの生産額，335億ドルの輸出，11兆ウォンの内需に増加した。一方，家電の輸出は1995年78億ドルと全産業輸出の6.3％を占めていたが，2000年79億ドルと4.9％まで下がった。2008年には78億ドルと輸出額は停滞したが，輸出比重は2.0％まで下がった。全デジタル電子製品の実績に比べてみると，小さいほうであるが，依然として伝統的な白黒家電でも相当額の輸出を記録している。たとえば，2006年末現在，輸出額が大きい製品の中，家電製品はカラーテレビと部品が7位，冷蔵庫（400リットル以上）12位，音響機器部品14位，エアコン18位，洗濯機が20位を占めている。

(2) LG 電子

LG 電子は，三星電子とともに世界的な生産規模をもつ国内屈指の電子会社である。2008年現在単体の売上高が27兆6千億ウォン（221.8億ドル），全世界の子会社を含んだグローバル規模の総売上高が49兆3千億ウォン（394.4億ドル）である。工場は，2007年末現在で国内9工場，海外26工場（中国だけ12工場）等であり，全世界的に114の事業所を持っている。従業員数は国内と海外を合わせると80,283人にのぼっている。LG 電子は，いまや国内市場よりは海外市場で売上高が高く，また，雇用や工場数も国内より海外に多い国際的な多国籍企業になった。主要製品としては，携帯電話機を含んだ無線通信機器，冷蔵庫，エアコン，洗濯機，TV，モニター，PDP，DVD プレーヤー等家電製品と PC，CD-ROM ドライブ，VCR 等デジタルディスプレーやメディア製品，そして電子交換機，光交換機と移動通信端末機，システム統合等情報通信製品がある。LG 電子は，国内15研究所と海外17研究所が研究開発した最新の先端製品を中心に国内市場はもちろんのこと，海外市場でも急成長していくものと考えられる。

表7-5でみられるように，売上高は，毎年10〜15％（携帯電話機は2008年に40.7％）増加し，1998年に比べて2008年の場合，280％増加した。1人当り売上高は約12年間で約10倍近く成長した。1998〜2008年の間，内需は約251％成長したのに対し，輸出は291％増加した。したがって，輸出が全売上高に占

表7-5　LG電子の売上高と利益の推移

(単位：億ウォン)

		1998年	2002年	2005年	2008年
売上高	全体	98,528	186,029	237,742	276,390
	国内	25,698 (26.1%)	66,549*	55,093	64,450 (23.3%)
	海外	72,830 (73.9%)	119,480	182,649	211,930 (77.7%)
経常利益		1,671 (1.7%)	6,752 (3.6%)	7,414 (3.1%)	12,270 (4.4%)
純利益		1,120	4,976	7,028	

注：＊2002年にLG電子がLG電子とLG Philipsに分かれたので，2003年からはLCD売上高は除外されている。
出典：LG電子『年例経営報告』各年。

表7-6　LG電子労働者数の構成と組合の組合員数

(単位：人)

	1975年	1984年	1988年	1992年	1996年	2000年	2005年	2008年
労働者数	7,595	17,789	36,442	30,632	34,525	31,774	31,652	28,409
事務管理職	1,266	5,996	11,673	14,183	18,523	18,108	20,458	19,925
技能職	6,329	11,793	24,769	16,449	16,002	13,476	10,971	8,172
労働組合組合員数	2,481	11,188	23,901	15,775	15,776	11,889	10,397	7,960

出典：LG電子内部資料『LG電子労組活動報告書』

める割合は2008年に77.7％にいたっている。

　LG電子は，2008年現在，国内に28,409人，海外に約5万人と計約7万8千人あまりの労働者を雇用している（表7-6）。国内労働者数のみを見れば，2000年と比べて2008年の国内労働力構成は，業務別に技能職が13,476人から8,172人に，営業が4,583人から3,507人に，研究開発が4,357人から11,888人に，サポートが2,864人から2,678人になっている。生産職ブルーカラーが8,172人であるのに対し，研究開発職が11,888名と，研究開発職が絶対数でも多く，重要な役割を果たしている。1988年に比べて生産職は3分の1以下に減ったが，研究開発職が大きく増えた。このことはLG電子が過去の組み立てと製造の企業から新しい製品を絶えず開発・研究しながら製造する企業に変わったことを物語る。比較的短い周期の多様な高級モデルとデザインを開発することが品質競争力の源泉で，製造過程より研究開発に多くの労働力を投入した結果といえ

表7-7 事業部門別売上高，営業利益，利益率

(単位：億ウォン)

	2003年		2005年		2008年	
	売上高	営業利益	売上高	営業利益	売上高	営業利益
デジタルアプライアンス	56,488	4,967	58,529	4,726	61,940	3,410
デジタルディスプレー	41,744	1,908	51,211	-584	55,060	-5,380
デジタルメディア	40,687	1,734	31,789	1,384	16,110	180
モービルコミュニケーション	61,057	3,191	94,590	4,552	141,930	14,240

出典：LG電子『年例経営報告』各年。

よう（研究開発者の割合が全体の41.8%）。LG電子は多様な内部革新と，労働集約的な工程を自動化して効率を高めることで過去より生産職が減った。また，製造工程のモジュール化とアウトソーシングを高めて生産職が前より減少するようになった。しかし国内工場がプレミアム製品を生産する中核工程を維持してマザープラントとしての役目を維持するという点で相変わらず重要な役割を果たしている。

　表7-7のとおり，LG電子は，売上高と営業利益（現金収入事業＝cash cow business）をエアコン，冷蔵庫，洗濯機，光貯蔵装置，モニター等家電製品とディスプレー製品に大きく依存してきたが，最近，情報通信，特に携帯電話機等の売上高と利益率が高まっている。今後，これらの事業がたゆまない研究開発を通じて高度化し高級品を生産することはもちろん，果敢な投資によって技術とブランドで市場を先占してプレミアム（高級）携帯電話機等情報通信，家電製品とデジタルテレビ，PDP，有機ELという次世代ディスプレー事業分野で市場を開拓するだろう[3]。デジタルメディア事業の売上高は，年を追うごとに減っている。デジタルディスプレー事業の売上高は増加しているものの，赤字幅があまりにも大きくなって，そのまま維持することはできないと思われる。このような事業別売上高と営業利益の推移は，携帯電話機を生産するモバイルコミュニケーション事業は拡張する可能性がある反面，デジタルアプライアンスは現状維持，デジタルディスプレーとデジタルメディアは縮小する可能性があることを示唆する。多様な機能を持つ製品の開発による電子製品需要構造の変化，発展途上国の電子産業分野への進出，多国籍企業の現地生産化によ

表7-8 LG電子事業本部別労働者数の推移

		1998年	2000年	2003年	2005年	2007年	2008年
全体		25,953	31,774	27,683	31,652	29,496	28,659
事業本部	DA本部	4,940	5,699	6,739	6,495	6,499	8,336
	DD本部	7,860	7,992	8,980	5,762	5,191	2,865
	DM本部	4,960	6,321		2,949	2,995	2,246
	MC本部	—	6,455	6,151	7,536	8,929	8,861

出典:LG電子『年例経営報告』各年。

表7-9 デジタルアプライアンス（DA-家電）事業本部の売上高

(単位：億ウォン，全売上高に占める割合%)

	1996年	1999年	2001年	2003年	2005年	2006年	2007年	2008年
売上高	23,873	30,323	49,635	56,488	58,529	58,305	61,352	61,940
内需	15,359 (64.3%)	12,769 (42.1%)	22,101 (44.4%)	19,461 (34.5%)	23,025 (39.3%)	23,914	26,500	24,870 (40.2%)
輸出	8,514 (35.7%)	7,554 (57.9%)	27,573 (55.6%)	37,027 (65.5%)	35,504 (60.7%)	34,391	38,650	37,070 (59.8%)

出典:LG電子『年例経営報告』各年。

る電子製品の国内外市場での競争激化，市場の急速な変化が，事業間の発展と衰退の不均衡をもたらしている。

　表7-8のように，各事業の収益性とその見込みを反映して事業本部別労働者数も変化している。MC（モービルコミュニケーション）事業本部の労働者数は増えたが，DD（デジタルディスプレー）事業本部とDM（デジタルメディア）事業本部は大きく減った。一方，DA（デジタルアプライアンス）事業本部はあまり変化しなかったが，2008年に入って増えた。DA事業本部の労働者数が，2008年に増えたのは，金海工場と亀尾工場の生産施設の吸収にともなうものであった。2008年末，DA本部の労働組合員数は2,948人であるが，生産職労働者はほとんどが労働組合に加入している。同本部の残りの労働者は，非組合員の研究開発，マーケティング，支援の分野で働いている。

　本章で作業場革新および人的資源開発に関連して取り上げるLG電子の主要分野はデジタルアプライアンス（家電分野）である。家電分野の主要製品は，

表7-10　2005～08年主要家電製品と携帯電話機の国内市場占有率

(単位：％)

区　分	2005年	2006年	2007年	2008年
カラーテレビ	50.5	50.3	49.2	50.5
洗濯機	56.0	54.7	53.4	55.6
冷蔵庫	51.0	49.8	48.6	49.8
電子レンジ	56.0	52.9	50.7	49.9
携帯電話機	17.5	19.8	24.8	25.8

注：韓国市場基準により，主要家電製品の中で，LG社が占めるシェア率であるが，携帯電話機は加入基準の全メーカーに占めるシェア率である。
出典：LG電子『事業報告書』各年。

エアコン，冷蔵庫，電子レンジ，食品洗浄機，真空掃除機および冷蔵庫用コンプレッサー等である。これらの製品は昌原第1，第2工場で生産している。1997年のIMF金融危機当時，マッキンゼーはLG電子の家電分野であるデジタルアプライアンス事業を今後収益改善が見込めないとみて，売却するようにLGグループに勧告した。中国など開発途上国から容易に追い上げられる単純組み立て工程と理解された家電分野で，LG電子が激しい競争にもかかわらず相変わらず高い生産性と利益をあげてLG電子の収益の源泉（cash cow）という役割を果たしたが，それは，収益性を後押しする労使間の協力，積極的な内部革新と改善努力があったからである。

　家電分野売上高は，2008年末現在6兆2千億ウォンである。輸出が3兆7千億ウォン，内需が2兆5千億ウォンと，2003年以後景気変動によって増減することはあったが，全体的には若干増えている。これらの工場の労働者は6,459人である。

　LG電子デジタルアプライアンス事業本部の白物家電，情報家電製品は世界的な競争力を持っているし，かつて積極的なグローバル化，現地化戦略を展開して，世界市場で高いマーケットシェア（エアコン16％，電子レンジ24％，洗濯機8％，冷蔵庫7％）を記録している。特にデーオス冷蔵庫，フィセンエアコン，トロム洗濯機などは世界市場で高級品と認知されている製品である。LG電子は，差別化された高付加価値製品を開発して持続的に世界市場でのシェアを高めている。

表7-11 LG電子の国内生産比率（白物家電の生産台数基準）

(単位：台)

	エアコン	冷蔵庫	洗濯機	掃除機	電子レンジ	コンプレッサー	携帯電話機	カラーテレビ
国内	300万	300万	480万	100万	120万	370万	6,000万	243万
比率	23.7%	26.6%	45.2%	16.5%	9.8%	12.1%	46.7%	6.3%
海外	965万	828万	582万	505万	1,105万	2,700万	6,840万	3,637万
中国	500万	250万	240万	500万	1,100万	2,200万	6,000万	820万
合計	1,265万	1,128万	1,062万	605万	1,225万	3,070万	12,840万	3,880万

出典：LG電子［2008］『営業報告書』から再構成。

　韓国国内市場でもLG電子は，主力製品であるカラーテレビ，冷蔵庫，エアコン，洗濯機などで高いマーケットシェアを維持しており，携帯電話機の場合，マーケットシェアを高めている（表7-10）。このように国内外市場でLG電子がマーケットシェアを高めるか高く維持しているのは，その土台に高い技術開発能力とともに，現場での革新創造能力を持っているからである。

　生活家電製品の技術開発は，エネルギー効率の向上，震動／騒音の低減，親環境技術など大きく3つの方向で進められているが，これを細分化すれば，冷凍空調サイクル，コンプレッサー，電力電子，熱および流体，Wave応用，デジタル技術，洗浄構造技術などに分けられる。このような技術開発とデザイン面でもLG電子は，高度化した技術開発能力に依拠し，新製品開発，現地オーダーメード型製品開発，プレミアム級製品開発，若い人のニーズに応える最尖端デザイン開発を行った。それにより，国内外市場で競争力のある相対的に高価な製品を生産して販売することができた。

　表7-11のように，LG電子が生産する家電製品の中で国内生産割合は携帯電話機，洗濯機を除けば，3分の1以下にとどまっている。熾烈な価格競争のために，付加価値の非常に低いカラーテレビ，掃除機，電子レンジそしてコンプレッサーなどの生産は，主に海外工場で行っている。LG電子の海外生産の中では中国の占める比重が圧倒的に高い。実際，LG電子は家電製品を国内よりは中国で多く生産している。このように中国の生産比重が高いのは，地理的近接性のほかに安い賃金，よく訓練された規律の高い労働力，部品調達の相対的容易性，大きな市場などが主な原因と思われる。

LG電子の製品差別化戦略と海外生産戦略は緊密に関連している。LG電子では，所得水準の相対的に低いアジア，中東，アフリカ，東欧，独立国家連合 (CIS)，中南米，中国で販売される白物家電製品・テレビ・携帯電話機を，中国や販売先の国およびその周辺で生産し，現地で販売するか輸出する場合が多い。韓国内で生産される比較的高級な家電製品は韓国内で販売されると同時に，北米，西ヨーロッパ，中国と中東およびその他発展途上国の富裕層を対象に輸出されている。全世界的な生産網，販売網，サービス網を構築しているLG電子にとって有利な点は，韓国で開発された白物家電製品のモデルが，一定期間が経過しても，中国，インド，他の発展途上国で新しい製品として生産・販売されるので，モデル開発費用を節約できるということである。すなわち，新しいモデルが開発されれば，韓国や西ヨーロッパ，北米市場で優先的に販売される。と同時に，既存モデルを廃棄せず，中国，インド，中南米，独立国家連合，中東アフリカなどの市場で新しいモデルとして一定期間販売することができるのである。

　製品差別化戦略を補うのがオーダーメード型製品（customization あるいは niche市場）戦略であった。オーダーメード型製品戦略によって地域別，気候別，宗教別，用途別，機能別，顧客の需要別に多様な製品が開発され，消費者市場の特性に相応しい多様な製品の生産が可能なのは，LG電子が全世界市場を対象としているからである。たとえばエアコンの場合，国別，気候別，家庭用あるいは商業用，用途別，建物の大きさ別，機能別，エネルギー節約程度，リモートコントロールの可否別に多様なモデルを開発した。エアコンの場合，基本モデルだけで26種類があり，各モデル別に建物の大きさ，機能，省エネルギー，リモートコントロール，冷暖房兼用可否など多様な機能が追加されるので，製品の種類は数え切れないほど多い。LG電子のホームページに入って見れば，エアコンの場合，国別にどのようなモデルが相応しいのかをのぞき見て選択するようになっている。冷蔵庫のモデルがもっとも多く，基本モデルだけで39種類もある。ここにも容量の大きさ，機能，家庭用と商業用，用途によって種類がもっと多様になっている。

表7-12　現場技能職の熟練と職級

資格	所要期間	昇進基準／手続き	その他
技聖			部長級待遇（TV事業部 10人）
↑	10号俸（5年）	論文，20年以上勤続 言語（中，日），Blackbelt，	申請者の20％ほどが昇給
技正			
↑	8号俸（4年）	論文	
技長			
↑	6号俸（3年）	改善報告書	申請者の50％ほどが昇給
主任			
↑	6号俸（3年）	改善報告書	申請者の50％ほどが昇給
技師			
↑	6号俸（3年）	試験	申請者の50％ほどが昇給
社員甲			
↑	6号俸（3年）	試験	申請者の50％ほどが昇給
社員乙			

注：勤続昇進制はないが，評価点数算定が試験＋監督者評価＋資格証＋勤続点数で成り立つことから勤続が昇進に反映される。
出典：LG電子内部資料。

　このような製品差別化とオーダーメード型戦略は，製品をどこで生産するかを決めなければならないが，それが国内雇用に直接影響を及ぼす。また，国内で製品を生産する場合，多様な製品生産に要求される労働の柔軟性（機能的柔軟性と配置転換）を要することになるが，それが雇用関係に直接的な影響を及ぼしてきた。

　LG電子は，韓国の他の大企業と同様，1980年代～1990年代の高成長と組職の拡張を経ながら内部労働市場を深めてきた。LG電子労働者は低い入職口から入社して，企業特殊的熟練と経験を蓄積することによって内部昇進の機会を得た（表7-12を参照）。

　LG電子の生産職労働者は，雇用が保障される中，年功制によって右肩上がりの報酬を受けるとともに，手厚い企業福祉を享受してきた。その結果，2008年現在，生産職労働者の平均勤続年数は，14年におよぶほどに長期勤続者が多

い。また，2000年代後半，企業福祉制度も非常に発達している。LG電子の企業福祉制度は住宅基金および社宅支援，福祉基金および団体定期保険，従業員の中・高・大学生子弟に対する学資金の支援および中学生子弟へのPC支給，長期勤続者の夫婦同伴海外旅行，総合健康検診および医療費全額支援，記念日バイキングチケット支給などとともに，事業場に福祉館を建立して運営している。このような内部労働市場の発展は，LG電子がブルーカラー労働者を組織内部に形式的に統合させる必要条件を満たしているが，実質的に統合させて内部の革新と改善ができるようにする充分条件にはなれないかも知れない。

3．作業場革新に関連する理論的論議

　作業場革新をめぐる作業組織モデルを論議する時，作業組織モデルは，各国の労使関係を含めた社会的制度と関連し紹介されてきた（Jürgens［1993］）。Jürgens, Marsh, and Dohse［1993］は，各国自動車産業に関する研究を通じて，Taylorism-Fordismが各国企業に拡散していく過程で労使関係制度等社会的制度の影響を受けて相当な変化を経験して国別に独特のTaylorismに定着されたと主張している。このようにFordismは各国の競争的な条件と社会的制度の影響で日本のリーン生産方式，ドイツの多変化された品質生産，イタリアの柔軟的専門化，スウェーデンの社会技術システム，アメリカ式リーン生産方式とチーム生産方式などに変化してきた（Appelbaum and Batt［1994］）。Djelic［1998］もアメリカのTaylorismが各国に拡散して国別産業生産システムに転換される過程で一定程度変形されたと主張している。

　しかし，MacDuffie［1996］は，作業組織の多くの側面の中でどこまでがその国の特殊なことであり，どれが普遍的に適用されるかを突き止めることは難しいと指摘する。Womack et al.［1990］は，国別の特殊な脈絡や制度に関係なく日本式リーン生産方式に収斂したと主張した。Florida and Kenney［1996］は，アメリカの土壌に日本式リーン生産方式を成功的に移植してアメリカの会社も作業組織という側面で日本式モデルに収斂していると主張した。

大企業が持つ組織的資源を動員して制度的環境から組職を遮断することができる能力があるから可能だったという。

知識経営に関連して，野中 [2001] は，暗黙知と形式知の間の相互転換を共同化 (Socialization)，内面化 (Internalization)，連結化 (Combination) そして表出化 (Externalization) で説明しながら組織的な知識創造を説明している。日本の作業場革新はこのような知識形成と発展過程を通じて現場内部での多様な工程・品質改善努力そしてひいては全般的な組職能力，設計能力を育てることを通じて成り立ったといえる。しかしこのような組織的な知識創造が人的資源開発とどのように関連するかに対する理論や説明は非常に珍しいとみられる。

小池（Koike [1988]）は日本的リーン生産方式に関連している日本的雇用関係の特徴としてブルーカラーのホワイトカラー化（white-collarization）を主張しながら日本のブルーカラーの協力的な態度を説明している。ブルーカラーのホワイトカラー化は，形式制度的な要件である内部昇進などキャリア，雇用安定，企業福祉が揃うと自動的に成り立つものではない。このような形式制度的な条件はブルーカラー労働者を企業内部に統合するための必要条件ではあるが充分条件ではない。西ヨーロッパやアメリカの公共部門や大企業でも内部労働市場の発展した場合が多かった。しかし，そのような所でもブルーカラーのホワイトカラー化がブルーカラーを実質的に統合して巻き込む形で成り立っていない。ブルーカラー労働者を企業内部に実質的に統合するホワイトカラー化が成り立つためには労働者の経営陣に対する信頼とコミットメントを生むことができるように労使関係と人的資源管理を形式制度的な条件と結合させなければならない。われわれは形式的なホワイトカラー化と実質的なホワイトカラー化を区分する必要がある。日本では形式制度的な統合と実質的な統合包摂が大きく乖離しなかったが，韓国では長い間両者の間に小さくない乖離が存在してきた。

本章では，上記の理論的な論議をふまえ，LG 電子を事例に作業場革新と労使関係の変化そして人的資源管理について論じようとするものである。本研究の研究方法としては，主に事例研究に基づいた。資料収集は関連文献と当事者

たちに対する深層面談を通じて行った。本研究はまたスナップショット（snap shot）接近法のように特定の時期に事例企業を訪問して集中的に調査をするのではなく，事例企業の変化と発展，内的問題の発生と解決過程を歴史的によくみるために多年にかけて進行された。こうした研究方法論を通じて労使関係の変化要因，過程およびその性格，そして労使関係の変化と作業場革新との関係などを，変化過程およびその因果関係の相互作用との連関性の中で把握しようとした。深層面談は昌原2工場の生産職労働者，現場監督者，生産管理者，品質管理者，労経（労使協議機関の一種——訳者）担当課長，購買担当管理者，労働組合幹部，そしてソウル本社の労経チーム長および労経人事担当グループ長等18人を順に面談した。亀尾工場，平沢工場の生産管理者，現場監督者，労使関係管理者，労組幹部そしてLG電子インド工場の関係者にも深層面談を行った。2003年に初めて研究を行ったのち，その後の発展過程を追跡するためにLG電子本社を中心に6人を追加面談した。また，LG電子内部の教育資料あるいは対外広報資料およびLG電子関連研究者の研究など文献サーベイを行った。

4．LG電子における労使関係の転換と経営理念

(1)　1987年以前：権威主義的労使関係

　1987年以前，金星社（LG電子の前身）の労使関係は，権威的で家父長的使用者が主導した。労働組合は，そこに従属して，使用者の下位パートナーとして存在する従属的労使関係を脱することができなかった。1963年，労働組合が結成されて金星社のすべての工場に組合支部が組織された。しかし，当時，他のすべての労働組合と同じように，金星社の労働組合も現場労働者の声を代弁する役目を果たすことができなかった。そうした状況の中，会社側は現場での権威的抑圧秩序を通じて現場労働者を管理し統制していた。

「当時，すべての現場労働者が，いつもやっていた残業を一日休もうと思ったら，最小半月前から監督者にその旨をいって承認を得なければならなかった。現場管理者は現場労働者に悪口を言うことは普通だった。私の場合，私の先任者にハマーで頭を打たれながら，技術を学ぶという雰囲気だった……権威主義は食堂で規律を立てるために棒を持って列を並ばせるやり方だった……当時，金星社は職場予備軍連隊に編成されていたが，予備軍服についている『金星社連隊』という名札大きさの徽章を外して訓練に行けば，訓練に参加できないのはもちろんのこと，会社の欠勤扱いとなり，解雇をさせられるほど厳しかった……なんか間違ってIDカードを忘れると減俸は当たり前というように統制がとてもひどかった」（ある労働組合幹部）。

金星社の李ホンゾ社長も，1997年，青瓦台（大統領府）の労経協力広報ビデオテープの中で，1987年以前，労使関係の問題点として「少数のLG役員の権威主義」を指摘していた。会社の役員，事務職，現場職がそれぞれ別の食堂，通勤バス，ユニホーム，IDカードを使うなど深刻な差別的慣行が現場労働者に人格的侮蔑感と距離感，そして抵抗感を累積させてきたのである。1987年6月29日以後始まった労働者大闘争は，こうした秩序と慣行の根本的な再編を要求するにいたる。

(2) 1987〜89年：葛藤的労使関係

1987年6月29日以後，労働者大闘争の波は金星社にも例外なくおしよせてきた。労働者は，権威的現場秩序の改革，賃上げ，労働条件改善，各種差別の解消，企業福祉の改善，労働組合の改革などを要求した。すでに1987年4月には，賃金協定を労使合意で締結したのち，各工場別にストライキが発生した。しかし，8月の追加的賃金交渉では大きな衝突もなく終わった。この時，労働運動が激しかった馬山，昌原，亀尾地域中心の他の重工業事業場の相当な賃上げと労働条件の改善に比べて，金星社の賃上げ，労働条件改善は非常に低い水準であった。

そのため，1989年，金星社の労働者は52.33%（日当り1,300ウォン程度）賃上げを掲げて交渉をしていくが，労組の御用執行部の退陣を要求し労働組合委員長など幹部らを辞退させて職務代行体制で団体交渉に臨んだ[4]。労組がストライキに突入したが，現場，特に昌原工場の労働者の圧力で労使合意が成立しない中，中央労働委員会の仲裁裁定が下された[5]。仲裁裁定以後，他の工場ではストライキを終わらせる中，昌原第1，2工場では仲裁裁定に反対して不法でストライキを続け会社側にもっと多くの譲歩をするように要求した[6]。

しかし，会社側は追加的な譲歩を拒否した。36日間の長期不法ストライキは，結局，公権力投入により解散されてリーダー17人（昌原第1工場5人，第2工場12人）の拘束と解雇につながった。金星社にとって，労組の36日間のストライキと公権力投入などは大きな衝撃であった。それだけではなくストによる4,500億ウォンの生産損失をもたらし，国内家電市場での不動の1位の座を三星電子に渡す結果となった。

(3) 1989～93年：労使関係の転換期――安定的な労使関係へ

ストライキ収拾後，当時，金星社の李ホンゾ社長は，1989年，ストライキに対する痛烈な反省の上に立って，人間尊重経営を約束して既存の権威主義的接近から人間的接近へと労使関係の根本的転換を宣言した。1987年まで金星社を含む国内経営陣は，主に事務職，特に大卒事務職労働者のみを核心労働者とみなし彼らを包容し重要視したが，生産職労働者は工具と呼び，核心的人的資源と見なしていなかった。

スト後，経営陣は，生産職労働者を包容して事務職と区分せずに待偶し，労組をパートナーと取り扱うことを明らかにし[7]，経営陣と管理者が先に生産職労働者に対する哲学と態度を変えるようにした。LG電子の労使関係変化を導く中心軸には最高経営者の労使関係に関する考え方とマインドの根本的転換があったのである。

1989年以降，36日間工場を占拠して行ったストライキと労使間の極端な対立がもたらした破壊的な結果を乗り越えて労使間の信頼と協力，内部の革新と教

表7-13 LG電子の教育と推進プログラム

年度	教育と推進プログラム	年度	教育と推進プログラム
1989	一心前進大会	1997	テクノピアの世界へ
1990	自分成長課程	1998	Champion 精神課程
1991	真実出会いキャンプ	1999	Digital 品格人
1992	品質革新2000課程	2000	DigitalLG.com 課程
1993	テクノピアの世界へ	2001	Going GCGP 課程
1994	Mind Meeting 課程	2002	Inside Fast Innovation
1995	Leapfrog 課程	2003	Fast Growth 2003課程
1996	3×3課程	2004	LG電子 Way

出典:LG電子内部資料。

育のためにLG電子はほぼ毎年表7-13のような多様なプログラムを運営してきた。プログラムを見ると,初期には経営陣や管理者たちが労働者に近づくプログラム,労働者の心の門を開くプログラムから始まり徐々に現場の問題解決,革新などへ変わっていったことがわかる。こうしたプログラムは一過性的なキャンペーンではなく段階的に信頼と協力を現場に定着させて,労働者の革新と教育を内面化する過程を含んでいる。

第一に,李ホンゾ社長と金サンス工場長など経営陣が労組をパートナーとして認め労組を通じて労働者の意見を聴取しようとした。最高経営陣は,労使間の団体交渉,労経協議会などすべての会議に必ず参加して労組幹部らの意見を傾聴した。また,四半期ごとに,労経協議会で経営実績を公開してそれを労組幹部と共有した。その他,工場別,ライン別に生産情報の共有会議,労経懇談会やその他各種行事を通じて労働組合と交渉,協議,情報交換,共同行動をしてきた。以上のように,労組をパートナーとみなし,パートナーシップを構築するための最高経営陣の努力は,中間管理者,現場監督者に早く伝わった(金ヨンギ [2003])。

第二に,経営陣と管理職は,過去の権威的態度を捨てて現場労働者の苦情を一緒に共有して彼らに近づく姿を見せた。役員の現場体験は,LG電子役員が生産労働者を新しく理解するきっかけを提供しただけではなく生産労働者が現場体験中の役員に苦情と要求を伝えながら役員と現場労働者の距離感を縮める

図7-2　LG電子の労使関係の転換

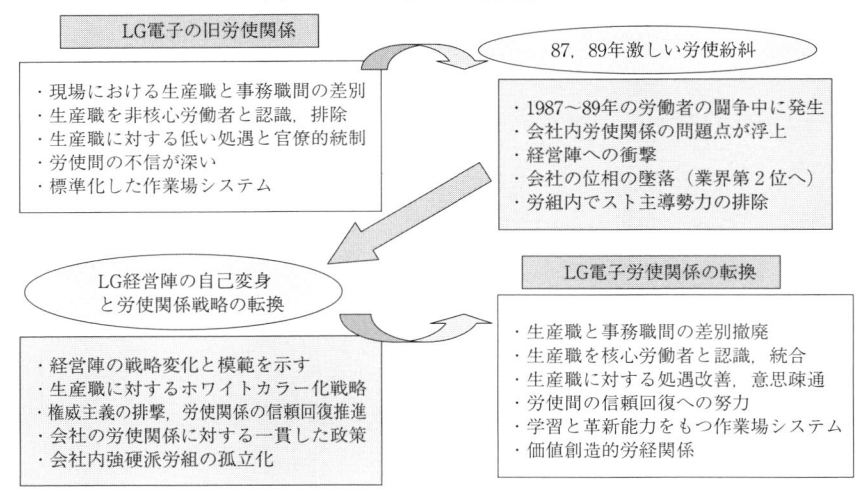

```
┌─────────────────────┐                    ┌─────────────────────────────┐
│  LG電子の旧労使関係  │                    │   87, 89年激しい労使紛糾    │
└─────────────────────┘                    └─────────────────────────────┘
┌──────────────────────────────┐          ┌────────────────────────────────────┐
│・現場における生産職と事務職間の差別 │          │・1987～89年の労働者の闘争中に発生 │
│・生産職を非核心労働者と認識，排除 │          │・会社内労使関係の問題点が浮上   │
│・生産職に対する低い処遇と官僚的統制│          │・経営陣への衝撃                │
│・労使間の不信が深い             │          │・会社の位相の墜落（業界第2位へ）│
│・標準化した作業場システム        │          │・労組内でスト主導勢力の排除     │
└──────────────────────────────┘          └────────────────────────────────────┘

┌─────────────────────┐                    ┌─────────────────────┐
│ LG経営陣の自己変身   │                    │ LG電子労使関係の転換 │
│ と労使関係戦略の転換 │                    │                     │
└─────────────────────┘                    └─────────────────────┘
┌──────────────────────────────┐          ┌────────────────────────────────────┐
│・経営陣の戦略変化と模範を示す   │          │・生産職と事務職間の差別撤廃     │
│・生産職に対するホワイトカラー化戦略│          │・生産職を核心労働者と認識，統合│
│・権威主義の排撃，労使関係の信頼回復推進│          │・生産職に対する処遇改善，意思疎通│
│・会社の労使関係に対する一貫した政策│          │・労使間の信頼回復への努力     │
│・会社内強硬派労組の孤立化       │          │・学習と革新能力をもつ作業場システム│
│                              │          │・価値創造的労経関係           │
└──────────────────────────────┘          └────────────────────────────────────┘
```

出典：筆者作成。

のに相当寄与したと評価される。1989年，ストライキ直後，経営陣と管理職は夜明け6時に出勤し現場の掃除，作業の準備，現場労働者とあいさつを交わし始めた。

　第三に，経営陣は，生産職労働者が人格的な侮蔑感を感じていた各種の差別的制度をなくした[8]。食堂が，役員，事務職，生産職の3つに分離されていたが，それを統合した。また，通勤バスを一緒に使うようにしたし，職位，職種を区分して表示した名札と肩章をなくした。そして未婚者用の寮も事務職と生産職の間の差別的な要素を撤廃した。

　第四に，現場監督者（係長，班長）らが，中間管理者とともに，労使関係変化の牽引車役を務めた。最高経営陣の人間尊重の経営，人間的，生産的労使関係への転換を現場で実際に行った人々が，現場労働者にもっとも近い現場監督者であった。現場監督者は，朝6時まで出勤して現場を掃除しておいて，機械を稼動させておくなど作業準備にあたった。現場監督職は，従来の，現場労働者の上に君臨し，彼らに指示を与える「統制と監督中心の管理」から現場の作業と業務を支援して問題点の解決にあたるという「サービス支援の管理」に変

わるように努めた。

　第五に，LG電子の経営陣は，また，多様な意思疎通チャンネルを通じて生産職労働者の要求と意見を聞くとともに，生産職労働者が，経営陣の言うことに耳を傾けることができるように努力した。1991年には，「自分成長課程」，「チーム形成課程」を通して全社員教育を実施したが，LG労組のある幹部は当時の教育を回想して次のように語った。

「当時，教育には外部講師があまり必要ではなかった。教育そのものがお互いに心を打ち解けて話すことだったからである。一緒に布団を囲んで座り，それに足を入れていろんな話をしたからである。Ａ４用紙を配り，何が不満で，社内で誰が嫌いなのかなど不満をすべて書き出すようにしておいて，それを混ぜっ返した後，参加者に分け，他人が書いた内容を読むようにした。自分が書いた内容を見ながら話しなさいと言えばできないからそうしたのである。発表された内容を中心に２泊３日間討論した」。

　こうした教育が，上記の４つの労使関係改革のための経営陣，中間管理者，現場監督者の自己変化努力とともに，行われた。その結果，徐々に現場労働者が口を開くようになった。現場労働者が意思疎通のために自分の意見を経営陣，管理者に言い始めたのである。金星社労働組合は，初期には全社員教育が労組の組織力を弱化させようとする教育ではないかと思い，強く反対したが，教育内容を知ってからは態度を変えた[9]。

　このように，経営陣と管理者が，労使関係の変化を先導していくよう努めたが，初期の頃は経営陣と管理職の努力も現場労働者の冷笑と不信の中で進められた。1989年，長期ストライキののち，始まった最高経営陣の労使関係の新たな枠組みの形成，生産職労働者の企業共同体意識の形成の試みは，３年後の1993年夏，労働者が心の門を開くことでその成果が現れ始めた。

　その間，労働組合内部でも変化が起きた。1989年，ストライキが公権力投入で押えられて不法ストライキのリーダーたちが警察に拘束された直後，昌原第

1，第2工場では拘束者対策委員会が構成されて相変わらず強硬派労組代議員と支部長たちが選出された。しかし，穏健派が掌握していた労組執行部を，ストライキで拘束・馘首された勢力が出所したのち，批判すると解雇者たちが孤立した。解雇者たちは，長期間の座り込みなどで復職闘争を繰り広げたが，経営陣はそれをきっぱりと拒否した。LG電子の経営陣が労組とパートナーシップを形成して現場労働者と意思疎通を計り始めてから解雇者は現場労働者から孤立した。したがって，この段階の労使関係は，まだ本格的に協調的な労使関係に発展することはなかったが，生産職労働者に企業共同体意識をもたせようとした経営陣の初期の努力が，現場労働者からの一定の評価と初歩的な信頼を獲得し始めたものといえる。

(4) 1993〜97年：協調的「労経関係」の構築

1993年夏まで，一応，経営陣の主導と率先により，労使の間に意思疎通が開始されて経営陣と管理職は，生産職労働者から初歩的な信頼を得た。また，生産職労働者を一定程度包摂するのに成功するなど労使関係が安定化すると，これを基盤にLG電子経営陣は，協調的「労経関係」を固め作業場革新につなげていき始めた[10]。

LG電子の協調的な労経関係を固めようとする動きは組織文化運動に発展した。「労経関係」と言う用語は，既存の対立的，分配的労使文化と区分して企業単位で協調的な労使パートナーシップを構築するという経営陣の志向が盛り込まれたものといえる。産業心理的，文化的側面で経営陣の努力は，労組の一定の理解の下に「労経不二」という一元主義の (unitarism) にまで進んでいる。このような組織文化運動は，意識改革運動（「一心大行進」，「自分成長課程」，「チーム形成課程」，「顧客満足2000課程」），イベント性行事および各部署別に進行される非公式の集まりなどを通じて持続的に拡がっていった。

それとともに，LG電子では労働組合と現場労働者が企業経営に参加することを制度的に保障している。労組執行部は，最高経営者との頻繁な接触を通じて企業経営，人事制度，昇進，人的資源開発などに対する討論と意見交換を行

い企業経営に参加してきた。LG電子の新人事制度は，技能職人事体系の改善のために1991年に労使合同実務チームと実務委員会の運営を通じて既存の年功職務給を能力主義に変えたものである。そのほかにも月給制導入のための労経TFT，昇進選考委員会，現場人材育成協議会にも労組幹部たちが参加している（金ソンヒ，朴ヒョンミ［1999］80-1）。また，労組は，団体交渉や労使協議会を通じて賃金と労働条件に関する意思決定に参加している。作業場水準では，労組が，交渉を通じて，生産量情報の共有会を開き生産量調節および労働強化問題解決に参加した。

　経営陣の現場労働者に対する包容戦略，経営陣の真実味に対する初歩的な信頼，労働者と会社を一体化させる組職文化運動により労経関係の信頼という心理的基盤は，徐々に強化されていった。このような組職文化運動を物質的に裏付けたのが企業福祉制度の強化である。未婚社員のための独身者寮の新築，無住宅既婚社員のためのアパートと借り家の補助，その他住宅資金の低金利融資など住宅支援制度，各種便宜施設，運動施設，学習施設の設置，その他子弟の奨学金の拡大，健康検診および福祉基金の助成などがあげられる。これとともに，1994年度には，現場職を7つの職級に分けて現場職にも昇進の梯子を用意した。このなかの4職級以上は，課長級以上の待遇を受ける職位として設けられ，現場職も努力と業績によって昇進ができるようにした。

　1990年代中盤，三星電子は，1989年のLG電子のストライキ場面の映像を職員に見せながら教育を行った。その内容は，労働組合は必要悪というようなものだった。こうした三星電子の教育内容に接した金星社労組，特に昌原第2工場支部は，「労組のある会社が労組のない会社よりもっとよくできるということを見せてあげましょう」と，内部的に三星電子という競争相手に対して労使が共同で奮起しようという決意を固くした。そして昌原第2工場が先駆けて販促キャンペーンを含む生産性・品質革新活動を行った。そして1993年，労組幹部のエアコン販促活動，1995年，労組幹部のサービス機動隊運動，1998年，20分追加勤務運動および労働組合の「生産と品質責任」にいたった。

　しかし，このような外形的な行事やキャンペーンよりもっと重要な変化は，

現場で経営陣と現場監督者の主導のもと，現場労働者の参加と協力によって物事がすすめられたことである。なによりも，初期の全社員教育が一応意思疎通チャンネルとしての機能を果たして，経営陣の生産職労働者包容政策が一定の成功を収めると，経営陣は，全社員教育が当面経営課題（顧客満足，品質革新）の解決のために重要であると認識した。

(5) 1998～2000年代初め：価値創造的労経関係

LG電子経営陣は，単に協調的労使関係にとどまるのに満足しないで共同体的労経関係，価値創造的労経関係へ発展させようとする。これには，高成果作業場システム（high performance work systems）に相応しい労使関係を構築しなければならないという思いがあったからである。それは，ある程度定着し始めた協力に基づく共同体的な労使関係をさらに安定化させながら高成果作業場システムを支える価値創造的労使関係に発展させることを意味する。その実現に向けて成果配分と雇用安定を制度化しようとした。そのためには企業経営の成果が生まれたら，その成果をどう配分すればよいのかについて，一定の規則を公式化しておく必要があった。2000年から労使合意を経て，経常利益から租税と自己資本費用を引いて残った分を3等分して，その一つは株主，もう一つは再投資のための内部留保，そして最後は，成果創出に寄与した職員に配分することを決めた。企業共同体の一員であるLG職員は，以上の公式に基づいて公正な成果配分を期待することができた。2000年からスタートした成果給は，2000年は月給の100％，01年170％，02年409％であった。2002年の場合，LG職員は，経常利益の14％を成果配分として受け取った。このような成果給の導入により，現場労働者は，生産過程で不要な費用を減らすことにも関心を持つようになった。

次に，LG電子労働者が望むことの一つは，雇用の安定であった。1998年，IMF経済危機の中で，LG電子の工場の立地している馬山・昌原地域の民主労総所属事業場では，企業が危機に会い不渡りあるいは破産状態に追い込まれると，整理解雇や幾多のリストラをするのは不可避であった。LG電子昌原工場

労働者はそれを見たのである。経済危機の時，LG電子もリストラを実施した。ただ，他の会社と違う点は，労働組合が，名誉退職者に対し最終面談を行い，強制あるいは悔しい思いで退職する人がいるかどうか確認し，そういうことがないようにしたことである。リストラが終わるとどうしても労働者の間に終身雇用という考え方が弱まった。会社は，労働者に会社が共同体であるという認識や終身雇用の考え方を持たせるために，また，会社への忠誠心を高めるために，雇用安定を一定程度保障するという約束をすることが必要であった。そのため，LG電子の労使は，2002年，労働協約の締結の際に，雇用安定協約も締結した。2003年，その内容が補完された。もちろん，LG電子労働者は，雇用安定協約が締結されるだけで必ず雇用が保障されるとは考えないが，会社が，組合との雇用安定協約を通じて職員の雇用安定に対する約束をしたという点で安心することができるようになった。

このように労使関係で労使の相互信頼が深まり，雇用安定の保障，人的資源管理の導入と洗練化，収益の分配保障などが制度化されることによって事務技術職はもちろんのこと，生産職労働者も企業組職内部で既存の形式的な統合から一歩進んで実質的に統合されるようになった。なによりもLG電子経営陣が本気と誠意を持って現場労働者を見て待遇し始めた。そのように変化した経営陣の態度と決意を現場労働者が感じながら労使信頼が形成されて実質的な統合が形成されていくようになったといえる。生産職労働者の実質的な内部的統合が進むにつれて労働者が企業の目標，戦略，政策を内面化して高い献身性，コミットメント，寄与を示してきた。このような実質的な統合は，1990年代中盤以後LG電子経営陣が追い求めてきた各種工程革新，費用節減，品質改善を含んだ多様な作業場革新と改善努力の基本土台になったといえる。

(6) 2000年代初め～2008年：労使関係の潜在的緊張と解決に向けた努力の時期

韓国経済は2000年代の初め，IMF経済危機を早く乗り越えた。企業も活力を回復しながら何年間減額されるか凍結された賃金を早急に引き上げた。その

間，中国は電子産業分野で目覚ましい成長を続けたので，韓国の企業も東南アジアおよび中国の製品と熾烈な価格競争をしなければならなかった。LG電子はこうした競争に備えてすでに中国と発展途上国に工場，販売法人，サービスセンターなどを設立して，国内生産のうえでは価格競争力を失った製品を段階的に中国や発展途上国の現地工場で生産し始めた。LG電子は，国内LG電子工場で直接生産する場合，赤字を出すので生産が難しい。市場で求められる商品を供給するためには安い製品も必要であった。そのような製品は，LG電子製品の部品あるいはモジュールを生産した協力会社にOEM方式で生産してもらい，LG電子の商標を付けて販売したりした。従来，安い製品を生産していた韓国内LG電子工場は縮小するか閉鎖しなければならなかった。これらの工場で働いていた労働者は他の工場に再配置されるか労組の反対のもとでリストラされた。LG電子労組は強い労組ではなく経営陣に非常に協調的であったが，組合員の雇用がかかっている問題に対しては会社側に雇用維持を強く要求してきた。

また，LG電子は，労組の要求によって韓国内に雇用を維持する場合でも収益性を高めるか赤字を最小限にするために人件費を減らす方策をとった。すなわちアウトソーシングや社内下請化であった。

LG電子は，作業場の工程革新の一環として1990年代中盤以後，製品生産工程をモジュール化してきた。それに伴い，LG電子の国内事業体は，従来の組み立て生産機能を中心にした製造業組職が相対的に大きく減り，研究開発，試作品生産，製品と生産工程の革新などの機能が強化される形で組織が様変わりした。

しかし，そのような変化の中で，LG電子の既存の製造工場で働いていた生産職，そして一部事務職は内部労働市場の不安定化を感じるようになった。その内部労働市場の不安定化は労使関係の緊張につながる可能性を孕んでいた。

内部労働市場の不安定化要因

内部労働市場は，企業が急成長するなかで，新入社員が順調に入社し続け，

昇進機会が多く労働力の循環がよくできる場合，うまく作動しその機能を発揮することができる。しかし企業の内部労働市場が，企業の外部環境の変化や内部組織の構造と機能の逆作用に伴い不安定化されることがある。まず，LG電子で内部労働市場を不安定させた内部的要因をみることにする。

　LG電子では，1990年代前半まで国内の製造工程中心から徐々にR&D中心，付加価値の高い工程，革新工程をもつマザー工場に移行するに伴い，人員構成において重要な変化を経験した。表7-6で見たように，1996年から2008年の間に全従業員数が約6,000人減る間に，事務管理職は2,000人ほど増えてから少し減っている一方，技能（生産）職は16,000人から8,170人まで半減した。技術事務職はIMF危機の際にリストラなどを避けることができなかったものの，その後，国内工場だけではなく海外工場の製品開発，工程革新の仕事を引きうけながら全般的に人員が増えて昇進機会も高まる中，内部労働市場に大きい変化があったとはいいがたい。一方，生産職は国内の生産工程が次第に縮小する中，新規の人員補充が事実上凍結された。そうした中，既存人員の長期勤続化，中高年齢化が進み，生産職の人員構成，賃金体系上の問題が発生し始めた。

　生産職の画一的号俸制，昇級制度により，平均勤続年数が13年になる昌原工場の場合，全生産職労働者のかなりが技長級に昇級している。しかし多数の生産職労働者が技正や技聖に昇級することはできないので，今後，重要なインセンティブの一つであった昇級はますます難しくなる。社員乙，社員甲，技師級は，その間，新規職員の充員がほとんどなかったのでごく少数のままである（表7-12を参照）。生産職人員構成がピラミッド型ではなく中間職級以上がふくらむ形になっている。

　これらの長期勤続労働者は，平均勤続年数が13年であるので，現在の賃金の約12万〜13万ウォンが号俸上昇分である。ここに昇級に伴う賃金の上昇まで含めると，長期勤続による賃金と企業福祉費の持続的上昇は避けられない。このような内部的要因は，家電産業の価格競争が徐々に激しくなる中，悩ましい問題と化した。

　次にLG電子で内部労働市場の不安定要因となったのは希望退職の実施であ

表7-14 LG電子の韓国内家電製品生産の減少傾向

(単位:万台)

事業場名	主要生産品目	生産能力（1998年）	生産能力（2002年）	生産能力（2008年）
昌原	冷蔵庫	230	420	300
	電子レンジ	320	400	120
	エアコン	220	550	300
	冷気コンプレッサー	600	1,200	600
	洗濯機	150	240	480
	掃除機	240	250	100
	エアコンコンプレッサー	250	550	370
金海	家電用モーター	1,800	2,730	昌原810
亀尾	MGT		1,200	昌原600

出典:LG電子『営業報告書』各年から再構成。

る。希望退職が実施されたのは，電子産業を取り巻く外部環境の急変，競争，アウトソーシング，自動化，海外への生産施設移転などにより，国内生産を縮小するか工場やラインを閉鎖した結果であった。

表7-14のように，2008年は，2002年に比べて洗濯機を除き，冷蔵庫，電子レンジ，エアコン，冷気コンプレッサー，掃除機，エアコンコンプレッサー，家電用モーター，MGTなどほぼすべての家電製品の生産能力が縮小した。1998年IMF金融危機の時，他の企業と同様，人員削減を比較的大量に実施して以来，金海，烏山，加山工場の生産縮小あるいは閉鎖などに伴い，配置転換とともに部分的な希望退職が実施された。また，2005年にも昌原工場で270人ほどの希望退職が実施された。

LG電子労組も初期には人員削減に強く反対したが，外部の競争環境変化を無視することができず，会社側の配転努力，アウトプレースメント・サービス（Outplacement Services），希望退職に対する補償の上積みなどを通じて，退職労働者の被害を減らすことで妥協した。しかし，これにより，現場では労働者の間に職を失うこともあるのではないかという恐れが密かに拡がり，労働者内部に少なくない動揺をもたらしたとみられる。

次にLG電子の内部労働市場を弱めた外部要因についてみることにする。作業場革新の一環として進められた多製品生産工程のモジュール化はアウトソー

シングの増加を意味する。LG電子昌原工場では，内部で生産していた既存のラインをアウトソーシングしたが，それにより同ラインの生産を代わりに行うEMS社は，2008年現在32社と以前よりその数が増えた。これらの企業はモジュール化された製品を半組み立て状態で納品する。たとえば昌原第2工場エアコン製造工程には，過去中核工程であった銅パイプで巻く熱交換機生産工程に約80人が働いていたが，それが50人，さらに30人まで減らされてから，結局，熱交換機生産はモジュール化されて完全外注化された。またLG電子では採算性のない一部安価な家電製品（安価なエアコン，電子レンジなど）をOEM方式で外部下請会社が受託生産をするようになり，全部が外注化された。

　次に内部労働市場弱化の外部的要因として構内下請労働使用の増加を挙げることができる。国内で製造工程を維持するが，外部市場の需要変化や季節的需要動向に弾力的に対応して，中国などとの価格競争にも対抗し，会社の収益を高めることができる方法の一つとして正社員の代わりに，外部の会社に工場の一部サーブラインや特定ラインを全部下請に出した。昌原第2工場の場合，2005年には1,530人の正社員生産職労働者が働いていたが，いまは25社（直接生産に参加した構内下請会社は11社）の構内下請労働者500人（生産量の多い時は700～800人）が働いている。2008年，昌原第2工場生産現場では繁忙の時に約50％という高い割合の構内下請労働者が正社員生産職労働者と並んで働いている。これら構内下請労働者は正社員初任給の85％水準の報酬を受けている。このように，構内下請労働者が多くなる中，正社員は，需要変動の時，構内下請労働者の数を調節して雇用保障を受けられる側面があるが，中長期的には人件費が安い構内下請労働者によって取り替えられるのではないかという不安感を同時に抱いている。また構内下請労働者の数が増えてその比重が高まることは，内部労働市場がカバーする労働者の数と割合が減ることを意味する。

　なお，別の外部的要因として，海外工場へ生産を移すか初めから工場自体を海外で作ることが挙げられる。価格競争のためにあるいは海外での市場開拓のために家電製品の中・低価格かあるいは製品が大きすぎて物流費用が多くかかる製品は中国など海外で生産して現地で販売するか輸出するのが価格競争力も

あって収益性も高い場合が多い。さらに，国内の人件費水準，各種費用を考慮すれば収益を出しがたい製品は，海外で生産し国内工場をなくすか大きく減らしていく。そうした場合，国内の生産縮小あるいは工場閉鎖によって既存労働者の働く場が失われていく。

　LG電子では配置転換により余剰人員の問題を解消してきたが，余剰人員の受け入れ工場でもアウトソーシング，自動化，内部革新により，その受容の余地がなくなった。そのため，余剰人員は，仕方なく希望退職の形で会社を退職するが，実際は労働者本人の意思ではない場合が少なくない。こういう状況のもと，工場に残っている労働者も既存の内部労働市場による雇用の保障が難しくなっていることを経験するようになる。

　このような内部労働市場の不安定化は労使の信頼基盤を弱め労使関係を悪化させる可能性を内包している。LG電子では，希望退職や潜在的な雇用不安に反対して労働組合が希望退職や既存人員を取り替える外注化に反対するなどの問題があったが，後述の経営陣と労組の対応を通じて労使葛藤までにいたらずに解決した。

内部労働市場の不安定化に対する経営陣と労組の対応戦略

　LG電子労組側は多くの分野で経営陣に協調的であった。しかし，国内製造工場の維持を強く希望し経営陣に雇用維持を強く要求してきた。たとえば電子レンジ工場を大幅に縮小した時，その代わりに他製品を生産するように要求し太陽熱電池事業を行うようにしたことがある。また希望退職よりは配置転換を要求したし，労働者本人の意思に反して退職するしかない労働者数を減らすために努力した。しかしこうした労組側の努力は全職員の中で比重が大きく減った組合員（大部分生産職労働者）に限られたし，非組合員である事務職や技術職は組合の取り組みの対象外であった。

　LG電子経営陣は，アウトソーシング，特定製品の海外生産拡大と国内生産縮小および工場閉鎖などによる構造的な要因で人員削減が不可避な場合に備えて，中高年者を中心に日本風に言えばLG式出向制度を準備し拡大している。

工場革新担当者（factory innovators）という名前で工程の経験豊かで熟練水準の高い現場組長や古手労働者を選抜して規定の教育を行ったのち，LG電子の海外工場に派遣してLG電子が国内で果たした高い作業効率，作業場革新を海外に移転するように海外工場で一定期間働くようにしている。2008年下半期まで20人余りが工場革新担当者として選抜されて派遣された。

それだけでなく前述した構造的要因のため非自発的に退職しなければならない長期勤続の経験の多い労働者を訓練して下請協力会社に出向させて2年間はLG電子が60％の賃金を支給するが，その後は，その下請協力会社に直接雇わせる。2008年現在，20人余りが工場コンサルタント（factory consultants）として選抜されて下請協力会社に出向した。事務技術職の場合も「中間人力移動」と言って下請協力会社に出向する人事制度がある。初期には反発があったが一つの退職形態であり，下請協力会社を支援する方式として定着している。LG電子で始めたこのような形態の出向による退職は韓国企業では珍しい慣行である。

また，これら希望退職労働者が，教育かセル生産方式経験を通じて家電製品の生産工程と組立，品質，故障などを熟知し家電製品修理屋を起こすか全国のLG電子サービスセンターと契約して働いている。中間管理職や現場監督職が希望退職する場合，一定期間社内下請会社を設立して運営するようにして雇用の場を確保する。彼らは，LG電子の既存のノウハウと慣行に慣れた社内下請会社の代表として構内下請労働者をLG電子の生産現場と緊密に連携して働くように指導することにより，LG電子の発展に寄与してきた。

また，LG電子は，退職者の再教育，再就職の斡旋，不安感の緩和のために6カ月ほどのアウトプレースメント・サービスを彼らに提供した。LG電子は，このような退職管理を通して，既存人員（特に生産職）を希望退職させるに当たって，退職後の就業対策を積極的に行ってきたのである。

海外現地生産，国際化，アウトソーシング，社内下請労働の拡大，自動化，リストラ実施などによってLG電子の内部労働市場が不安定になったが，1998年IMF金融危機をきっかけに本格化し，2000年代中盤以後さらに深くなった

ように見える。LG 電子労組と経営陣はその否定的効果を減らすと同時にブルーカラーのホワイトカラー化をもたらす肯定的成果が維持されるように前述のような方策を通じて雇用不安を和らげようと努力してきた。2000年代に入ってLG 電子の賃金などをめぐる団体交渉は，市場の競争状況，国内雇用の維持，賃金の相対的水準などを考慮して葛藤することなく平和裏に行われた。労組は，比較的低い賃金引上げ率に合意した。

5．LG 電子の作業場革新

(1) LG 電子の海外ベンチマーキング（模倣と学習段階）

　LG 電子における作業場革新のための努力は，まず外国の作業場革新から学ぶことからスタートした。LG 電子は，外国企業が先立って作業場革新を行うために用いた有効な経営技法（management tools）等を取り入れてそれを韓国の現実に合うように創造的に適用した。その中でも，LG 電子は，1980年代，世界の製造業界を風靡した日本のリーン生産方式を学ぶためにトヨタ自動車の生産方式をベンチマーキングした。1990年代初・中盤，日本にあるトヨタ生産方式体験学校に役員を含めた生産管理者，現場監督者を派遣して作業現場をよく見て直接体験してみるようにした。そして，リーン生産方式に対して豊富な知識を持ったコンサルタントの助けを借りて JIT（Just-In-Time：適期生産方式），看板システム，持続的な改善（continuous improvements），TQM（Total Quality Management）など作業場革新の核心的な原理を習い，導入しようと努力した。

　家電製品を生産する松下からも作業場革新に関わる多くのことを学んだ。家電製品生産には日本のリーン生産方式をどう適用するのか，そして品質検査，作業工程改善などはどのように成り立つのかを注意深く見た。効率的に模倣するために，また，作業場革新の原理を LG 電子作業現場に合った形で適用するため「現場改善学校」を建てた。そこで，生産管理者，現場監督者，現場労働

者が現場でどのようにすれば工程の合理化，効率化そして時間的な余裕空間の過不足をなくすために生産ラインをどのように配置したらいいのか，そして作業工程の流れをどうすればいいのか工夫するようにした。また，外部協力会社が適切な量の部品を適時に供給できるように工場生産計画の詳しい時間単位の日程をあらかじめ協力会社に伝えるようにした。そして，協力会社から供給された適切な部品を適時に現場に供給するための物流の周期と運搬手段を決定する等，詳細な事項一つ一つに細心の注意を払った。

　海外からベンチマーキングを通じて取り入れたもう一つの経営技法がシックス・シグマである[11]。最高の品質を確保して企業の品質競争力を強めようという意識が高まり，先進国の一部企業が採択している「不良率ゼロ」のための「シックス・シグマ」活動をLG電子が取り入れることにしたのである。1995年頃，LG電子は，多数の生産管理者，品質管理者，現場監督者をGEに派遣して一定期間滞在しながら学べるようにした。1996年からシックス・シグマ活動を本格的に取り入れて9のモデルプロジェクトを成功裏に推進したのち，研究開発分野と新開発分野にもシックス・シグマを適用して新モデルの不良を70％以上減らす成果をあげた。99年，LG電子のシックス・シグマ運動を評価した結果，4.1シグマを達成し，1,662のプロジェクトを推進して1,333億ウォンの費用を節減できた。1999年のMaster Black Belt 56人，Black Belt 159人から2005年にはそれぞれ235人，6,652人まで増加した。LG電子は，管理者の昇進要件にこのようなbeltを獲得することを入れたので，シックス・シグマ運動はLG電子の品質経営に必要な前提として自然に定着した。

(2)　LG電子の高成果作業システムの土着化と発展（定着と再創造の段階）

　作業場革新のための多様な努力は，労働強度の強化を伴う時，現場労働者の反発にぶつかったりした。しかし，すでに定着し始めた協調的な労使関係を基盤に経営陣の改善策模索および労使信頼を通じて葛藤を乗り越えて行った。激しいストライキを経験した後の1990年代初めのLG電子，特に家電事業分野では，三星電子に1位の地位を奪われてからずっと格差をつけられるのではない

図7-3 LG電子の作業場革新

既存の作業システム
- 標準化した作業システム
- 中・低価品，OEM製品生産システム
- 意思決定は経営陣と管理者中心
- 基本的に統制による管理

日本的生産方式 6シグマベンチマーキング
- 日本現地工場で管理者，現場幹部，日本式生産方式を体験（自動車／電子）
- GEの6シグマベンチマーキング
- 国内工場で模倣と学習

参加と協力へ変化した労使関係

高成果作業システムの土着化と再創造
- 生産ラインの革新（工場革新を通じたライン短縮，お握り式生産システムの構築）
- 横断的多部署チームのTDRを通じた持続的改善
- 全部署が参加するR&D
- 厳しい品質管理

革新的作業場システム
- 高品質／生産性（売上高増大）
- 高品質製品開発先導／Niche Market 狙い
- 昌原工場が革新のメッカとしてベンチマーキングの対象
- 学習と革新能力を備えた作業システム
- 価値創造的労経関係

出典：筆者作成。

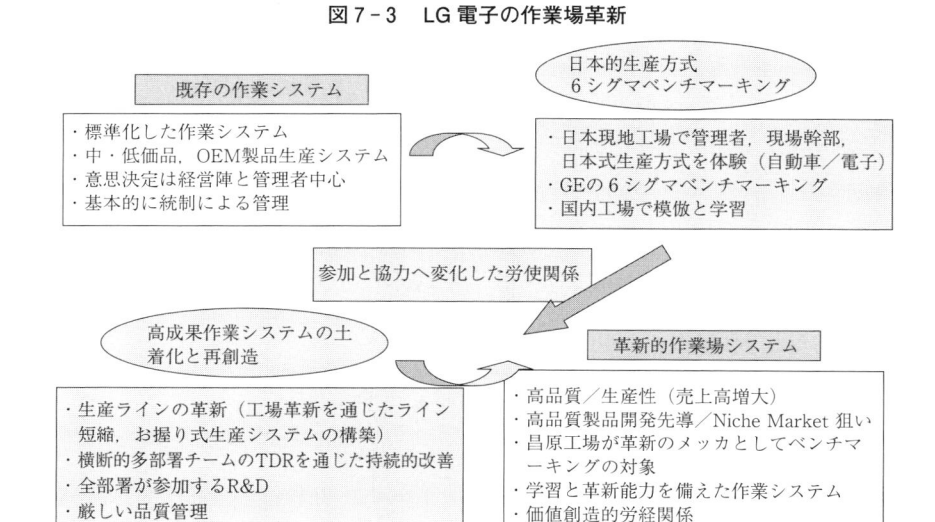

かという危機感におおわれた。特に，その危機感は，家電生産を担当した昌原工場でもっとも強かった。そのため，昌原工場は，革新をどんどん取り入れてLG電子内で他の工場に先立つことができた。特にLG電子家電分野では，昌原工場の責任者であった金サンス副会長の強い推進力と労組および現場労働者に対する説得を通じて，作業場革新技法を現場に取り入れることができた。

生産ラインの革新

①生産ラインの短縮

もっとも重要な作業場革新の一つが，生産ラインの配置と工程の革新である。エアコン生産ラインは，元々日本の松下で使われていたものを持ち込んだものであった。輸入当初はU字型で300mの長い生産ラインであったがこれを140mに短縮して，1993年頃からU字型ラインをI字型に直線化した。冷蔵庫を生産する第1工場の場合，生産ラインの長さが元々の200mから150m，120m，90m，そして現在では60mに短縮されたが，この過程でU字型ラインがI字型ラ

インに変わった。洗濯機事業部でも1993～94年に生産ラインの長さが60～70mだったのが，1998年には40mと短くなった。

生産ライン短縮とU字型ラインのI字型ラインへの転換作業は，持続的な工程改善，一部生産工程のアウトソーシングとモジュール化および自動化などを通じて次第に行われるようになった[12]。

このように，生産ラインの短縮とU字型ラインのI字型ライン化は，自動化，標準化による部品の共同活用，製品開発とデザインの変化，ベルトコンベヤーラインの流れ生産化，生産工程の外注化，モジュール化，立ち作業方式の導入などの工程改善，作業方式と内容の革新を通じて成立した。このような工程改善，作業方式と内容の革新は，現場改善学校，NWT（New Work Team），TDR（Tear-Down & Redesign）による持続的な改善努力によって行われた[13]。

このように，生産ラインの短縮とI字型化およびそれに伴う作業組職と方法の革新によって生産性は急速に上昇した[14]。工程改善，作業方法の改善は現場労働者の作業をより楽で容易にする場合も多い。表7-14で見たように2002年の生産能力が1998年より高いのは，ライン増設よりも工程合理化，ライン短縮，自動化などによる生産能力の増加によるものである。このような技術的な改善だけではなく生産性改善に伴う変化を積極的に受け入れて，それによる労働強度の強化や変化による不便さを喜んで甘受しようとする現場労働者の柔軟な適応能力と改善意志も生産性向上の主な要因であるといえる。

②少量（small batch）の多様なモデルの生産

2000年代後半に起きた生産ライン革新は，上記のほかに，大量（large batch）の生産から少量（small batch）生産に切り替えたことと，それに伴う高い生産性向上を挙げることができる。たとえば，LG電子亀尾工場では2000年代中盤まで，市場需要の事前予測に基づき，同じ生産ラインで1回の稼働で同じモデルを500～1,000台ずつ生産した。1回で大量の製品を生産したので在庫が発生したが，それにより，1年に約6,000億ウォンの費用が生じるとともに，タイミングよく販売することができなかった製品の値下がりで相当な追加

費用がかかった。

　2007年後半からカラーテレビ生産ラインではモデル（たとえば32インチ，42インチ，47インチ，55インチ等）変更を17秒内にできるようにしてモデルを1日84回変更することができるようになった。これにより，時間と費用を大幅に減らした。生産ラインを改良してモデルが変わっても基本ラインの構造とフレームを変える必要がないという柔軟性を持つようになった。こうした生産ラインの改善により，1回の稼働で，同じモデルを60台だけ生産することができたのである。モデル別1回生産量を60台に大きく減らして需要変化に弾力的に対応できるようにしながら在庫発生費用を減らすことができた。

　昌原工場でも少量（small batch）生産革新を2007年エアコン生産，2008年洗濯機生産に導入した。その結果，過去，一つのモデルのみを1～2週間あるいは何日ずつ大量に生産していたのを，1日に何回もモデルを変えて多様なモデルを需要に合わせて必要な台数を弾力的に生産していくことができるようになった。昌原工場では同時に部品入庫から製品出荷までかかる時間も過去24日から18日に減った。

　亀尾工場では1回生産量を減らして多様な生産が可能となるとともに，持続的に小さな改善の累積と工程革新を通じて2006年以前には1年に約20～30％ずつ増加した生産性を2007～2008年の間には4倍まで高めた。まさに嘘のような生産性向上である。カラーテレビベルトコンベヤー生産ラインで1人の時間当り生産台数（UPPH：Unit Per Person-Hour）を2007年1月2.1台から2008年9月8.4台まで4倍も高めたのである。このような驚異的な生産性増加は，モジュール化，部分的な自動化，エンジニアの工程改善努力と結合されたTDRによる革新を通じて行われた。亀尾カラーテレビ生産ラインの長さを271mから131mまで縮めるといったような現場革新と生産性増加は，LG電子昌原工場で1996年から始まった3×3（3年内に3倍生産性上昇）を計画し達成した経験と酷似している。小さな改善や革新はその実行が難しくても問題を根本から改善すればより根本的な革新も可能である。

　そのほかにも，亀尾カラーテレビ生産ラインでは，現場の多様な小さな改善

と浪費の除去による効率化，合理化，人員削減，経費節減が進められた。2008年1〜9月までの亀尾工場カラーテレビ生産ラインでの現場改善提案件数は16,836件にのぼったが，このなかで16,174件が採択されて適用された（96.1％適用率）。労働者1人当り月10〜20件の提案をしたことになる。日常的な改善活動は全労働者が参加する形で行われている。可視化管理で改善活動の全般を示す「宝探し現況版」，「労働者個人別参加現況」，「個人別改善履歴」を一目で見られるように現場の掲示板に提示している。そして黄色いPost-It紙を利用して改善活動で提案アイディアが提出されると，それが体系的に確認・検証され管理されている。2007年後半に始まって2008年前半まで続いたライン革新によって，亀尾カラーテレビ生産ラインでは2007年生産人員が620人であったが，社内下請と非正規職230人を削減して現在390人となった。平沢のデジタルメディア事業本部でも価格競争できわめて厳しい環境のもとでエンジニアと現場の管理者が切実な心情で韓国内の生産施設を維持しながら革新の源泉という役目を遂行するために工程革新，生産方法革新の面で多様な実験をしている。

　平均化生産についてみることにする。製品モデルA，B，C，Dを生産するのにそれぞれの部品を供給する下請会社a，b，c，dがあるとすれば，製品モデルの販売量によって，そして最終組み立てによって，下請会社の立場は，ある時（担当製品モデルの部品を作る時——訳者）には生産量が多すぎ，ある時には生産量が少なすぎて会社を運営するのに難しさがあり得る。たとえば販売量を念頭においた生産計画によってAモデルを2週間で10,000台生産してBモデルを2週間で10,000台，Cモデルを1週間で5,000台，Dモデルを3週間で15,000台生産することになれば，a下請会社はAモデルを生産する2週間は忙しすぎるが，その後は仕事がない。仕事がなくなっても下請会社が雇っている労働者を休ませるわけにはいかない。a，b，c，dの下請会社が皆同じ状況に置かれている。このような下請会社の困難を避けるために最終組み立てをするLG電子ではA，B，C，Dモデルを8週にわたって毎日179台，179台，89台，268台ずつ，総10,000台，10,000台，5,000台，15,000台ずつを平均化して生産するのである。この場合，需要変動にも弾力的に対応することができる

し，部品を納品する下請会社に与える負担も大きく減らすようになる。このようにして，LG電子と下請会社は家電製品生産網の費用を減らし品質も向上させることができて競争力を高めることができる。その利益は最終組み立てをするLG電子にもっとも多くなる。LG電子の少量（small batch）生産は，このように下請会社の運営を考慮した平均化生産にもっとも大きく寄与して家電生産網全体の効率と柔軟性を高めている。

LG電子は2000年代に入って成し遂げた生産ラインの革新を通じてトヨタのリーン生産方式，JITに非常に近い効率的な生産システムを構築することができるようになった。

③同期化された生産を志向

LG電子ではすでに自動車に普及している同期化された生産を志向する革新も進めている。同期化された生産は前述した少ない量（small batch）の生産を前提に成り立つものといえる。同期化された生産がきちっとできているとはまだ言い難いが，そういう方向に向けて革新が行われた。同期化された生産で重要なのは，生産される多様なモデルに合わせて部品やモジュールを生産する下請会社が各モデル製品の生産に必要な部品やモジュールを定刻に必要な数量を正確に供給するシステムを構築することができるかどうかである。いくつかのモデルを短時間に生産するのに必要な部品を適切に供給するという物流システムは，過去1回に同じモデルを大量（large batch）生産した時に要求された部品供給システムとは全く異なる。

各モデルに必要な部品をあらかじめ集めて組み立てやすいように適切な周期で供給する工場内物流システムが必要である。エアコン事業部の場合，2007年に8人でTDR（Tear-Down & Redesign）を構成して，これができるよう革新アイディアを絞り出しキット供給（set part supplier：SPS）システムを構築することができた。それは，製品モデルに合わせて必要な部品をセットで取り揃えて個別ボックスに供給するものであった。それに伴い，現場労働者が一つの製品を組み立てるのに必要な部品を捜しまわる必要がない。無人自動運搬装置

(AGV：Automatic Guide Vehicle）があらかじめプログラム化されたデータに基づいて，一つの製品を生産するのに必要な部品をボックスで運び，それを各ラインの労働者に供給している。日本の自動車工場で見られる工場内物流オペレーティングシステムであるAGVをLG電子昌原工場でも自前で構築し効率的に部品を供給することで少量の製品生産を後押しした。このように，LG電子では生産ラインで必要な部品を工場内で供給するために無人自動部品運搬装置を開発したのである。

　以上のように，LG電子では，部品の入っているボックスを無人自動運搬装置が生産ラインの労働者それぞれに供給する非常に精巧なシステムを構築した。工場内には無人自動運搬装置が部品の入っているボックスを積み，あらかじめ決まった道にそって工場のあちらこちらを，黄色の警告灯をちらつかせながら忙しく往き来している。また，下請会社も最終組み立てラインに必要な部品やモジュールを適時に生産している。まだ完全に同期化された生産ができないのは，売り場で売れる製品モデルの数量を生産現場にそのまま伝達するシステムがきちっと構築されていないからである。そのようなシステムが構築されれば販売店でどのモデルがどのくらい販売されるかを考慮して，各モデルの生産量と製品引き渡し期間に合わせて生産することができる。

TDRを通じた持続的作業場改善と革新

　LG電子の作業場革新で次に重要なのがTDR（Tear-Down & Redesign）である[15]。TDRはLG電子式の持続的改善（continuous improvements）活動であると同時に作業場革新，現場革新の推進力（Driving Force）になってきた。作業現場の内外で発生するさまざまなジレンマや問題点を抽出してTDRの主題と決めたのち，その分野に精通したエンジニア，品質管理担当者，現場労働者など多くの部署から派遣された横断的多部署による課題チーム（cross-functional taskforce team）を構成して一定の時間，特定問題に集中することでその解決策を見出す改善活動である。TDRは，その課題の大きさ，大切さ，波及する影響範囲によって班，事業部，グループ，事業本部で主管するTDR

に仕分けられる。昌原工場はもちろん LG 電子に勤めるかなり多くの職員が TDR に参加した経験がある。班長以上監督者のほとんどが参加した。管理者は当然のこと事務室エンジニアも 1 回以上の経験がある。一般労働者および古参労働者もかなり参加したが，専門的知識や経験があればもっと多く参加するようになる。特定課題の解決のため，集団的に取り組む過程で知識が往き来するから互いに多くのことを学び，知識を共有することになる。

　TDR は，まず，事業本部，事業部別に現場や各水準の組職で解決しなければならない課題のリストを別途集める。多様な課題を解決するのに相応しい労働者を各組職，現場などから抜てきして 1 年に何回ずつの発起式を経て TDR 活動を開始する。TDR 活動に参加する労働者は，既存の業務から完全に離れて TDR 活動に専念するように時間が与えられる。各 TDR チームのリーダーは，与えられた特定課題の解決のために自主的に計画を立て，必要によっては関連の専門家や経験者から諮問をもらって解決策を模索する。各 TDR チームには特定課題を解決するように一定の期間（短期課題 2〜3 カ月，長期課題は 1 年）を与える。LG 電子の各組職の責任者は，TDR 活動が元々課題の解決に相応しい形で進められているかどうかを中間点検している。会社内で TDR 活動を通じて行われる大型プロジェクトは最高経営者が直接点検する。

　そして，会社内の組織的階層を通じて各部署や組職別に進行されている TDR 活動が全体的に整理・報告されて点検される。重複にならないようにするために TDR 活動結果に対する情報共有と活動内容が知識管理システム（knowledge management system）に登録される。また，革新事例は GOS というシステムによって管理される。中間管理者から最高経営者にいたるまで定期的に TDR チームの成果をモニタリングするから TDR チームの参加者は，可能なかぎり，すべてのアイディアを絞り出して解決策を見出さなければならない。このように，他の業務をせずに，TDR Room に入りチームの構成員と一緒に課題に関わる問題点を分析して，アイディアを出して，試行錯誤をするので，良い改善策が出る。大体，TDR チーム構成員は，与えられた課題をよく知っているので，解決策を提示できず失敗する場合はほとんどなく，期待水

準の60〜70%を満たしているという。TDR チーム活動の結果，成果があると認められれば，海外旅行等の破格的な報償が与えられる。こうした TDR チームは，昌原工場だけで200〜300に及ぶ。既存の組織人員から TDR チームに人を引き抜く場合，残りの労働者が抜けた人の仕事までしなければならないので，最初は反発も少なくなかった。そのため，最初は，10人以上の人員で構成される部署・チームから1人ずつを引き抜いて TDR 活動に参加させる形で出発した。昌原工場の場合，特にオフシーズンの時を中心に全体人員の約30〜40%になるほどに多くの人々が参加している。このように多くの労働者が，TDR 活動に参加するため，残った労働者は，仕事をもっと効率的に行うように努力している。

　TDR チーム活動は，LG 電子に多大な利益をもたらした。特に，チーム別の問題解決が，工程の効率性を高めて小さな作業ジレンマを改善して生産性向上に大いに寄与した。TDR 活動に参加した職員が熟練向上，知識習得をするのは当然のこと，プロジェクトの管理と解決能力などを身につけた。TDR は，関連知識と経験の多い専門家が集まって相互の知識と経験を交流して発展させる過程で良い教育と訓練の機会になる。また，該当のプロジェクト関連経験や知識の足りない人々は，より多い知識と経験を有する専門家から豊かな知識と経験を学ぶ機会にもなった。そこで習ったり学んだりした知識や様々な試みと実験は，すべて文書や修飾あるいは言葉で簡単には表現されにくい暗黙知を伴うようになる。TDR の成果は，原価節減，顧客不満の解消，無駄の排除，製品開発，製品改善，生産方法改善，品質改善などに現れる。現場内外で現場労働者とエンジニア，そして管理者が多様に有機的に結合する中，こうした熟練向上と知識向上，組職内部の知恵と暗黙知の動員と総合，問題解決能力の培養などは，LG 電子を学習組職に作り変えていくのに大きな寄与をしてきた。TDR チーム活動の経験は，参加者に改善マインドを持たせるようにするとか，集団的な問題解決方式に慣れるようにして，労働者が，現場を見る時，改善すべき問題を容易に発見できるようにする。TDR 活動を通じて行われた持続的な改善，問題解決能力の強化，現場と支援組職，管理組職の学習組織化，そし

てその成果による費用節減，品質改善，工程革新，製品開発などは容易に量的に測定することができないが，LG電子の実績に相当な寄与をしたことをすべての被面談者が確認してくれた。

　現場では，また白紙改善と言って労働者が義務的にするようになっている日常的な改善活動がある。新しい作業チーム（New Work Team）という小グループ分任組討議を通じて1カ月に1件ずつ問題点を定めて改善活動をするようになっている。

全部署が参加する研究開発活動の強化

　研究開発活動は，生産現場の改善活動ではないが，徐々にその重要性と比重を高めている。家電分野で中国や東南アジアの低価品と差別化を試み，また，アメリカ，日本の巨大電子製造メーカーと競争するためには，顧客の需要と趣向，地域的特性に相応しい高級品，オーダーメード商品を絶えず開発することが要求される。結局，家電分野競争力は，研究開発機能がどのくらい創意的であるか，製造機能がどれほど効率的なのかにかかっている。

　LG電子の研究開発機能の重要性が高まるにつれて，2000年に比べて生産職は14,474人減る一方，研究開発職は7,261人増えた。2008年末，従業員構成を職務別に見れば，生産8,127人，研究開発11,888人となっている。研究開発人員数が生産職務に就いている従業員数を上回っていることからわかるように，研究開発が絶対的な比重を占めるにいたったのは生産より重要だからである。直接的な生産機能以上に研究開発，営業，その他支援職が重要な役割を果たしていることが職員構成からもわかる。

　以前は，エンジニアだけが研究開発活動を通じて製品開発に携わってきた。LG電子では，松下のRIAL方式を模倣してVic21を立ち上げた。それによって，製品開発やデザインの初期段階から販売社員を通じて顧客の要求を把握して経験が多い現場労働者の参加のもと，新しい概念と活用性を持つ製品をデザインして作りやすく設計する。また製品開発と技術開発，工程合理化など研究開発が実験室や生産現場を離れて行われるのではなくむしろ生産を中心にして

研究開発者が参加する現場中心の研究開発が進められた。このように，製品のデザイン，設計において，現場労働者の経験と知恵の活用は，前記のように，事務職労働者と現場労働者との間の距離感が狭められたので，より円滑に行われている[16]。

　最高経営陣の労使関係改革，作業場革新の方針に従って多くの共同の先進作業慣行や作業技法が試みられたが，工場ごとの製品によって，または，工場長など役員の推進方向やアイディアによって，LG電子の中でいくつかの異なる生産方式が立ちあがってきた。もちろん昌原工場が「革新のメッカ」として作業場革新を引っ張って模範を示したが，昌原工場で形成された革新方式とアイディアは急速にLG電子の各工場に拡散していった。たとえば，昌原工場のお握り生産システムが，平沢工場のPC生産では「バロバロ（最適）」生産方式（LG経済研究院［1996］）に，亀尾TV工場ではモジュラーセル方式の「トックタック（てきぱき）」生産方式（李ジョンテックほか［1996］）に変化した。

　作業場革新を成功裏に推進できるようになった背景としては，生産職に対する身分的差別撤廃とともに，生産職人事管理の改革があったことを挙げなければならない。1989年，労使紛争以後，会社は，労働者態度調査を通じて「非人格的な取り扱い」が労使紛争の根本的な原因であると判断した。会社は，すぐ各種身分差別を撤廃すると同時に1990年から労使共同委員会を構成して生産職人事管理改革を準備し始めた。同改革は，1994年の職能資格制度の導入につながる。LG電子の職能資格制度は生産職の職級（職能等級）を事務管理職に対応する7段階（社員乙，社員甲，技師，主任，技長，技正，技聖）にした。

　形式的に見れば，生産職と事務管理職の間における職級上の差別は解消したのである。職能資格制の導入と生産職に対する高レベルの教育訓練は，労働者が作業場革新に参加するインセンティブになるとともに，参加に必要な力量を提供したという点で作業場革新の重要な要素といえる。

セル生産方式の導入

　LG電子は日本のキヤノンで導入された「セル（cell）」生産方式の導入を試

みている。2008年10月現在，亀尾工場はセル生産方式をTV生産ライン5個，モニター生産ライン3個，修理ライン1個，OEM生産ライン（ソニーTV）などに導入している。亀尾工場のセル生産ラインは6人ライン，8人ライン，分業化セル生産などになっている。2008年8月，セル生産ライン稼動当初には1人が1時間当り生産できるカラーテレビ台数が5.9台であったが，2008年10月8.0台水準に急上昇しセル生産方式がいち早く定着した。生産性でもライン生産方式以上に効率的である。昌原工場でも2008年初めからエアコン生産ラインにセル生産方式を試験的に取り入れてエアコンを組み立てる試験をしている。LG電子がセル生産方式を取り入れるのは，1回の少量（small batch）生産ができるうえ，多品種少量生産に対応できるように柔軟に生産量を調節することが可能だと判断したからである。既存のライン生産が一種のPush方式だとすれば，セル生産方式はPull方式で在庫を減らすことができる。注文量が少ない大型モデル，旧型モデル，OEM生産など多様なモデルを一つのセル生産ラインで同時に生産することが可能である。

セル生産では，1人の労働者がすべての組立を担当するので，熟練向上とともに多能工化ができる。また労働者は，非常に長いライン生産で単調な作業の繰り返しから来る単調，倦怠，疲れ，疎外感などを大きく減らして職務満足度と達成感を高めることができる。また労働者は生産，品質，出荷検査，包装などの工程で権限委任を受けてもっと大きい裁量を持つことができる。こうしたメリットから，現場の生産職労働者はセル生産方式の導入を期待している。

セル生産方式は，労働者の退職時にも役に立つ。セル生産を経験した労働者は，ベルトコンベヤー生産ラインで仕事をした人に比べて，退職後，電子製品サービスセンターと契約を結んで仕事をするとかあるいは修理屋を起こすのに有利である。セル生産方式を経験した職長は，生産セルリーダー（PCL：Production Cell Leader）運営を通じて単純に生産だけではなく生産と関わる全般的な権限を駆使することができる。

LG電子では，ベルトコンベヤーライン生産がまだ中心であり，セル生産方式は部分的にしか導入されておらず，試験中である。しかし，テスト実施の成

果と可能性からみるかぎり，徐々に拡大適用されると思われる。セル生産方式の実験は，LG電子が家電分野で作業組職の革新をはかり，それを通じて韓国内に生産基地を維持するための多様な生産方式の実験の一つであるので，関心を集めている。また，セル生産方式はエルゴノミックスや労働者の労働生活の質向上という要求からスタートしたわけではないが，そのような面でも活用できる余地は少なくないと考えられる。

(3) 作業場革新の成果

以上のような労使関係の転換，シックス・シグマ，TDRなど工程，品質，生産性改善のための努力と作業場革新の結果，既出の表7-5，表7-7，表7-9のように，作業場革新の成果指標である売上高と1人当り生産性（1998年時間当り2.5台，2002年3.19台）は早くも高実績を示している。こうした成果は，国内外の市場で熾烈な競争と顧客の多様化された嗜好のため，既存製品の生産サイクルが非常に短くなり，中国産などの安価な製品の流入で製品価格が非常に早いスピードで下がる市場状況の中で，成し遂げることが出来たのである。それだけでなく，デジタルアプライアンス（Digital Appliance）という白物家電分野は，高い技術が要求される業種ではないため，低賃金の国家に移るはずだという予想があった。しかし，そのような予想を覆して1990年代初めまで世界市場で無名だった金星社が家電分野で有力な日本電機メーカー（東芝，松下，パナソニックなど）に追い付いて世界3大メーカーに急成長したことはきわめて驚異的な記録である。それは，作業場革新と研究開発能力の革新なくして不可能だったのである。

それだけではなくTDR活動を通じて成し遂げた成果は著しい。2004年だけでも総計1,231のTDRプロジェクトが進められた。一つのTDRプロジェクトに平均7.2人が通常の仕事を離れて3カ月〜1年以上をかけて行った。総計8,863人がTDRプロジェクトに参加したのである。この数字は，本社従業員と多くの研究開発組職（電子技術院，生産技術院など研究開発部署）を除いたものである。研究開発労働者を除いた約2万名あまりの職員のうち，8,863人

が参加したことになり，高い参加率である。2004年だけで2兆4千億ウォンの費用を節減することができたという。品質維持と改善効果は数値で計算しにくいが，相当な成果を収めたと評価されている。

　LG電子は，1989年の労使紛争以後，持続的な労使関係革新を推進した。それにより，労経和合がすでに組職文化となり，労経が一緒に問題を解決して新しい価値を作り出す価値創造的労経関係にまで発展した。毎年，売上高の高い伸び率と100PPM水準にいたった品質水準を挙げるまでもなく現場社員の問題解決スキルと現場自律経営システムは，世界のエクセレント企業と比べても決して遅れをとっていない。LG電子昌原工場が「作業場革新のメッカ」として作業場革新を進めた結果，高成果作業場（high performance work systems）を実現するようになると，LGグループ内部のほかの会社の役員と管理者が昌原工場の事例をベンチマーキングするために何回も工場を訪れた。また，国内のほかの企業も，LG電子昌原工場の高成果作業場がどのように実現されたのかを学ぶために現場を訪問するとともに，幹部に面談を申し込んでいる。LG電子が何年前に「シックス・シグマ」を学ぶためにベンチマーキングしたGE（General Electric）も逆にLG電子から学ぶために訪れた。また，LG電子が作業場革新を目指し日本式リーン生産方式を学ぶためにベンチマーキングしたトヨタ自動車と定期的に会合を持ち，それぞれ生産システムの革新を成し遂げた経験話を取り交わしながらLG電子はトヨタ自動車から，トヨタ自動車はLG電子から重要な作業場革新を互いに学び合っている。LG電子の改善と革新能力は韓国国内だけに留まらず中国とインドなどLG電子の海外工場でも発揮されて生産性，品質，費用節減と無駄使いの除去だけでなく労使関係の改善と核心人材の訓練と教育などでも高い成果をあげている。2008年末LG電子の国内工場で成し遂げた改善と革新は3〜6カ月の時差を置いて海外工場でもそのまま移転されているという。現場でこのような改善と革新を遂行するのに重要な役割をする人々が工場革新担当者（factory innovators）である。LG電子の海外生産の競争力も韓国内での各種工程革新，品質改善，費用節減，製品開発などの革新と改善および製品開発能力によって決まるといえる。

6．LG電子の作業場革新事例が与える示唆点

　以上，LG電子の事例を基に，労使関係の改革が作業場革新の重要な基盤であることを確認することができた。韓国では1987年民主化以降，労働者が民主的な労組を結成し，強い分配交渉要求をする中，大企業を中心に生産労働者の内部労働市場が発展した。生産労働者の内部労働市場発展はブルーカラーのホワイトカラー化のための必要条件を整えた。しかし，それが労組に組職された生産職労働者と経営陣の間の心理的境界と不信を解消して企業共同体に統合されるのに必要な充分条件にはなれなかった。大多数の大企業が企業共同体を作って生産職労働者をその内部に実質的に統合するのに失敗したといえる。これに比べて，LG電子は，事務職だけでなく現場労働者と労働組合を企業共同体内に引き込もうと絶え間ない努力を重ねてついに成功し，現場労働者をホワイトカラー化することができた。労働組合および現場労働者が，こうした経営陣の努力に応えた結果，LG電子の労使関係は権威・統制対対立・不信の関係から協力と信頼の関係に切り替わることができた。LG電子は，既存の労使関係を改革し協力と信頼の労使関係を基盤として作業場革新を成功裏に成し遂げたことにより韓国で高成果作業場を具現している。

　LG電子の作業場革新は韓国の作業と生産組職およびリーン生産方式の論議と関わって示唆を与えてくれる。まず，LG電子は，その間，労使関係の転換，ベンチマーキング，内部の熾烈な改善と革新努力で日本のリーン生産方式をほぼ完璧に韓国の土壌に移植して土着化するのに成功したという点である。このような事例は，海外の日本企業以外に容易に探すことが難しい。その間，日本のリーン生産方式の移植可能性に対する国際的論議でリーン生産システムの完全な形での移植はとても難しいと理解された点に照らしてみると，LG電子の事例は非常に異例なものといえる。LG電子がなぜリーン生産方式を具現することができたかという条件について後でもっと詳しく論議することにしよう。

　次に，LG電子がリーン生産方式を具現できたのは，多数の労働者の参加と

積極的な寄与があったからである。それにより多様な現場改善と革新（工程，作業方法，作業態度，品質，設計とデザイン）を成し遂げることができた。経営陣は，労働者を個別の存在より労働組合に組職化された集団であると考えた。その集団が持っている経験と企業特殊的熟練と知恵を導き出すために多様な機能横断的（cross-functional）チーム活動を積極的に推し進めた。こうしたチーム活動，組織的で持続的な現場改善，品質改善とそのほか小さな革新を基に高い生産性向上，高品質化，製品の高級化を達成することができた。この過程で，生産職労働者は，経営陣が外国のエクセレントカンパニーの先進的な作業慣行と技法を取り入れて自社に適用することに対して柔軟な態度をもって対応した。それが，先進的な慣行と技法を土着化し成果を高めるのに有効であった。また，作業場革新をもたらした多くの慣行がきちっと定着できるように，LG電子では，協調的労使関係，現場労働者の参加とコミットメント，協調的な労組による労働強化の受け入れ，人事制度，成果配分など多様な補完的制度や措置が導入された。

　第三に，工程革新，品質改善，製品開発の重要な手段はTDR，各種の知恵やノーハウ等であった。TDRは，研究開発や生産の担当者がプロジェクトを通じてともに多様な経験と知識を動員し熟慮を重ねて選ばれた課題を解決していく過程である。それは，また，非常に重要な知識の共有，創造，拡散をもたらしたので，TDR参加者にとっては貴重な学習，教育，問題解決の経験の場でもあった。TDRは，外部講師や派遣に頼る教育や訓練ではなく，職務と関連のある参加者主導の集中的な教育と訓練であった。LG電子はこのような独自の革新方法を通じてリーン生産方式を具現して土着化することができた。

　このように，LG電子で成功裏に成し遂げられた現場の多様な改善と革新の原理をほかの製造業に拡張させることはできるのか。各種改善と革新の結果，新しい作業慣行と技術的工程革新などは，部分的にほかの企業がベンチマーキングや学習を通じて学び，自分の企業に移植することができる。しかし根本的に労使間の信頼と協力の文化が根づき，企業共同体を作って生産職労働者をその中に統合する体系的な努力がなされなければLG電子のような体系的で絶え

間ない改善と革新能力を取り揃えた組織を作ることは難しいだろう。LG電子の作業場革新事例において核心的なことは、過去の対立的な労使関係を安定化させたのみならず、より積極的に協調的な労使関係、参加的労使関係に転換させたという点である。現場労働者の多様な参加と協力がなかったら、LG電子の作業場革新は大変難しかったはずである。作業場革新をもたらしたもっとも決定的なきっかけは、1989年の金星社の破滅的なストライキ以後示した経営陣の労使関係をみる考え方の転換であった。その転換ができたのも、当時金星社の所有主から相当の経営権を与えられた李ホンゾ社長が、労使関係の転換のために経営陣と管理者の権威主義の排撃、現場労働者との距離感の縮小、現場労働者に対する暖かい理解、労使対等と人間主義的労使関係の構築等をしたからである。LG電子の成功は、労使関係に対する経営陣の戦略を根本的に切り替えたグループレベルの戦略的選択、意思決定権を委譲したLGグループの独特の支配構造から始まった。そういった点で、企業の所有主が、相変わらず、意思決定権を独占しながら、既存の権威的、家父長的態度を固守している多くの大企業では、最高経営陣が変わらない限り労使関係を根本的に転換させるのは難しい。LG電子の事例は、LG電子と類似のコーポレート・ガバナンスをもっているLGグループの各社には拡散できるとみられるが、相変わらず労使間の低い信頼、対立的労使関係構図、労使間の相当な距離感が残っているほかの大企業への拡散は難しいだろう。

　LG電子事例は、まだ労使間の低い信頼、対立的労使関係の形勢と制度的特性のある韓国では、独特の事例として残るだろう。理論的にも、LG電子が日本のリーン生産方式とシックス・シグマなどを成功裏に取り入れて適用して土着化させることができたのは、既存労使関係慣行を変えることで先進作業慣行と技法を受容することができる条件を取り揃えたからであり、作業システムの単純な移転（transfer）の話とは論議の条件が異なる。高成果作業システムの適用と発展は、LG電子が経営陣の努力と内部資源の動員そして企業文化などを通じて韓国の労使関係と社会制度に由来する労使葛藤と不信の圧力を相対的に遮断してまるで島のような空間（enclave）を作り上げることができたから

可能であったとみられる。

　以下，LG電子が，リーン生産方式を具現できた条件についてみてみよう。LG電子で一番重要な前提条件は協力と信頼の労使関係を確保することであった。LG電子（旧金星社）が，労使関係の成功的転換を果たすために，取り入れてきた様々な姿勢と政策は，労使関係改革のための示唆を与える。

　第一に，労使関係の変化のために，最高経営者が先頭に立って自己変化を遂げ，率先垂範をしたという点があげられる。労使関係をよくするためにとった経営陣の接近方法の転換は力強い戦略的選択であったし，LG電子の労使関係変化の原動力となった。LGグループの最高経営陣が言い表している通り，労使関係の問題は経営陣の労使関係に対する権威主義的接近というものであった。最高経営者が率先垂範して労使関係の変化と信頼回復のために努力する時，労使関係の変化を導くことができる。労組の戦闘性を批判するだけでは，葛藤的，対立的労使関係を転換することができない。こうした経営陣の態度は，労組の要求をそのまま受け入れるというのではなく，労使関係の問題を経営陣が先に把握して労組より先にそれを解決するために努力しなければならないというものである。

　第二に，経営陣がより一貫性をもち，中長期的な観点に立って労使関係を改革するために努力しなければならない。LG電子の最高経営者が労使関係に臨む態度を変えて3年6カ月にわたり一貫した行動をとったのち，労使関係が変わり始めたという経験は中長期的な観点に立つ一貫した努力の必要性を物語る。1987年以前の経営陣の権威的態度，差別的政策，相対的に低い処遇から始まった労働者の経営陣に対する不信は，1987年と1989年のストライキを経ながらもっと深まった。このように深まった労使不信は容易には解消されない。経営陣の労働者に対する態度や接近方法がまず変化し，労働者がそれを中期的に確認することができた時，彼らは，経営陣に対する態度を変え始めた。その時まで経営陣の一貫した努力と政策が必要だった。

　第三に，LG電子の経営陣は，1987年と1989年に激しいストライキを主導した強硬勢力を解雇などの方法で現場から分離した。それにより，対立的な労使

関係が現場で根づくことができなかった。経営陣の労働者と労組に対する態度の変化が，労組執行部の立場を高めた。また，会社は，執行部の合理的な要求を果敢に受け入れた。それにより，労組執行部は，労組内部にある強硬路線と一定の距離をおくことができるようになり，労組の主導権が徐々に労組内部の強硬勢力から労組執行部に移っていった。もちろん，会社は，労組の強硬な要求に対してはきっぱりと対抗戦略を立てていた。

　第四に，LG電子の事例で見るように，労使紛争がない，また，労組がないから，会社の労使関係に問題がないとは決して言えない。1987年以前の金星社での労使関係は多くの問題を抱えながらも労使紛争や葛藤が表出しなかった。しかし，実際，労使間の不信は相当なレベルであったし，労使間の意思疎通がうまく成り立っていなかった。このように，無労組，無争議事業場だからといっても労使関係は作業場革新に役立つとは言えない。

　そういう意味で，LG電子の労使関係改革は，単純に労組内部の強硬勢力を追い出したとかあるいは労使紛争がないように労組に対する牽制や監視装置を設置するような消極的戦略や労働者を不信視する態度とは距離が遠い。多くの企業が，事実上，生産職労働者の冷笑的態度にあい，関係の改善をあきらめたり関係を断ち切ったりすることがあった。しかし，LG電子の労使関係改革は，それを乗り越えた。会社は，労働者を抱えこんで，話の糸口をつかむ。それを通じて，意思疎通をはかりながら，役員，管理職，事務職中心の企業共同体の中に彼らを引き込んだことが核心ポイントである。これが，生産職労働者のホワイトカラー化であったし，労組を対話と協議の貴重なパートナーにしたこともこのような生産職労働者包容戦略の一つであった。

　LG電子の労使関係改革と成功的な作業場革新にもかかわらず，これから解決しなければならない課題や障害が少なくない。代表的なことを3つ指摘しておきたい。

　第一に，対外的には低賃金を基に，技術力でも早く追いついてくる中国電子会社との競争に対して，LG電子が技術的な優位を維持していけるかどうか依然として課題は残る。すなわち，研究開発による技術革新と追加的な現場改善

活動を通じて技術とデザインの優位を基盤として高級品を生産する道と国際的多変化を通じて中国と東南アジアの生産拠点に製品競争力の劣るモデルを段階的に移転する方式が適切に結合されなければならない。一方では付加価値が高いプレミアム製品生産に力を注ぎながら，他方では韓国で生産し続ければ価格競争力で劣位になる製品を段階的に中国など発展途上国のLG電子現地工場に移転してきた。一部低価格製品は国内に試作品生産，製品とデザイン開発機能のみを残して海外に生産施設全部を移転したりした。ここで国内生産基盤をいくら維持しようとしても，海外工場への製品生産の移転に伴う雇用減少による内部労働市場の不安定化問題が協調的労使関係と労使の信頼を脅かすものとして登場した。国内生産拠点および雇用維持と生産の国際化を通した市場開拓や価格競争力維持との間に発生する緊張は，その間，LG電子が比較的成功裏に解決してきたし，今後とも解決しなければならない問題といえる。

　第二に，内部的にLG電子全体の約30％，昌原工場の場合は約50％に迫る非正規労働者（主に構内請負労働者）は，LG電子の共同体的労経関係フレームの外にある。しかし，非正規職労働者は，現場では生産ラインに投入されるなど正規職労働者と業務の境界が曖昧になっている。LG電子が国内生産を維持しながら価格競争力を持つためには正規職労働者だけでは難しいので，不可避に非正規職労働者を使うことになる。そのような労働者を多く使うようになれば，正規職の代替，内部労働市場の不安定，そして企業内労働市場の両極化問題が新たに発生するだろう。中長期的にLG電子の労経共同体と内部労働市場に亀裂をもたらすか，安定性を脅かすこともありうる。2005年，LG電子昌原工場では生産施設を縮小して中国に移転する過程で，少なくない数の労働者を希望退職という形でリストラした。こうしたリストラは，これまでLG電子が保障してきた雇用安定を損い，労使協調を破壊する可能性がある。

　第三に，LG電子の労使関係において，労働組合は，経営陣に比べて戦略および力量のうえで不利な位置に置かれている。LG電子労組が決して無気力であったり，組合員の利益を代弁するに疎かであったりしたわけではないが，全体的に会社の投資戦略，人的資源管理政策，労経関係戦略に引きずられてきた

という点は否めない。たとえば，この間追求してきた現場改善と革新が，ともすれば労働強化をもたらしやすく，労働生活の質を改善しようとする努力が足りなかったことがそれである。このような労使間力学の非対称は，LG電子労組だけの問題ではなく，韓国の企業別労組が共通に抱いている問題である。こうした問題を解決するためには，産業別労組連盟や労働組合総連盟の政策的な支援を受けなければならない。企業別労組だけでは限界がある。韓国には民主労総のように闘争的な労組だけが存在するわけではない。韓国労総所属の大部分の企業別労組は，穏健で使用者と協調的な関係を保っている。LG電子労組は韓国労総所属の代表的な労組である。

注
1) 大韓商工会議所が2002年に行った調査によれば，製造業企業が生産拠点を海外に移転する計画があるかについて，220社（中小企業166社，大企業47社）を対象にアンケート調査を行ったが，回答した94社の中，70社（大企業24社，中小企業46社）が中国（57社），東南アジア（20社）に移転する意思があると答えた。また，製造業の産業空洞化の可能性についての質問に答えた182社のうち，49.5％が5年以内にその可能性があると答え，対策を講ずるべきであるとした。
2) Bonaglia, F., A. Goldstein, and J. Mathews. 2007. "Accelerated Internationalization by Emerging Market: The Case of the White Goods Sector", *Journal of World Business*.
3) LG電子各事業本部別主要生産製品

DA本部	冷蔵庫，エアコン，洗濯機，清掃機，電子レンジ，コンプレッサーとモーター
DD本部	モニター，PDPパネル
DM本部	光storage，デジタルAV
MC本部	携帯電話機，期間移動通信システム，PC

4) 1989年，金星社ストライキの時は地域的な事情が反映されて金星社労組の支部の間に相当な見解の違いが現れ，労組のストライキ過程で相当な混線が生じた。当時，労働組合内部では相当な意見の相違と分裂的な要因が潜在していた。昌原第1,2工場では現場労働者の強硬な雰囲気の中で支部長たちが退陣したが，金海，亀尾などでは相変わらず支部長たちが事態を掌握していた。当時現場労働者たちの強硬な闘争雰囲気とこれを代弁した強硬派が，金星社労働組合の指導部を完全に変えるこ

とができない中，既存労組指導部の一部が，辞任した委員長と事務局長の役を引き受けて，1989年，ストライキを終了させた。結局，現場の強硬派を代表した昌原工場のストライキ対策委員会は，仲裁裁定を拒否して闘争したあげく，公権力の投入により解散させられたのち，拘束されて解雇されることによって，金星社労働組合でその影響力を失うようになった。

5) 1989年，労組側は52.33％の賃上げを要求した。会社は，それに対して何回の譲歩をしたあげく，最終的に基本給28％（号俸昇給3％を含む）引き上げ，諸手当の引き上げと新設を提案したが，労組側の拒否により決裂した。さらに，労使交渉の中で一部の工場では労働者たちの団体行動が続いていた。1989年4月29日，中央労働委員会が基本給24％引き上げ（号俸昇給除外），諸手当の改善等を仲裁裁定したが，特に昌原工場の労組側がこれを拒否してストライキを続けた。

6) 昌原第1工場と昌原第2工場では，当時，「馬山・昌原労連」と連携をとった労組活動家たちが1989年，賃金交渉をきっかけに支部長を辞退させてストライキ対策委員会を構成し中央労働委員会の仲裁裁定に反対する長いストライキを指導した。ストの初期段階では，現場労働者は，こうした闘争に積極的に同調したが，仲裁裁定に反対するストライキの不法性，過度に高い要求を固執する態度，そして他の支部のストライキ中断などによって，多数の労働者がストライキ隊列から離脱した。結局，ストライキ対策委員会中心の強硬派は孤立し公権力投入の時には50人位だけが座り込み現場に残っていた。その時，主導者17人は拘束された。

7) 金星社（のちのLG電子）で，労使関係が，以上のように，根本的に転換できたのは，LGグループの経営スタイルと関連しているとみられる。すなわち，他の財閥グループの所有主は，意思決定権を集中し独占していたのに対し，LGグループでは，少なくともその時は，専門経営者である李ホンゾ社長と金サンス工場長に相当な権限を委任し労使関係を改善しようとした。こうしたコーポレート・ガバナンス，特に意思決定権の分散および権限の委任がLGグループの主要な特徴の一つではないかと思う。

8) 1989年，ストライキ後，全職員を対象にしたアンケート調査でストライキの一番重要な要因として「単純製造業特性による相対的低賃金」を予想したが，結果は「管理監督階層の非人格的取り扱い」であった。これは，管理監督者が生産職労働者を人格体ではなく生産道具として取り扱ったことを意味する（金ヨンギ［2003］）。

9) 当時，会社が，全社員教育のために，バスで現場労働者を教育場所に移動させようとした時に，組合支部長は，会社が労組を攻撃する教育を行うと恐れてバスの前に横になるなど，強い抗議をした。

10)「労経関係」は，「労使関係」が持つ対立的，否定的なイメージを脱色させて経営陣と労働者の間にLGグループ特有の共同体的な文化を作り上げるために人為的に

付けた用語である。これは，韓国労使関係の対立的な形勢と葛藤解決の制度化不備などによる全国水準の否定的影響からLGグループの労使関係が悪影響を受けないようにしたいという意図から生まれた造語であるとみられる。

11) アメリカ系企業であるモトローラで始まって全世界に広がったこの技法の新しい点は，経営目標を製造や生産部門だけに限らないことである。また，Top-Down方式で推進されるので経営者の力強いリーダーシップが絶対的に要求されるという点である。6シグマは3.4PPM（Parts Per Million），すなわち100万個の製品やサービスの中でたった3～4の誤差しか許容しないという，いわゆる「完璧経営」に挑戦する経営革新活動であり，小さな図書館規模のすべての蔵書からたった一単語の誤打」が出る位の精度を求める経営革新技法である。

12) 重量物の取り扱い，危ない作業など作業者の嫌う作業がまず自動化された。1980年代末の労働力不足，人件費上昇，家電製品の競争による値下げ競争も自動化を促進する要因になった。工程改善のための作業上の問題点の改善，生産ラインの製品開発と設計過程への参加により，部品共用化，標準化，単純化が行われ工数が減るようになった。部品共用化，標準化など供給方式の変化に従って作業範囲が縮まった。また，以前には作業工程が小作業工程別に分かれており，一作業工程で仕事が終われば製品を次の作業工程にコンベヤーを通じて運んで置き，新しい半製品を渡されて作業するパターンであった。その作業の間は，製品が止められた状態だった。当時はストップ・ウオッチがあって作業が一応完了すれば踏むようになっており，踏むと次の工程に移るようになっていた。このようにコンベヤー生産が各工程別に人為的に流れを操作することができるようになっていたことを，工程改善を通じて自然な流れ生産工程に変えた。

　一部作業工程を外注化して協力会社が単品ではない一定のモジュールを生産して供給するようにするとか，直線作業工程に支流ラインを作って主生産ラインと同時に作業が行われるようにしたのち，組み立てる形で，モジュール生産方式を積極的に促進していった。LG電子昌原工場で試みられたお握り式生産システム（Rice Ball Production Systems：RPS）はLG電子式のモジュール生産システムだった。外注化による生産のモジュール化ができればできるほど，協力会社に依存する割合が高くなるから適時のモジュール供給，供給されるモジュール製品の品質などが問題となって，これを体系的に管理する機能が追加的に必要となった。したがって，協力会社には，営業社員や生産職社員を常駐させながら，部品やモジュールの供給を確認し，問題発生の時には，速かに解決することができる体系が整っている。このように，モジュール生産方式を持続的に推進することによって生産性は上がりながらも主生産ラインの工程が短くなった分，生産ラインの長さは短縮されることができた。

13）昌原工場での工程改善は，生産技術部署と生産を担当する製造部署との協力によって行われた。エンジニアリングを担当する生産技術と現場で直接生産を担当する製造部署のうち，製造部署の工程改善への寄与度が70％と高いと言う。昌原第 2 工場のエアコン事業部の場合，事業の特性上，オフシーズンの 7 ～ 9 月，全ラインのすべての工程にわたってライン内部の詳細工程別に均衡を計りながら小さな改善のために多様に工程分析を行って出た結果は，その通りに工程の改善に反映される。
14）冷蔵庫を生産する昌原第 1 工場の場合，生産ラインが200mから60mに短縮されながら生産台数は 9 倍に増えた。人工知能洗濯機の場合，最初は 1 時間当り150台から，2 ～ 3 年後には240台というスピードで生産台数が増えた。これによってタクトタイム（tack time）が非常に短くなった。洗濯機ラインの場合，1989年には，それが30秒であったが，今は18秒位に短縮されて時間的余裕を持てずに作業に没頭しなければならない。
15）TDR（Tear-Down & Redesign）の元々の意味は，分解するまで分解してまた設計することにより費用を減らそうとする努力をする活動であり，TDR（Tear-Down Room）とも言われる。まさに血涙が出るまで悩んで目標に到達しなければならない。涙を絞り出さなければならない部屋に比喩されたりする。
16）事務職と生産職労働者の間の差別撤廃と意思疎通による利益は，試作品製造過程で特に現れる。実は，新しい製品の設計は研究開発の研究員が行うが，結局，試作品を作るのは現場労働者である。ところで，過去には，研究開発分野の研究員が設計図面を完成すれば，それを現場に投げて試作品を作ってくれと言った。そのため，彼らの態度が気に入らず距離感を持っていた現場労働者は，誠意をもって試作品を作りたいとは思えず，試作品の製造は先延ばし先延ばしとなった。研究開発側の研究員が早く作るように督促するか，ほかの上級者から叱責とともに督促がくれば，現場労働者は不本意ながら試作品を作った。しかし，研究開発の職員と生産職労働者との間の距離感が狭められると，生産職労働者が，製品開発に参加しどのような製品がつくられるかを知り，親しい研究開発職員からの試作品製造の要請があれば，一所懸命対応してあげる。そのため，彼らにほめられる。また，互いに助言しあう。そのため，現場では試作品製造がうまくいくようになる。

〈参考文献〉

Appelbaum, Eileen and Rosemary Batt [1994]: *The New American Workplace: Transforming Work Systems in the US*, Ithaca, New York: ILR Press.

Djelic, Marie-Laure [1998]: *Exporting the American Model: The Postwar Transformation of European Business*, Oxford: Oxford University Press.

Florida, Richard and Martin Kenney [1996]: "Japanese Automotive Transplants and

the Transfer of Japanese Production System," in *Social Reconstructions of the World Automobile Industry: Competition, Power and Industrial Flexibility,* edited by Frederic Deyo, 51-83, London: Macmillan Press.
金星社労働組合［1994］:『労働運動30年史』。
金星社労働組合［1988～2008］:『LG電子労働組合年例活動報告』。
韓国電子情報通信産業振興会［2004～2009］:『デジタル電子主要品目市場動向分析』。
Jürgens, Ulrich.［1993］: "National and Company Differences in Organizing Production Work in the Car Industry," in *Country Competitiveness: Technology and the Organization of Work,* edited by Bruce Kogut, 106-123, Oxford: Oxford University Press.
Jürgens, Ulich, T. Marsh, and K. Dohse［1993］: *Breaking from Taylorism: Changing Forms of Work in the Automobile Industry,* Cambridge, UK: Cambridge University Press.
金ヘヲァン［2001］:「LG電子労働組合の新しい労働運動」『第12期労使関係高位指導者課程事例論文集』韓国労働研究院。
金ソンヒ・朴ヒョンミ［1999］:『1999年電子産業大企業の労使関係と作業場体制』韓国労総。
金ヨンギ［2003］:『LG電子労経和合事例』。
Koike, Kazuo［1988］: *Understanding Industrial Relations in Modern Japan,* London: MacMillan Press.
KOTRA［2009］:「世界電子産業および市場の再編と私たちの企業への機会」。
郭スックチォル［2008］:『グレートピープル：LG電子，彼らはどのように世界を制覇したか』ウングジンウィングス。
李ジョンテック・金ドンホン・金ミョンジン［1996］:『革新する者だけが未来を開く：LG電子労経革新事例』韓国労働教育院。
李ホン［1999］:『LG電子DACの革新成功要因に対する理解』。
LG電子［1998～2008］:『年例経営報告』。
LG電子［1997］:「青瓦台労経協力広報ビデオテープ」。
LG電子［1997］:「97労使協力優秀事例競い大会ビデオテープ」。
LG電子［2000］:『新労経文化創出事例』。
LG電子［2002］:『1位労経1位LG』。
LG電子［1998～2008］:『営業報告書』。
LG電子［1998～2008］:『事業報告書』。
LG経済研究院［1996］:『LGグループの労経関係発展モデル』。
ラッキー金星［1994］:『ラッキー金星労経関係長期モデル樹立のために』。

MacDuffie, John P [1996]: "International Trends in Work Organization in the Auto Industry: National-Level vs. Company-Level Perspectives" in *The Comparative Political Economy of Industrial Relations*. K. Wever and L. Turner (eds.), 71-113, Madison, WI: Industrial Relations Research Association.

野中郁次郎［2001］:「総合力:知識ベース企業のコア・ケイパビリティ」『一橋ビジネスレビュー』第49巻第3号。

朴ジュンシキ［1996］:『生産の政治と作業場デモクラシー』ハンウル。

Verma, Yasho V. [2007]: *Passion: The Untold Story of LG Electronics India*, Biztantra.

Womack, James P., D. T. Jones, and D. Roos [1990]: *The Machine that Changed the World*, New York: Rawson Associates.

第8章　大宇造船海洋と韓進重工業の労使関係
——造船産業の労働市場と構内下請労働者——

申　源澈

1．はじめに

　世界1位のマーケット・シェアを記録している韓国の造船会社は，先般の好況局面で投資を大きく拡大した。韓国の大手造船会社は，中国，フィリピン地域に生産拠点を構築し，ヨーロッパ，ブラジル，インド地域に投資を拡大しながら，グローバル生産システムを構築してきた。韓進重工業は，フィリピンのスビク湾に造船所を設立したのち，ミンダナオ地域にも投資を進めている。大宇造船海洋は，ルーマニアのマンガルリア造船所を運営してきたが，その後，中国山東省にもブロック工場を稼動中である。三星重工業は，中国山東省と浙江省にそれぞれブロック工場を運営しており，ブラジルの EAS 造船所にも投資持分を持っている。STX グループは，ノルウェーのクルーズ船建造会社であるアコヤズサ社を引き受けたのち，中国にも活発な投資をしてきた。世界最大規模の造船会社である現代重工業は，グローバル生産システムの構築には消極的であるが，群山造船所を新たに設立するなど国内投資を大きく拡大した。
　先般の造船好況期に韓国の大手造船会社は国内建造設備に対する投資をも大幅に拡大した。なお，数多くの新造船所を設立し，攻撃的な受注活動と設備投資を行った。これによって，2000年以降，造船産業の従事者数は大きく増えたが，その中でも特に構内下請労働者の比重が急増した。これは，経営側の二重的でかつ差別的な雇用戦略と関係がある。この戦略は，造船産業だけではなく，

自動車，鉄鋼，電子などほぼすべての分野で見られた。

　構内下請労働者は，事実上，親企業と構内下請企業という複数の使用者と雇用関係を結ぶようになる[1]。構内下請労働者は，既存の企業別労働組合の加入対象から排除されただけでなく，そのほとんどは他の労働組合にも組織されていない。したがって，構内下請労働者の比重が増加するに伴い，労働組合が団体交渉を通じて規制する労働市場および雇用関係の比重が縮小してきたといえる。

　西欧の産業別労働組合（以下「産別労組」という）は，クラフトマンが中心となった職種別労働組合の限界を乗り越え，熟練工と不熟練工との間の連帯を確保するための組織形態であった。これに比べ，韓国の産別労組建設運動は，企業別労働組合の限界を乗り越えて，さらに正規職と非正規職労働者との間の連帯を構築しなければならないという課題を抱えている。造船産業では，構内下請労働者が非正規雇用の主要な形態として活用されている。したがって，企業別交渉方式をどのくらい脱皮したのか，また正規職労働者と構内下請労働者の間に実質的な連帯がどのくらい構築されたのかという点は，造船産業における産別労組建設運動を評価する重要な物差しとなる。

　このような問題意識に基づき，本章ではまず，産別労組建設過程において企業別賃金交渉方式がどのくらい変わったのかを見る。次に，労働組合が構内下請労働者の労働条件改善にどのような努力をしてきたのか，それによって正規職と構内下請労働者との間に新しい連帯が形成されてきたのかを検討する。これらを通じて，韓国の造船産業における産別労組運動の成果と限界について論じていきたい。

　本章では，大宇造船海洋と韓進重工業の二つの事例を取り上げる。大宇造船労働組合（以下，「大宇造船労組」という）は，まだ産別労組に転換していない。反面，韓進重工業労組はすでに民主労総傘下金属産業労働組合の支会として活動を開始している（以下，これを「韓進支会」という）。資料なかんずく二社の労使関係に関わるものは，特にことわらない限り，大宇造船労組の各年度定期代議員大会資料集，労組消息誌『夜明け喊声』，『闘争速報』と，韓進支

会の『活動報告書』および労組消息誌『現場の力』、そして韓進非正規労組推進委員会の発行する『韓進下請通信』などによる。

2．造船産業の労働市場と労働組合

(1) 労働市場の拡大と構内下請労働者の増加

2000年以後、造船市場の好況を反映して造船産業の従事者が大きく増加した。表8-1のように全従事者規模は、2000年79,776人から2007年には131,176人と、7年の間に約1.6倍以上増加した。特に、大手造船所に直接雇用された正規職技能労働者の規模は、2000年36,125人から2007年36,886人にあまり変化がなかったのに比べて、構内下請労働者の規模は2000年25,960人から2007年70,744人へ約2.7倍も増加した。これは、各造船所が労働力の需要増加に対し主に構内下請労働者を増やす形で対応したことを示している。

経営者が構内下請労働者のような非正規労働を好む理由としては、雇用の柔軟性を確保するためだけではなく単位労働費用を節減し、ひいては雇用関係に対する労働組合の規制を回避しようとすることがあげられる。その結果、構内下請労働者は、雇用が不安定となり、労働条件で差別を経験して事実上労働基本権の保障を受けることができない（申源澈［2006］）。世界造船市場は、2008年、アメリカ発金融危機とともに始まった不況で急速に冷えた。韓国の造船大企業は、今後の2～3年間の仕事を確保しているので、自動車産業と違い今すぐ人員を減縮しなければならない必要はない。しかし2008年下半期以後、受注量が大幅に減少しており、今後、雇用調整は不可避であるように見えるが、その一次的な対象は構内下請労働者になる可能性が高い。構内下請労働者を中心に人員削減の措置が現実化する場合、韓国造船産業の労働運動が果たしてどう対応することかが注目されるところである。

表8-1 造船産業従事者規模の推移

(単位:人)

年度	技術職	技能職	事務職	構内下請労働者	計
1990	7,967	34,701	4,062	7,360	54,090
1995	11,775	39,236	7,333	18,986	77,330
2000	10,420	36,215	7,181	25,960	79,776
2005	12,081	35,750	7,042	49,831	104,704
2006	14,431	36,524	7,027	55,862	113,844
2007	15,791	36,886	7,755	70,744	131,176

注:韓国造船工業協会の会員企業を基準に造船部門と非造船部門を合わせた数値。
出典:韓国造船工業協会『造船資料集』各年度。

(2) 造船産業の主要労働組合の実態

　先般の20余年間,韓国造船産業の労働運動は急速な成長と衰退を経験してきた。「1987年労働者大闘争」当時,民主労組運動を主導してきた造船産業の労働運動は,1990年代中盤以後その活力を喪失してきたが,産別労組への転換の動きも自動車産業など他の労働組合に比べるとその進展が大変遅れている。民主労総所属組合員は,2008年12月現在65万945人であるが,そのうち,66.3%が産別労組に属している[2]。民主労総傘下労組は,その間,企業別労組から産業別労組への転換を積極推進し,かなりの成果をおさめた[3]。特に民主労総傘下金属産業連盟では,2006年6月26日から30日まで20の企業別組合が産別転換のための組合員総投票を実施した。その結果,現代自動車(在籍組合員数43,758人),起亜自動車(27,489人),GM-大宇自動車(9,149人)など自動車メーカーの労働組合をはじめ,13組合(組合員86,985人)が産別労組への転換を果たした。同年11月18日,民主労総金属産業労働組合(以下,「金属労組」という)が発足したことで,従来,緩やかな産別組合であった金属産業連盟は解散することになった。

　造船産業の産別労組転換実態を見ると,自動車産業とは大変対照的である。現代重工業と三星重工業では産別労組への転換が進まなかった。現代重工業労働組合は,民主労総および金属産業連盟から除名された。また,三星重工業には労働組合機能を担う労働者協議会が結成されているが,合法的な労働組合は

表8-2 韓国造船産業主要労働組合の現況

会社名	従事者(人)	組合員(人)	労働組合の上部団体
現代重工業	43,680	17,751	なし(民主労総/金属連盟から除名)4)
大宇造船海洋	25,908	7,000	民主労働(産別労組への転換失敗)
三星重工業	24,353	6,000	なし(他の労組と公式的な連帯活動をしない労働者協議会)
現代三湖重工業	10,581	2,346	金属労組
韓進重工業	6,492	1,689	金属労組
現代尾浦造船	9,458	2,790	民主労総(産別労総への転換失敗)
STX造船	7,071	1,000	金属労組
SLS造船	2,193	867	金属労組

注:従事者数は,構内下請労働者を含む。
出典:従事者数は,韓国造船工業協会『造船資料集』2008年,組合員数は,全国金属産業労働組合『賃金・団体協約造船分科比較資料集』2009年。

まだ結成されていない。大宇造船海洋と現代尾浦造船では組合員総会で産別労組への転換が否決された。現在,造船産業の中では韓進重工業と現代三湖重工業,STX造船,SLS造船だけが「金属労組」に加入している。表8-2のとおり,現代,大宇,三星など大手造船会社の中で,金属労組に加入している労働組合は現在のところ,ない(全国金属労働組合・全国化学労働組合[2008])。

3.事例企業の沿革と労使関係

(1) 沿 革

大宇造船海洋

　大宇造船海洋(以下,「大宇造船」という)は,2007年末現在,1万790人余りの従業員を雇用し(構内下請労働者を含めば25,908人),43隻177万8千余トン(CGT)の船舶を建造して輸出している世界的な造船海洋企業である。最近,大宇造船の売上高と純利益はともに大幅に増加してきた。表8-3でこれを確認することができる。

　2007年,計7兆1千億ウォンの売上高と3,200億ウォンの純利益を,2008年

表8-3　大宇造船海洋の営業実績（2005〜08年）

(単位：億ウォン)

項目＼年度	2005	2006	2007	2008
売上高	47,142	54,006	71,047	110,746
純利益	75	587	3,211	4,017

注：100万ウォン以下は切り捨てる。
出典：大宇造船海洋インターネットホームページ (http://www.dsme.co.kr/)。

には11兆746億ウォンの売上高と4,017億ウォンの純利益をあげた。大宇造船は，韓国産業銀行と韓国資産管理公社が現在発行済み株式の50％以上を保有している。李明博政府のもとで，大宇造船の売却が進められ韓化グループが優先交渉対象者に指定されたが，金融危機の余波により取り消された状態である。

　大宇造船の沿革は，朴正煕政府のもと，重化学工業推進政策の一環として当時大韓造船公社の「玉浦造船所」の建設を推進したことから始まる。1978年，大韓造船公社の経営難のため，大宇グループがこれを引き受けて大宇造船工業株式会社として再出発した。1997年12月金融危機をきっかけに大宇グループが解体された。大宇造船は，2002年3月，会社名を現在の大宇造船海洋株式会社に変更したのち，造船好況を迎え今のようなLNG船，自動車運搬船，超大型油槽船と海洋構造物を生産する優良企業として生まれ変わった。大宇造船は，1997年すでに，ルーマニア政府との合作により大宇-マンガルリア造船所を設立して運営してきた。また，大宇造船は，建造物量の急増に対処するため国内外にブロック工場を設立して，構内および社外請負生産量の比重を増やして新しい分業体制を構築してきた。大宇造船は，2005年7月，中国山東省烟台市に「大宇造船海洋山東有限工事」（DSSC）を設立した。また，そこで生産された船舶用ブロックを韓国の巨済島玉浦造船所まで持ち込んで組み立てている。

　「1987年労働者大闘争」をきっかけに大宇造船労組が結成されて，民主労総傘下の金属産業労働組合連盟に加盟し活動してきた。大宇造船労組では，組合員総会で産別労組への転換のための投票が2001年，2003年，2006年にわたり，3回実施されたが，いずれも否決された。先般の2006年6月に行われた組合員総会では94.5％の投票率で46.9％の賛成を得るに留まり否決された[5]。以後，

2006年12月27日，全国金属産業労働組合連盟が解散を決意すると，大宇造船労組は，上部団体を失うことになった。今も労働組合の常任執行部幹部は，「組合の百年大計のために産別転換はこれ以上延ばすことができない課題」と見ている（『夜明け喊声』2006年12月29日，2007年1月5日）。

大宇造船の労使関係は，選出された労働組合執行部の性向によってその様相が変わったりするが，概して1987年以後の民主労組運動の流れに即して活動してきたと言える。大宇造船労組は，現代重工業労働組合が労使交渉を行わず2009年賃上げを会社側に一任することを決めたことに対して，労働組合本来の任務を放棄したと断定し，これを批判する記事を労働組合機関紙に載せた。それによって現代重工業労働組合と葛藤をもたらしたこともある。

韓進重工業

韓進重工業は，1937年，造船重工業株式会社として出発して1945年解放以後には国営企業である大韓造船公社に変わった。1989年，韓進グループに吸収されて1990年，韓進重工業として社名が変わり今日にいたる。蔚山現代造船所が創業する以前までは韓国最大の造船所として韓国機械工業の「揺籃」とまで呼ばれるほどの地位を占めていた。現在，コンテナ船，LNG船などを建造している。韓進重工業は，現在，釜山の影島造船所のほかに蔚山工場と多大浦工場を運営している。全従業員は3,557人であるが，そのうち，生産職労働者数は，1,434人である。韓進重工業の最近4年間の売上高と純利益の推移は表8-4のとおりである。2007年，売上高が急減したが，それは，2007年に韓進重工業が持ち株会社である韓進重工業ホールディングスと韓進重工業に分割されたことによるものである。

韓進重工業は，2007年6月からフィリピンのスビク造船所で本格的な船舶建造に取り掛かったが，韓国にある造船機資材業者から船舶部品全部を持ち運んで生産している。今後釜山影島造船所では高付加価値船舶生産と研究開発を担い，スビク造船所では大型船舶の生産を担う形で分業化していく方針と報道された（『東亜日報』2007年6月7日，『釜山日報』2007年6月11日）。スビク造

表8-4 韓進重工業の売上高および純利益の推移

(単位：億ウォン)

年度 項目	2005	2006	2007	2008
売上高	22,173	25,958	14,447	38,480
純利益	242	977	284	629

注：100万ウォン以下は切り捨てる。
出典：韓進重工業インターネットホームページ (http://www.hanjinsc.com/)。

船所が本格的に稼動すると，釜山影島造船所の組合員が雇用不安を憂慮しこれに関する特別労働協約を締結したりした。韓進重工業は，また，フィリピン・ミンダナオ法人を設立して造船協業団地開発を推進中である（『韓国海運新聞』2008年2月27日）。

釜山影島造船所には，1953年，労働組合法が制定された直後，大韓造船公社労働組合が結成された。大韓造船公社労組は，1960年代活発な活動を行ったが，1970年代以後停滞を経験したのち，「1987年労働者大闘争」を経て再び韓進重工業労働組合として活動してきている。韓進重工業労働組合は，2001年6月，造船産業の企業別労働組合が同時に実施した産別労組への転換投票で90％を超える圧倒的な賛成を記録し，1年後の2002年6月5日，金属労組に加盟した。韓進重工業労組が，金属労組の支会に転換した背景には他の大手造船所に比べると，組合員規模が小さいので，労働組合に対する経営者の弾圧に対抗するためには金属労組の支援が必要であるという点が考慮されたように思われる。以後，韓進重工業支会（「韓進支会」）は，金属労組で非常に重要な役割を担っていった。

(2) 企業レベル労使関係の性格

韓国の労使関係は，日本に比べて葛藤的性格が強いと言われているが，労使協議会の運営実態でもこのような点がみられる。大宇造船と韓進重工業の労使協議会運営実態を通じて企業レベル労使関係の特徴についてみてみる。労使協議会は企業レベルで協調的労使関係を構築するための制度的装置として韓国で

はその設置が法により強制されている。韓国の経営者は今まで労使協議を活性化するのに消極的であった。1950年代にすでに労働組合が設立されている企業の場合，多様な名称の労使協議機関が設置された。1960年代以後には労使協議機関の法制化が進められた。しかし，韓国の経営者は労使協議会に対して否定的であった。1970年代の労使協議会について行ったある研究によれば，「我が国の経済人の労使協議制に対する態度はほとんど否定的」であり，「労使間の協議・協力を内容とする労使協議制さえも経営権の侵害と否定的な態度をとる場合」が多いと報告された（趙昌華［1980］）。企業あるいは作業場水準の労働者の参加に対しても韓国の経営者は大変消極的な態度をとる場合が相変わらず多い。

大宇造船海洋

　大宇造船の場合，労働協約第93条に「会社と組合は労使共同の利益を増進して産業平和に資するために『勤労者参加および協力増進に関する法律』によって労使協議会を運営する」と規定されている。これに基づいて四半期ごとに労使協議会が開催されている。また，事前協議機関のような「労使関係改善委員会」が構成されている。労使協議会では，作業場福祉関連事項と「追加成果給」などが主に扱われているが，生産および人事関連事項はあまり扱われない。特に，自動車産業と違って作業量や労働強度を調整するのに必要なマンアワー（Man Hour）協議は行われていない。2002年交渉で，大宇造船労組は労働強度を低めるために1人1組作業を2人1組作業に切り替えるように要求したが，成果をおさめることができなかった。大宇造船労組は，「ますます強化される労働強度によって現場がこき使われていることを防ぎ，筋骨格系疾患を予防するための根本的な対策として」このような要求を申し入れた。2006年団体交渉では「労働強度調整のために取り付け作業は2人1組で実施する」という条項の新設を要求したりした（『夜明け喊声』2006年6月30日）。大宇造船経営陣はこのような要求を真剣に受け入れなかった。むしろ，「微細作業管理」を通じて，「実労働時間」を延ばすのに力点を置いている。

また，大宇造船労組は「新規採用」を増やすように要求している。同労組は，2005年の交渉で，現在の組合員数（7,000人）以上の維持と不足人員に対する新規採用を要求したが，それは，その後，労使協議会案件として取り扱われた。2006年新規採用規模は190人余であったが，そのうち，31人は，第１四半期の労使協議会の結果により，構内下請労働者から採用された。残りの160人余りは，社内技術教育院修了生の中から採用された（『夜明け喊声』2006年12月１日）。また，2006年第４四半期労使協議では2007年新規採用規模を220人以上に拡大しながら構内下請労働者の中から正規職への転換規模を50人余りに増やしたりした。

　労働強度そのものに対する労働組合の規制は弱い一方，作業時間の外延を取り巻く葛藤が相変わらず続いている。大宇造船労組は，会社側が「自律点検表」，「チーム評価基準」などを利用して正常な労働時間以外に「早期掃除」および「体操」などを強要し，ひいては休憩時間を食いこんでいるとみて，その是正を要求した。「自律点検表」によると，７時15分前に早期掃除をする作業者には５点を付与し，７時25分前には３点，７時35分前には１点，７時45分前には０点が与えられる。掃除時間が長いほど，高い点数を与えている。また，午前，午後10分の休息時間のうち，６分を休むと５点満点を受けるようになっている（『夜明け喊声』2007年１月31日）。また，「2007年チーム評価基準」によれば，各チームを評価するのに「時間順守」，「朝掃除」，「事前作業準備」などの項目が含まれている（『夜明け喊声』2007年２月８日）。大宇造船労組は，これに対して「会社が時間を守りなさいといえば，組合は標準作業で対応する」と対抗し，各現場で「時間守り」活動を展開したが，これは，朝８時定刻に船にのぼり作業するようにするためである（『夜明け喊声』2007年１月25日，１月30日）。労働組合幹部は，2009年２月でも夜明けに出勤して８時に作業が始まるように「労働組合時間守り」活動をした（『夜明け喊声』2009年２月４日）。

　作業時間を取り巻く葛藤以外にも多様な事案で労使葛藤が表出されている。大宇造船では，2004年，経営陣が労使協議手続きを経ないで保安システム構築

のために造船所内にカメラを設置したが，大宇造船労組は「人権侵害」の憂慮があると考え，それを一方的に撤去した。その後，監視カメラはその台数と用途および設置角度などに対して労使間で協議を経たのち，また設置された。また，会社が「健康マイレージ」という名前の余暇活動サポートプログラムを推進しながら「早期体操参加」，「無災害勤務」などの項目を評価に含めると，大宇造船労組は労使協議を経てこれを廃止したりした。労使関係の葛藤的側面は賃金および団体交渉過程で毎年ストライキが発生することでも現れる。それに対しては後述する。

韓進重工業

　韓進重工業の場合も労働協約第9章に労使協議会の運営に関する規定を置いている。会社と組合がそれぞれ10人以下の委員で労使協議会を構成して「組合員教育訓練に関する事項」，「安全保健」，「その他作業環境に関する事項」，「生産性向上および組合員福祉増進または体育行事に関する事項」などを協議するようにしている。定期労使協議会は四半期ごとに1回開催するようになっている。蔚山・多大浦工場にも労使協議会が設置されてはいるものの，実質的な運営はなされていない。残業時間や配置転換などに対して事前協議が行われておらず，生産計画に対して会社が説明するのに留まっている。労働組合は，残業について協議を行うように要求することはない。パート長やチーム長など現場管理者が決めればそのまま実行される仕組みとなっている。

　韓進支会では人員補充を要求するが，経営陣はこれを案件にするのに非常に消極的であった。2005年12月1日付産業安全保健委員会筋骨格系関連実務会議の協議内容を見ると，会社側は「人員補充問題は本当に敏感な事項であり人事事項であるので，それを取り上げてくれなければありがたい」と言及した。約5カ月後の2006年度第2四半期定期労使協議会で労働組合側が「生産職人員補充の件」を案件として申し立てると，会社側は「第3四半期労使協議会の際，生産職人員補充計画について説明したい」と時期を延ばした。その後，2006年10月25日，開催された第3四半期定期労使協議会では「欠員は補充するが，そ

れ以外の充員計画はない。第4四半期労使協議会で再論議する」という結論を下している。人員補充に関する実質的な協議はなされていないと言える。特に，韓進重工業の労使関係は，2002年人員削減反対ゼネストと労働者の死亡事件を経ながら非常に葛藤的な関係に置かれるようになったが，これは今日でも変わっていない[6]。

(3) 構内下請労働者の増加と労使関係

構内下請労働者は，賃金と企業福祉の面で親企業に直接雇用された正規職労働者に比べて差別を受けている。その最大の理由は，構内下請労働者の賃金が交渉を通じて決まらず，請負契約によって規定されるからである[7]。先般の好況期に大宇造船と韓進重工業両社とも構内下請労働者の比重を非常に高めた。大宇造船の全従業員規模（技術職，事務職，直営技能職と構内下請労働者を含む）は大きく拡大して2001年16,724人から2007年には25,908人と1.55倍増加した。同期間，直営技能職の規模は7千人前後とあまり変動がなかったが，構内下請労働者は，6,572人から15,118人と2.3倍も増加した。韓進重工業の全従業員規模は2001年4,804人から2007年には6,492人まで1.35倍増加した。同期間，直営技能職の規模は1,787人から1,373人まで減ったのに対して，構内下請労働者は2,044人から3,826人まで1.87倍も増加したのである。

構内下請労働者の急増は既存の労使関係システムに新しい問題を引き起こした。大宇造船と韓進重工業両社とも構内下請労働者は労働組合に加入していない。両社には，直接雇用された生産職社員を中心に労働組合が組織されて活動している。大宇造船の場合，会社と労働組合が締結した労働協約によると，「会社は，組合が全組合員を代表して協約およびその他の事項に対して交渉する唯一の交渉窓口であることを認めてどのような第2団体交渉機関もそれを認めない」と規定している。また，「組合の規約が定める組合員の構成範囲にあたる者は入社と同時に組合員になる」というユニオンショップを採択している。事務管理職の場合も「5級社員以下は自由に加入することができる」と加入を認めているが，ごく一部だけが加入している[8]。韓進重工業の場合も労働協約

に唯一交渉窓口条項を設けている。また，組合員の資格に関しては「管理職代理以上の職にある者」と「生産職１級，２級の中で職長職責を持つ者」などを除き，入社と同時に組合員になると規定している。また，韓進支会規約第７条４項で「同一事業場内にいる構内下請労働者と非正規職労働者の中で組合に加入した者は別途の支会を構成するか該当の支部の地域支会に所属できる」と規定し，構内下請労働者が韓進支会に加入することを認めていない。これは，既存の企業別労使の団体交渉から構内下請労働者が排除されていることを意味する。

2004年末，韓進重工業影島造船所で構内下請労働者労組の設立が試みられ200人余りが労働組合に加入したが，組合結成を積極的に進めた労働者が属する構内下請会社が閉業されて，結局，組合結成は失敗に終わった。当時構内下請労働者労組の結成は，韓進支会側と協議なしに進められ韓進支会は構内下請労働組合の結成を支援しなかった（厳財然［2006］）。金属労組では，2007年11月定期代議員大会で傘下支会の規約を「１社１組職」精神に沿って改正するように決意し，構内下請労働者の労組加入活動を展開した。その結果，2008年９月29日現在，傘下支会203の中，起亜自動車支部，タタ大宇商用車支会など60余りの支会で規約を改正する成果を上げた[9]。韓進支会に対して規約を改正して構内下請労働者が支会に加入するように要求する韓進非正規労組推進委員会が登場したが[10]，韓進支会では支会規約の改正に積極的ではない状態にある。

4．賃金交渉の方式とその結果

この節では，金属労組がスタートしたのち，賃金交渉方式がどのように変化したのかについて大宇造船労組と韓進支会を中心にみてみる。産業別中央交渉や地域支部集団交渉は企業別交渉を脱皮した交渉形態であるので，これが賃金決定過程に意味のある影響を及ぼしたのかを検討する。また，正規職労働者の賃金交渉が進められる過程で構内下請労働者の処遇に関する要求が取り扱われたが，その意味についても考察する。

(1) 賃金交渉の方式

大宇造船海洋

　大宇造船労組の賃金交渉方式は企業別交渉の特徴を表す。賃金引上げ要求案は，大宇造船労働組合員の生活実態と組合員が居住する巨済地域の物価調査に基づいて作られる。2007年，同労組は，民主労総および金属労組の賃金引上げガイドラインが確定されない中，「組合員生活実態調査と巨済地域物価調査を土台に私たちの実情に根拠した賃金引上げ案を用意して」常任執行委員会（案）を決めた（『夜明け喊声』2007年3月6日）。賃金交渉過程で主に考慮されるのは現代重工業と三星重工業など他の大手造船会社の交渉進捗状況であり，要求案の正当性も他社の労働条件や妥結内容を基準に提示される場合が多い。毎年賃金交渉過程では，現代重工業，三星重工業，STX，韓進重工業，現代尾浦造船の交渉内容が「同業種会社団体交渉進行事項」という題で『闘争速報』に紹介される。

　2002年以後2009年まで，大宇造船労組は，毎年月100,548ウォンから139,889ウォンの範囲の基本給引上げを要求してきた。そして2008年までは62,000ウォンから80,500ウォン水準で基本給が引き上げられてきた。賃金交渉妥結内容の中，珍しいこととして成果（配分）賞与金と各種激励金の比重が高まってきた点をあげることができる。2002年，成果賞与金3カ月分，激励金80万ウォン水準であったものが，2008年には成果配分賞与金3.5カ月分と会社株式購入支援金1.5カ月分以外に，交渉妥結激励金100万ウォン，F1戦略早期達成のための激励金100万ウォン，売上げ目標達成激励金100万ウォン，夏期休暇費調整引き上げ分100万ウォンなど激励金性格の支給額が400万ウォンに達した。

　大宇造船では，2002年以後，2003年を除き，毎年組合代議員が午後4時間ずつ何日間ストライキをし，全組合員が1～2日全面ストライキをしたのち，交渉が妥結されるパターンが繰り返されている。2002年には「構内下請労働者の増加」が労使関係の重要争点として浮上した。構内下請労働者の増加によって正規職組合員数が減少しつづけ，大宇造船労組は正規職組合員の雇用を確保す

るという側面からこれを問題視するようになった。2002年4月，朝の出勤時間に正門で労働組合幹部が不法派遣撤廃と外注化中断を要求している途中，管理者から暴行にあう事件が発生した。労組幹部たちがそれに抗議し，会社事務室を占拠して座り込みを行ったことで，労組委員長と4人の幹部が拘束されるにいたった。2002年の交渉過程で労組は争議行為賛否投票を行ったものの，争議権を確保することができなかった。結局，新しい執行部が構成されるようになった。新執行部は争議権を確立した。それにより，組合代議員の午後4時間ストライキと全組合員怠業などの団体行動をしたあげく，年末を控えて2002年12月26日，労使はようやく暫定合意に達した。

　最近，大宇造船の労使関係は造船好況期の高い経営実績と企業売却を背景にまた葛藤が高まっている。2006年の高い経営実績を背景に，大宇造船労組は2007年第1四半期労使協議会で追加成果配分を要求したが，交渉がまとまらず，これを2007年賃金交渉で論議していくこととした。2007年賃金交渉過程では，6月26～27日の間，組合員6,957人のうち6,175人が投票し92.8％の賛成で争議行為を決意した。それ以降7月25日，妥結されるまでほぼ毎日労組幹部は午後4時間ずつストライキをし，また7月11日には全組合員が4時間ストライキを行った。2007年賃金交渉暫定合意案に対しては組合員の55.0％が賛成して賃金交渉が終結された。2008年には，大宇造船の売却が具体化される中，雇用不安に対する組合員の憂慮とともに売却方式に対する組合員の不満を背景に組合活動が活性化した。2008年7月組合員総会で94.5％の賛成を得て争議行為を決めたが，これは大宇造船労働組合歴史上もっとも高い賛成率であった。2009年賃金交渉で大宇造船労組は基本給100,548ウォン引上げを要求したが，経営側は造船不況を理由に定期昇給以外の基本給を凍結しようとした。労組代議員の部分ストと全組合員の12時間ストライキが行われたが，基本給凍結を骨子とした暫定合意案が組合員総会で否決される陣痛を経験して再交渉が進行されている。

韓進重工業

　韓進重工業の労使関係は，現在造船会社のうち，もっとも葛藤的である。そ

れは，2001年人員削減を取り巻く労使葛藤から始まった。2001年から韓進重工業は人員減縮など構造調整を実施したが，韓進重工業労組がこれを阻止するための闘いを展開することで極限的な対立状態が続いた。韓進重工業労組は2002年5月30日全面ストに突入したが，同年6月8日副委員長が拘束された。会社側は労組幹部の賃金と財産に対して損害賠償および仮差押えを請求した。韓進重工業労組はこれに対抗し部分ストと全面ストを繰り返した。2002年賃金交渉で，会社側は最後まで賃金凍結を固執したが，結局，2002年賃金交渉が妥結されないまま2003年賃金交渉に臨むようになった。韓進重工業労組は2002年6月に金属労組に加入した。2003年以後は金属労組レベルの中央交渉と釜山梁山支部レベルの集団交渉，そして韓進重工業支会交渉という3つの交渉が進められた。2003年にも韓進重工業労使の間に極限的な葛藤と対立が続き，韓進支会がストライキに突入すると会社は職場閉鎖で対抗した。結局，韓進支会の組織力が衰える中，一人でクレーンの上に上がって座り込みした支会長ともう一人の労働者が命を絶つという悲劇が発生したが，その後，2003年の賃金交渉は妥結した。

　金属労組発足後，毎年，金属産業レベルの中央交渉が進められている。金属労組の規約によると，委員長がすべての交渉の代表者になるが，傘下組職の交渉単位に交渉委員会を構成してそれに交渉権を委任することができる。また，交渉権の委任を受けた交渉単位が協約を締結しようとする時には，該当の交渉単位総会を経て締結し交渉委員がその協約に連名で署名するように規定している（全国金属組合規約第60条，第61条）。

　金属労組は，2003年から中央交渉を通じて統一した賃上げ要求案を提示してきた。また，構内下請労働者の処遇改善とともに産別最低賃金を要求してきた。韓進支会は2003年以来民主労総および金属労組の要求額を基準に賃上げを要求してきた。2003年125,141ウォン，2004年125,445ウォン，2005年127,700ウォン，2006年122,546ウォンなど賃上げ要求額はいずれも民主労総および金属労組の要求案に基づいたものであった。しかし，中央交渉で提示された賃上げ要求額は賃金交渉過程で実質的な意味を持つことができず，韓進支会所属組合員

の賃金は支会交渉によって決まった。2006年の場合，中央交渉で金属産業最低賃金について交渉をし，釜山梁山支部交渉では賃金引上げ要求額（122,546ウォン）を掲げたが，「交渉の効率性向上のために補充交渉で論議して集団交渉で最終調印する」ことに合意した。2007年と2008年支部集団交渉でも賃金は事業場補充交渉で取り扱うことに合意している。

それにより，韓進支会組合員の賃金交渉は，金属労組に加入する2002年以前とさほど違いがないようである。支部水準の集団交渉で事業場間の労働条件の格差を縮めるための努力は試みられておらず，企業（事業場）水準の別途交渉によって決まるしかないという点に労使間の合意が存在してきた。さらに，韓進支会は，金属労組の賃上げ要求以外に，成果賞与金，合意妥結金，激励金などの個別要求を毎年行い，賃金に占める比重をずっと高めてきた。2007年賃金交渉妥結内容を見ると，基本給84,000ウォン引上げ以外に，経営目標達成激励金として通常賃金の3カ月分，産業平和定着金130万ウォン，労使協力増進金100万ウォンなどが含まれている。2008年の妥結内容の中には，経営目標達成成果給が通常賃金3カ月分+50万ウォン，そして産業平和定着金150万ウォン，労使協力増進金100万ウォン，生産性向上激励金90万ウォンなどが含まれた。それ以外にも労働協約に含まれている諸手当の要求項目は支会交渉で取り扱われる。韓進支会の補充交渉にも金属労組幹部が参加するが，最終交渉を含め実質的な交渉は韓進支会の幹部と経営者との間に行われる。

(2) 賃金交渉の結果

民主労総によって除名されて産別労組に属していない現代重工業労組，そして民主労総に属しているものの産別労組への転換に失敗した大宇造船労組，そして金属労組に加入している韓進支会の過去7年間の月基本給引上額が表8－5に示されている。現代重工業労組の場合，2009年賃上げを会社側に一任することを代議員大会で満場一致で決意したことで，現代重工業の労使は，15年間労働争議なしに賃金交渉を妥結した。これに比べて大宇造船と韓進重工業ではほぼ毎年ストライキを経験してから賃金交渉が終結されている。

表 8-5　造船大企業の基本給引上げ額の比較（2002～08年）

(単位：ウォン)

会社名 年度	大宇造船海洋	韓進重工業	現代重工業
2002	80,000	なし	95,000
2003	75,000	100,000	97,000
2004	75,000	86,200	83,000
2005	62,000	67,000	87,500
2006	70,000	82,000	92,050
2007	80,000	84,000	92,050
2008	80,500	85,000	98,800

注：大宇造船と韓進重工業は定期昇給分を含まない。
出典：全国金属産業労働組合『賃金・団体協約造船分科比較資料集』2009年および
　　　各労組の機関紙等により筆者が作成。

　表 8-5 に示されている大宇造船と韓進重工業の基本給引上額は定期昇給分を除いた金額である。2005年以後大宇造船の定期昇給分内訳を見ると，22,600ウォン（2005年），23,300ウォン（2006年），23,275ウォン（2007年），そして20,304ウォン（2008年）である。これに比べて，現代重工業の場合，号俸昇給制度がなく，2005年以来定期昇給分として18,500ウォンが一律的に引き上げられてきた。表 8-5 の引上額はこれを含んだ金額である。それを勘案すると，大宇造船と現代重工業の場合，ほぼ同額の基本給引き上げがなされたことがわかる。韓進重工業の場合，2002年は企業の労使関係が破局を経験しながらも賃上げは行われなかった。これを補うためにその後の賃金引上額が若干高くなっている。結局，各社の賃上げは，上部団体がどこであろうとも同業種会社に妥結された賃上げ水準を勘案して調整されて決まると言える。

　韓進重工業では産別中央交渉と支部集団交渉，そして支会交渉という3つの交渉が進められたが，賃金引上額が決まる過程では産別中央交渉や支部集団交渉は何ら意味を持たず，現代や大宇，三星の妥結額が影響を及ぼしている。結局，現在のように大手造船会社の労働組合が産別労組に加入しない中，産別中央交渉や支部交渉が重要な意味を持つことは今後とも難しいとみられる。

(3) 構内下請労働者の処遇に関する「代理交渉」

　構内下請労働者の賃金は，法律的・形式的には雇い主である構内下請会社と構内下請労働者との間の労働契約によって決まる。しかし造船産業構内下請労働者の賃金水準に最大の影響を及ぼす要因は請負金額である。このような請負金額は，工程別あるいは職種別単価と工事時間によって規定される。現代重工業の場合，造船事業部に適用される「単価」は正規職組合員賃上げが終わってからすべての構内下請会社に対して統一的に調整される（申源澈［2006］）。他の造船所でも構内下請労働者の賃金は請負金額によって決まっている。結局，大手造船所に雇用される正規職組合員の賃金が団体交渉によって決まるのとは違って，構内下請労働者の賃金は請負金額の範囲内で個別的に決まる。ところで先般の何年間，韓国の労働組合は，団体交渉において非組合員である構内下請労働者の処遇改善を要求した。果たして造船産業の場合，そのような「代理交渉」を通じて正規職組合員と構内下請労働者との間の賃金格差がどのくらい縮まったのか，また両者の間に同僚労働者として連帯意識が形成されてきたのかは，産別労組建設過程で非常に重要な評価指標になる。

大宇造船海洋

　企業別賃金交渉で非組合員である構内下請労働者の要求が反映されることは原則的に難しい。しかし民主労総と金属労組の指針をうけて，大宇造船労組は労使協議会や賃金交渉過程で構内下請労働者の労働条件の改善をずっと要求してきた。2001年度第4四半期労使協議会で構内下請労働者の処遇改善を要求して以来，毎年，構内下請労働者の処遇改善が賃金交渉要求項目に含まれることとなった[11]。2003年の賃金交渉で労組執行部は「社内下請者賃金引上げは基本給の9.1％を最低水準とする」，「基本労働時間を直営と等しく適用する」という要求案を用意した。しかし労組代議員大会で「△現場情緒に合わない，△それを要求すると，交渉が円滑に進まなくて結局組合が負担を負うことになる，△会社別賃金など条件に対する正確なデータがないことで，この要求は時期尚

早」という反対意見が出されて，結局，具体的な要求内容を明示しないこととなった。このような要求に対して会社側は，構内下請労働者は組合員ではないので交渉対象になれないと対抗した。結局，2003年は構内下請労働者の処遇改善に関する抽象的な合意にとどまった[12]。

　大宇造船労組は，2004年以後，構内下請労働者の処遇改善のためのより具体的な活動を展開した。大宇造船労組は，2004年，構内下請労働者の賃金遅配，不当解雇，退職金，労災などに関わり基本権を守っていくことができるように「社内下請道案内」という手帳を作り配布した。また，正規職労働者を採用する際，50％は構内下請労働者の中から採用するように要求した。2005年からは構内下請労働者の賞与金を引き上げて，成果給も直営のような水準で支給することを要求し，賞与金支給基準を100％引き上げる成果をおさめた。法定基準労働時間が週当り40時間に短縮される中，2006年7月1日からは100人以上300人未満構内下請会社に対してもこの基準が適用されたが，大宇造船労組は労働条件の引下げなしに労働時間を短縮するように要求した。また，2006年以降には成果配分賞与金および各種激励金項目に対しても構内下請労働者に気配りした要求を行った。このような過程を通じて，構内下請労働者に対する可視的な差別をとり除く成果をおさめたが，限界も相変わらず残っている。構内下請労働者に支給される成果配分賞与金は正規職組合員の70％水準に策定された。特に賃金交渉妥結の際に支給される各種激励金の項目では格差が大きく発生している。2008年以後，各種激励金が，正規職組合員の場合，300万～350万ウォン水準，株式購入支援金名目として1.5～2カ月分の通常賃金が支給されていることに比べて構内下請労働者には最高100万ウォンの激励金が支給されるだけであった。そのほかにも企業福祉側面の格差が残っている。5年以上勤続した正規職組合員の子弟には8学期の大学授業料全額が支給される。構内下請労働者にも等しい条件が適用されるが，労働移動が頻繁な構内下請労動者の場合，特定の会社で勤続が5年以上は珍しいので，それに適用されるのは難しい。

　ある構内下請労働者が，大宇造船労働組合の『闘争速報』に寄せた「差別を受ける汚い世の中をひっくり変えよう」という文は，大宇造船労働組合が交渉

において構内下請労働者の処遇改善要求を形式的にだけ求めてきたことを指摘している。

「毎年の交渉の時,下請労働者に対する案件は,今年のように具体的ではなかったものの,必ずテーブルの上に上ってきました。ところが,このテーブルの上のメニューを箸でとることは一度もなく,交渉は妥結されました」(『闘争速報』2005年6月8日)。

構内下請雇用は雇用の数量的柔軟性を調整する装置として利用される。先般の好況期には構内下請会社が廃業してそれに伴い解雇された労働者が他の下請会社に就職することができる可能性が高かったが,大宇造船労組でもこのような方向で対応し構内下請労働者の雇用を守った。しかし造船不況が続く中,構内下請会社の廃業が発生すれば同社の下請労働者の雇用を守るのが難しくなる。2009年に入ってある構内下請会社が36人の労働者を整理解雇すると,それに抗議する構内下請労働者の1人デモが発生した(『夜明け喊声』2009年4月28日)。造船不況が長期化する場合,こうした構内下請労働者の抵抗が発生する可能性があるが,それに対して正規職労働組合がどんな対応をするのかが産別労組建設運動にもう一つの分岐点になるとみられる。

韓進重工業

金属労組は中央交渉で構内下請労働者の処遇改善に関わる要求を行ってきたが,それについて略述する。金属労組は,まず,全労働者の通常賃金の50%を金属産業最低賃金として保障するように毎年要求してきた。2004年,月額766,140ウォンを要求したことに始まり,2007年には936,320ウォン,2008年には994,840ウォンを金属産業最低賃金として要求した。その結果,2007年,月額900,000ウォン(時給3,840ウォン),2008年には950,000ウォン(時給4,080ウォン)に合意した[13]。そして,2003年には構内下請労働者にも労働基準法上の退職金,休日および休暇に関する条項などを守るように要求し使用者側と合

意した。2006年には退職金，休日および休暇について正規職労働者と差別しないように要求し労使合意に達した。また，2008年には，元請会社が構内下請労働者の使用者と判断された場合，労働組合の交渉要求に応じるようにし，また，構内下請会社の変更の時，雇用，勤続，労働協約などが承継されるように努力するとの合意を引き出した。そのほかにも構内下請労働者の処遇と労働安全保健に関して元請会社の指導・責任を強化する内容に合意した。

　韓進支会は，2006年以来，構内下請労働者に激励金，特別賞与金，成果給および休暇費，年末激励金などを支給するように要求してきた。また，2006年中央交渉で合意された内容のとおり，構内下請労働者が直営労働者と退職金，休暇および休日などにいて同様の処遇を受けられるように労使共同機関の実務会議を開催している。また，労働組合役員と構内下請会社社長団との懇談会を開催して「週5日（週40時間）勤務」，「労災隠し問題」，「労働基準法の遵守」，「労使協議会の設置」，「昼食ミーティング13：00時実施」[14]，「夏季休憩時間付与」などの問題について協議した。韓進支会は，2006年，構内下請労働者の安全靴，秋夕帰郷費，寮などの項目で改善を図ることができた。また，韓進支会は2007年，構内下請労働者にお正月，お盆，夏期休暇の際，特別賞与金としてそれぞれ50万ウォンずつを支給し，成果給として100％を支給するよう要求した。2008年も，お正月，お盆，夏期休暇費をそれぞれ50万ウォン支給，妥結金および成果給を元請会社に比べて50％を支給するように要求したが，期待通りの成果をおさめることができなかった。

　いままでのところ，金属労組や韓進支会の構内下請労働者処遇改善活動は実質的な効果をおさめることができなかった。むしろ大宇造船に比べてみると，金属労組に属している韓進重工業構内下請労働者の労働条件がもっと劣悪な状態にあるように見える。大宇造船の場合，賞与金，成果給，一時金および激励金などの項目だけではなく，学資金支援にいたるまで，たとえ正規職組合員との差別はあるものの，構内下請労働者にも一定の基準によって支払われているのに，韓進重工業の構内下請労働者はそうなっていない。これは，両社の造船産業に占める地位の差を反映したものと思われる。また，造船好況期に技能労

働力が不足している労働市場のもと，巨済島地域で三星重工業と競争しなければならない状況にある大宇造船経営者は構内下請労働者の労働条件を一定水準まで改善していくしかない，という市場の圧力を受けたとみることもできる。また，韓進重工業は，フィリピン・スビク湾で船舶を建造し始めたことにより，釜山影島造船所の位相を再設定しているものと見える。

　金属労組と韓進支会のレベルで，構内下請労働者の労働条件を改善するための努力が続いたが，正規職組合員と構内下請労働者との間の労働条件の格差は依然としてある。そのため，正規職組合員と構内下請労働者との連帯は相変わらず形成されることができない。「直営は口先だけ非正規職撤廃というが，実利につながるもの，成果給は直営がすべて手に入れている」というトイレ落書きから韓進支会の活動に対する構内下請労働者の冷笑的な反応が見られる（厳財然［2006］）。韓進支会のある幹部は「先般の4カ月間組合活動をしながらひしひしと感じたのは，協力会社の労働者と労働組合間の信頼が崩れたということ」であると告白している（『現場の力』第321号，2008年1月31日）。2008年には正規職組合とは関係なく，塗装関係の労働者等構内下請労働者たちが賃上げを要求してストライキをする事例も現れている（『韓進下請通信』2008年9月1日）。

　最近の造船不況は，正規職組合員と構内下請労働者の間に新しい連帯を構築する必要があるという認識を広げるきっかけとなっている。韓進重工業の経営者は「最低入札制」という名目のもと，既存の請負金額の決定方式を変えながら，請負金額削減圧力を強めた。これにより，経営危機を乗り越えられなかった7つの構内下請会社が廃業あるいは撤収した。このなかで6社の400人余りの労働者が退職金などの賃金も受けることができない事態が発生した。2001～02年の構造調整と類似の減員政策が実施されていると判断した韓進支会は構内下請労働者との連帯を強化するという方針をとった。そして2009年6月17日と25日には「最低入札制廃止」などを要求する「元請・下請労働者共同決起大会」が開かれた。影島造船所で1987年以後正規職組合員と構内下請労働者が一緒に集会を開いたのは今回が初めてであった。

6. 結　語

　全世界の船舶市場は，2008年下半期を経ながら不況に落ちこんだ。韓国の造船企業等は，先般の好況期に投資を拡大し，新しい労働力需要に対しては構内下請労働者の雇用を増やす形で対応した。構内下請労働者が，直営正規職労働者に比べて賃金差別と雇用不安定にさらされる状況にある。このようなシステムが社会的に正当とはいい難い。構内下請労働者の増加は，既存の労使関係システムに緊張をもたらす要因として作用した。そのため，金属労組と造船産業の事業場単位労組は，構内下請労働者の処遇改善を主な課題として取り上げた。

　韓国の産別労組建設運動は，企業別労働組合の限界を乗り越え，なお正規職と非正規職労働者との間に連帯を構築することを重要な課題として抱いている。このような視点に立ち，本章では，造船産業労働組合の中で比較的産別労組建設運動の動きが活発であった大宇造船労組と韓進支会を中心に，賃金交渉方式とその結果について見てきた。大宇造船と韓進重工業ともに構内下請労働者の比重を高めてきた。しかし，彼らには元請企業の労働組合に加入できる資格は付与されていない。その意味では，既存の企業別労働組合の閉鎖性は依然として維持されているといえる。賃金交渉の方式においては，産別労組転換に成功したというものの，いまだ企業別交渉の枠組みより脱していない。大宇造船労組の場合，賃金要求案の作成から妥結にいたるまで企業別交渉のフレームワークの中で行われている。韓進支会の場合，産別中央交渉と支部集団交渉は，韓進支会の賃金交渉に事実上の影響を及ぼしていない。大宇造船労組と韓進支会はともに構内下請労働者の要求を代弁しようと試みてきた。しかし，そもそも構内下請労働者の参加が排除された企業別交渉を通して，構内下請労働者の要求が反映されることを期待するのは無理がある。正規職の労組が非正規職の要求を代弁ある「代理交渉」は，ある意味では，構内下請労働者の組織化を塞ぐ効果を持っているともいえる。

　現在の造船不況は，直営正規職中心の既存労働組合を新たな選択の岐路に立

たせている。2009年に入り，造船産業の労使関係においては団体交渉が形骸化し基本給が凍結されるという変化が現れた。現代重工業と三星重工業では団体交渉をせず，賃上げ如何を会社に一任した。大宇造船では賃金が凍結され，なお新入社員の初任給が9号俸下がり，基本給だけで5万8千ウォンが引き下げられた。造船会社の経営側は，不況を乗り越えるために，正規職組合員にも譲歩と協力を要求している。

　造船不況の最大の被害者は，何よりも構内下請労働者になる可能性が高い。いままでの好況局面では，正規職労組が組合員をストライキなどに動員して交渉力を高めることで，賃金など労働条件を向上させてきた。さらに，構内下請労働者の要求を代弁する「代理交渉」を通して，部分的にではあれ，彼らの労働条件をも上げてきた。これが，その間造船産業において構内下請労働者の抵抗がそれほど生じなかった背景となっている。しかし，今後造船不況が深まると，このような労使関係構造は維持できなくなるだろう。正規職労働組合による「代理交渉」は，既存の労使関係が，構内下請労働者を排除した「閉鎖的」である事実を隠蔽する役割を果たしてきた。ただし，今度の不況局面で構内下請労働者が本格的な人員削減の対象となり，正規職労働組合がそれを見過ごすかあるいはそれに協力する態度をとった場合，既存の労使関係システムが有した「排他性」と「閉鎖性」が赤裸々に現れる可能性がある。

　一方，構内下請労働者の組織化が進み，既存の正規職労働組合と連帯して人員削減に共同で対応していく可能性も開かれている。産別労組建設運動は，基本的に企業レベルでの「排他的」で「閉鎖的」な労使関係を乗り越え，労働運動の連帯を強化しようとする運動である。正規職組合員と構内下請労働者との間に連帯をもたせるためには，経営側の差別的で二重的な雇用戦略に対して異議申し立てを行い，新たな連帯的雇用戦略を提示することを通して，二重雇用戦略を乗り越えるよう努力する必要がある。このような努力がなければ，労使間に「パートナーシップ」を形成し，「社会的対話」を推進するには限界がある。結局，不況期の構造調整にどのように対応していくのかは，金属労組を中心に進められてきた産別労組建設運動が，「正義」を追い求める社会運動とし

て今後成長できるかどうかにかかっているといえよう。

注
1) 構内下請労働者は，親企業の工場あるいは現場内で親企業の生産計画と生産管理のもとで作業を遂行する下請企業に雇用されて作業をする労働者をいう（糸園辰雄［1978］）。したがって実質的に親企業と構内下請会社両方とも構内下請労働者の使用者という性格を持つようになる。Marchingtonなどは「使用者の複数化」を労働者の「非労働者化」とともに，雇用の柔軟化の二つの次元を構成するものとみなしている（Marchington et al. ［2005］）。Denysは，派遣労働に対して肯定的な視点に立って，このような間接雇用形態が増えるのは全世界的現象であるとみた（Denys ［2004］）。筆者は，構内下請労働者も間接雇用の一形態として雇用の柔軟化という側面で理解することができると思う。たとえ構内下請労働者が法律的には非正規労動者に分類されないが，非正規労動の一番重要な類型であると見なされなければならない。
2) 韓国の労働組合組織率は，1989年19.8％とピークに達したのち，ずっと低下し2005年現在10.3％であったが，2007年には10.8％を記録している。雇用労働者1,565万1千人のうち，168万8千人のみが組織されている。労働組合の組職形態別に区分してみると，全組合員の中で，43.8％は産業別労組に属しており，7.5％が地域業種別労組，48.7％が企業別労組である（金廷翰ほか［2008］）。
3) 民主労総インターネットホームページ組織現況を参照
（http：//nodong.org/formation）。
4) 2004年2月，現代重工業のある構内下請労働者が「非正規職差別撤廃」を主張して焚身，死亡する事件が発生した。また，構内下請労働者が現代重工業構内のクレーンを占拠して座り込みをしたが，解散させられた。労働組合と市民団体が「対策委員会」を構成したが，現代重工業労働組合はここに参加しなかった。それだけではなく，この事件に関わり，会社側の立場を擁護する態度を示した。結局，この事件がきっかけとなって，2004年9月15日，金属労働組合連盟代議員大会で現代重工業労組が除名されるにいたる。大宇造船労組は，労報に掲載された「犠牲と沈黙を強要する『労使相生』を拒否する」という記事の中で，トヨタ自動車労働組合に代表される「日本の労使相生主義労使関係」に対して「大企業労組が既得権を守るために産別労組を反対して企業別労組に安住し資本の攻勢にひざまずきながら労使協調主義に変質」したと規定しながら，現代重工業労働組合がそういう前轍を踏むのではないかという憂慮を表明した。
5) 3回にわたる投票で2006年の賛成率が一番低かった。全組合員数6,891人の中で

6,514人が投票し賛成3,055票（46.9％），反対3,432票（52.7％），無効27票（0.04％）と3分の2以上の賛成を得ることができず否決された。この投票では大宇造船労組の主要3派閥が連帯したにもかかわらず失敗したが，その理由としては，「現場の多くの組合員は産別転換の必要性に共感するものの，時期尚早であるという考え方にもっと重みをおいて投票した」と分析される。また，「反対のための反対と使用側の陰性的な介入が投票率を高めて組織的反発をするように誘導した」とも指摘された（『夜明け喊声』2006年6月23日，2006年7月4日）。

6）大宇造船や韓進重工業で見られるように，企業レベルの労使関係で葛藤的性格が現れている点は韓国と日本の労使関係の重要な差異の一つと考えられる。三菱重工業の事例を見ると，「事前協議」と労使協議のために多様な協議機関が運営されている。三菱重工業株式会社と三菱重工業労働組合が締結した労働協約にこのような協議機関に関する詳細な規定がある。労働協約の第10章経営協議会では，会社と労働組合が開催する経営協議会として「中央経営協議会」，「中央労務委員会」，「中央生産委員会」を設置している。事業所と労組支部が開催する経営協議会として「事業所経営協議会」，「事業所労務委員会」，「事業所生産委員会」などを置いている。また「中央労務小委員会」，「中央生産小委員会」，「事業所労務小委員会」，「事業所生産小委員会」などを運営するように規定している。このような事前協議機関を通じて，超過労働および配置転換などについて労使間の事前協議が行われている。

7）構内下請労働者の雇用関係と構内下請制との関連性に注目して，複数の使用者を前提とする新しい雇用形態として把握する必要がある。「構内下請雇用」はこのような問題意識を盛り込んだ表現である。もっと詳しい内容は申源澈［2003］，申源澈［2006］を参照。

8）事務管理職の場合，代理以上（現在の年棒制社員）は組合加入対象ではなく，一般社員も労働組合加入者は，対象者の1％未満であるが，彼らは，過去生産職社員の中から事務管理職に転換されたのが大部分である。大宇造船で事務管理職の人々が労働組合に加入されていない背景としては，入社して3年後になると昇進し組合員資格を失うこと，また，労働組合に加入しなくても労働協約で決まった内容がそのまま彼らにも適用されているからである。

9）全国金属産業労働組合2008年9月28日付の「正規職-非正規職の団結が希望を創る」という題の報道資料。

10）彼らは，韓進非正規労推進委員会の名義で2008年3月18日から『韓進下請通信』を発行している。「韓進シント（韓進憩いの場という意味──訳者）」というインターネットサイト（http://www.hanjinbe.org）からみることができる。

11）2001年12月に決まった15次年度大宇造船労組の活動基調と方針の中で非正規職活動事業に対して次のように言及している。「今までの非正規職労働者事業は実態把

握と宣伝事業に集中したが，15次年度にはこれを土台に資料集配布と実質的な非正規職組織化事業，差別撤廃，労働条件改善闘争などを前面に配置する事業を進める」。労働組合は，このような方針のもと，2001年度第4四半期労使協議会において，構内下請労働者の処遇改善を案件として扱おうとしたが，会社は「構内下請会社は，別途の独立した法人であるので，自主的に決める問題なので労組が会社に要求する案件ではない」という立場であった。

12) 2003年第2四半期労使協議会では「不法派遣中止」が取り上げられたが，2003年9月30日には常任執行部幹部たちが組立3部船室組立工場にいって不法派遣という理由で構内下請労働者の就業を阻止したことがある。これに対して，会社側は12月2日に「△直営と協力会社間の作業場区分の明確化，△作業遂行の独立性確保，△協力会社（職員）の直営配属禁止など防止対策を約束」している。これは，構内下請労働者の雇用比重を今後もふやして行きながら不法と考えられる余地をとり除くという立場であった。

13) 韓国の法定最低賃金の時給は，2007年3,480ウォン，2008年3,770ウォン，2009年4,000ウォンであった。

14) 韓進支会の調査によれば，下請会社の中で，13時ちょうどにミーティングをするところは1社もなく，すべて12時45分に実施していた。

参考文献

1．単行本および論文

Denys, Jan [2004]: "Challenges for Temporary Agency Work in the Information Society," in *Temporary Agency Work and the Information Society*, edited by R. Blanpain and R. Graham. Kluwer Law International.

厳財然［2006］：「社内下請雇用実態と作業場内社会的関係——H重工業の事例を中心に——」（釜山大学大学院社会学科修士学位論文）。

糸園辰雄［1978］：『日本の社外工制度』ミネルヴァ書房。

全国金属労働組合・全国化学労働組合［2008］：『製造業現況および組職発展展望』。

趙昌華［1980］：「韓国労使協議制度の実態調査」『東国大論文集』No.19。

金廷翰ほか［2008］：『2007年労働組合組職現況分析』韓国労働研究院。

Marchington, M., D. Grimshaw, J. Rubery, and H. Willmott [2005]: *Fragmenting Work: Blurring Organizational Boundaries and Disordering Hierarchies*, Oxford University Press.

申源澈［2003］：「構内下請制度の形成と展開：現代重工業事例」『産業労働研究』第9冊第1号。

申源澈［2006］：「韓国造船産業の構内下請と雇用関係」『産業労働研究』第12冊第2

号。

2．年鑑および報告書，労組消息誌など
大宇造船労働組合『定期代議員大会資料集』
大宇造船労働組合消息誌『夜明け喊声』，『闘争速報』
韓進非正規労組推進委員会消息誌『韓進下請通信』
全国金属労働組合韓進重工業支会『活動報告書』
全国金属労働組合韓進重工業支会消息誌『現場の力』

3．新聞
『釜山日報』
『東亜日報』
『韓国海運新聞』

あとがき

　「韓国においては大企業を中心とした経営と組合の談合が，非正規雇用の悪化に代表されるような，労働運動の危機をもたらしている」。「韓国の経営と組合は，以前のような対立を避け，協調的な方向に進んでいるように見える。なぜそれを危機と決めつけるのか」。

　2007年5月，東京大学にて開かれた社会政策学会分科会で，本書のもとになったいくつかの論文が報告されたとき，韓国人報告者と，それをフロアで聞いていた日本人研究者との間に，興味深い論戦が繰り広げられた。大企業正規従業員中心の労働組合が「実利主義」に陥り，それが非正規問題をもたらしていると主張する韓国の研究者に対し，企業のなかで労使が話し合って共存を模索するのは当然で，それをもって社会的問題の責任を負わせるのは穏当でないと，日本の研究者が食い下がったのである。

　確かに，韓国は一般の人々だけでなく，研究者も性急である。1987年以降，民主主義の主人公として一躍浮上し，経営の健全化にも重要な役割を果たした韓国の労働が，いつの間にか連帯の「名分」を省みず，正規だけの雇用安定と相対的高賃金という「実利」に安住する傾向を，彼らはなかなか受け止められないのである。これに比べれば，日本は一般の人々はもちろんのこと，研究者も長者のような風貌と余裕を持っている。いつもクールな目線で現状を観察し，中長期的な視野で問題解決を模索するのである。

　ただし，韓国の性急さが，一方で変化のためのダイナミズムを生み出していることは認めなければならない。類似したロジックで，日本の余裕が，どこかで停滞した社会的雰囲気と結びついている可能性も否めない。現に，正社員本位の安定的な労使関係のもと，強い国際競争力を誇ってきた日本的経営が，雇用の格差や内需の萎縮など，安定そのものを揺るがす問題に対して，有効な解決策を出さずに混沌としている姿を，いまわれわれは目の当たりにしているの

である。

　本書は，直接的には，韓国の経営と労働の現状分析を課題とするが，間接的には，各章において明示的あるいは暗黙的に行われているように，日本の経験に照らして韓国の営みを相対化することを目指すものである。この相対化のメリットを日本の読者諸賢にぜひ活かしていただきたい。本書が，韓国に対する理解を深めるのに止まらず，韓国の動態に鑑み，日本のいままでの軌跡と今後の方向を新たに考えるうえで，一つの素材になることができれば，望外の喜びである。

　本書は，分析の精度と論理の体系性においてまだ途上のものであるが，それにしてもここまでたどりつくには，短くない年月と多大な協力を要した。当初，本書は2008年上半期までの現状分析に基づき，2009年2月に刊行する予定であった。実際，筆者全員より原稿を寄せてもらい，日本語に翻訳する作業まで進んだ。しかし，二つのことでこの目算は大きく外れた。一つは，申請した平成21年度科学研究費補助金（研究成果公開促進費）が，あいにくの制度変更のためもあって，「十分に市販性がある」との理由により，受け入れられなかったことである。もう一つは，2008年秋に訪れた世界経済危機で，現状そのものを見直す必要が生じたことである。よって，筆者全員が論点を再整理しながら最新のデータで一次原稿を補い，なお，これらを改めて日本語に翻訳しなければならなかった。結果，刊行は予定より1年以上遅れることになったのである。この面倒な作業を黙々と成し遂げてくれた筆者諸氏および訳者の呉学殊氏に謝意を表す。

　本書の刊行に当たっては，日本経済評論社の谷口京延氏にひとかたならぬお世話になった。氏は，企画段階から適切な助言をくださり，原稿と翻訳の完成版がなかなか定まらないなかで，ゲラの作り直しに耐えながら，少しでも文章を読みやすくする作業をやりぬいてくださった。氏のご理解とご寛容がなかったならば，ここまでこぎつくことはおそらく不可能だったと思われる。心より感謝を申し上げる。なお，日本経済評論社社長の栗原哲也氏には，厳しい出版情勢のなかで，本書の刊行を快くお引き受けいただいた。厚く御礼を申し上げ

る。

　本書のもととなったいくつかの研究を進めるに当たっては，平成17〜19年度科学研究費補助金（基盤研究(B)）（「変動期における労働協約の日韓比較——自律的な『秩序形成』過程の特徴と課題——」）の研究助成を受けた。そして，本書の刊行に当たっては，（社）教育文化協会から温かい支援を受けた。ここに記して感謝の意を表す次第である。

　　　　　　　　　2010年3月　つぼみ薫る下大久保の研究室にて　　禹　宗杬

【執筆者紹介】（執筆順）

金　暁（第1章担当）
　1961年生まれ　国会立法調査処環境労働チーム長
　1989年，ソウル大学校大学院社会学科博士課程単位取得
　1993年，博士（社会学）（ソウル大学校）
　〔主要業績〕
　『1987年以後韓国の労働運動——韓国の労使関係と労働政治（III）』韓国労働研究院，2001年（崔榮起ほかと共著）
　「1974年現代造船労働者『暴動』の研究——文献資料と口述証言の再構成——」『社会と歴史』2005年春
　「失われた共同体？——蔚山東区労働者居住地のコミュニティの形成と分解——」『経済と社会』2005年冬

金　東培（第2章担当）
　1964年生まれ　仁川大学校経営大学経営学部教授
　2000年，ソウル大学校大学院経営学科博士課程修了，博士（経営学）
　〔主要業績〕
　『賃金体系と決定方式』韓国労働研究院，2005年
　『労働者参加の韓日比較』韓国労働研究院，2007年
　『長期雇用は解体されているか』韓国労働研究院，2008年

趙　性載（第3章担当）
　1965年生まれ　韓国労働研究院研究委員
　1997年，ソウル大学校大学院経済学科博士課程単位取得
　2001年，博士（経済学）（ソウル大学校）
　〔主要業績〕
　「下請の構造と中小企業労働者の周辺化」『アジア研究』第47巻第4号，2004年
　「自動車産業雇用関係の韓中日比較——トヨタ・現代・上海フォルクスワーゲンの非正規の実態を中心に——」『労働政策研究』第6巻第2号，2006年
　「自動車産業の雇用柔軟性と雇用関係」『産業関係研究』第19巻第3号，2009年

李　秉勲（第4章担当）
　1958年生まれ　中央大学校文科大学社会学科教授
　1997年，Cornell大学 Industrial & Labor Relations School 労使関係学専攻博士課程修了，博士
　〔主要業績〕
　『両極化時代に働く人々』創作と批評社，2008年（文化体育観光部優秀図書賞受賞）
　"Labor Politics of Employment Protection Legislation for Non-regular Workers in South Korea", *Korea Journal*, Vol. 49, No. 4, 2009
　「自動車産業の賃金決定メカニズムに関する研究」『韓国社会学』第43集第2号，2009年

周　武鉉（（第6章担当）
　1963年生まれ　韓国雇用情報院研究委員
　1997年，慶北大学校大学院経済学科博士課程修了，博士（経済学）
　〔主要業績〕
　「韓国自動車産業の生産システムの日本化と労使関係」座間紘一・藤原貞雄編著『東アジアの生産ネットワーク』ミネルヴァ書房，2002年

「混合型非フォード主義作業組織の形成と進化」『大原社会問題研究所雑誌』553号，2004年
『自動車産業の革新的・参加的作業組織を模索する』韓国労働研究院，2007年

裵　圭植（第7章担当）
1957年生まれ　韓国労働研究院研究委員
2000年，イギリス University of Warwick 大学院 産業経営学労使関係専攻博士課程修了，博士（産業経営学）
〔主要業績〕
"Work Organization and Restructuring of the Telecoms Industry: Comparison of Korea Telecom with BT", PhD thesis, University of Warwick, 2000
Changes in Korean Industrial Relations System and Future Prospects: Special Focus on Trade Unions and Labor Movement, Korea Labor Institute, 2008
Analysis of Developments in Industrial Relations in 2007-2008: the Railway Sector, The Ministry of Labor, 2008

申　源澈（第8章担当）
1962年生まれ　釜山大学校社会科学大学社会学科副教授
2001年，ソウル大学校大学院社会学科博士課程修了，博士（社会学）
〔主要業績〕
「社内下請工制度の形成と展開：現代重工業の事例」『産業労働研究』第9巻第1号，2003年
「企業別労働組合体制の形成と展開（1945～1987）――造船産業を中心として――」『経済と社会』第64号，2004年
「韓国造船産業の社内下請と雇用関係」『産業労働研究』第11巻第2号，2006年

【翻訳】（ただし，序章と第5章およびあとがきを除く）

呉　学殊
1962年生まれ　労働政策研究・研修機構労使関係・労使コミュニケーション主任研究員
1997年，東京大学大学院人文社会系研究科社会学専攻博士課程中途退学
2001年，博士（社会学）（東京大学）
〔主要業績〕
稲上毅・連合総合生活開発研究所編『労働CSR―労使コミュニケーションの現状と課題』（共著），NTT出版，2007年（分担部分：「CSRと企業別組合の役割」）
「労働組合の紛争解決・予防―コミュニティ・ユニオンの取り組みを中心に」『日本労働研究雑誌』581号，2008年
「韓国労働政策の動向と非正規労働者」社会政策学会誌『社会政策』第1巻第3号，2009年

【編著者略歴】

禹宗杬（ウージョンウォン）（序章、第5章、あとがき担当）
　1961年生まれ　埼玉大学経済学部経営学科教授
　1999年，東京大学大学院経済学研究科現代経済専攻博士課程中途退学
　2002年，博士（経済学）（東京大学）
　〔主要業績〕
　『「身分の取引」と日本の雇用慣行――国鉄の事例分析――』日本経済評論社，2003年（沖永賞，社会政策学会奨励賞受賞）
　「労使関係の日韓比較――トヨタ自動車と現代自動車を素材として――」社会政策学会編『社会政策学会誌第18号　経済発展と社会政策』法律文化社，2007年
　「人事労務管理の変容――自動車3社の事例を中心に――」橘川武郎・久保文克編『（講座日本経営史第6巻）グローバル化と日本型企業システムの変容』ミネルヴァ書房，2010年（近刊）

韓国の経営と労働

2010年3月31日	第1刷発行	定価（本体6300円＋税）
	編著者	禹　　宗　　杬
	発行者	栗　原　哲　也

発行所　株式会社　日本経済評論社
〒101-0051　東京都千代田区神田神保町3-2
電話　03-3230-1661　FAX　03-3265-2993
info@nikkeihyo.co.jp
URL：http://www.nikkeihyo.co.jp/
印刷＊藤原印刷・製本＊高地製本所

装幀＊渡辺美知子

乱丁落丁本はお取替えいたします。　　　　　Printed in Japan
Ⓒ Woo Jongwon et. al. 2010　　　ISBN978-4-8188-2076-0

・本書の複製権・翻訳権・上映権・譲渡権・公衆送信権（送信可能化権を含む）は，㈱日本経済評論社が保有します。
・JCOPY〈㈳出版者著作権管理機構　委託出版物〉
本書の無断複写は著作権法上での例外を除き禁じられています。複写される場合は，そのつど事前に，㈳出版者著作権管理機構（電話 03-3513-6969，FAX 03-3513-6979，e-mail: info@jcopy.or.jp）の許諾を得てください。